河北金融学院德融研究院资助项目
2021年度河北金融学院学术著作出版资助项目

内蒙古自治区资源税扩围研究

郑思海 著

A STUDY ON RESOURCE TAX EXPANSION IN INNER MONGOLIA AUTONOMOUS REGION

经济管理出版社
ECONOMY & MANAGEMENT PUBLISHING HOUSE

图书在版编目（CIP）数据

内蒙古自治区资源税扩围研究/郑思海著 . —北京：经济管理出版社，2021.6
ISBN 978-7-5096-8079-7

Ⅰ. ①内… Ⅱ. ①郑… Ⅲ. ①资源税—研究—内蒙古 Ⅳ. ①F812.424

中国版本图书馆 CIP 数据核字（2021）第 120293 号

组稿编辑：任爱清
责任编辑：任爱清
责任印制：黄章平
责任校对：董杉珊

出版发行：经济管理出版社
（北京市海淀区北蜂窝 8 号中雅大厦 A 座 11 层　100038）
网　　　址：www. E-mp. com. cn
电　　　话：(010) 51915602
印　　　刷：唐山玺诚印务有限公司
经　　　销：新华书店
开　　　本：710mm×1000mm/16
印　　　张：12.5
字　　　数：225 千字
版　　　次：2021 年 6 月第 1 版　　2021 年 6 月第 1 次印刷
书　　　号：ISBN 978-7-5096-8079-7
定　　　价：78.00 元

前言

Preface

党的十八届三中全会上发布的《关于全面深化改革若干重大问题的决定》提出，资源税是深化财税体制改革六大税种之一，要将资源税逐步扩展到各种占用自然生态空间的行为。随着《关于全面推进资源税改革的通知》（财税〔2016〕53号）和《水资源税改革试点暂行办法》（财税〔2016〕55号）的发布实施，资源税扩围正式拉开帷幕。内蒙古自治区具有鲜明的民族和区域特殊性，水、森林、草场等资源是当地居民千百年来赖以生存的基础，是维系人与自然平衡关系的纽带，当地居民在与自然资源和谐共处中所形成的草原文化天然地契合生态文明建设的要求。将内蒙古自治区的水、森林、草场等资源逐步纳入资源税扩围范围，将深刻影响当地的生态、经济和社会发展。围绕这一主题展开研究，具有重要的理论与现实意义。

资源税作为地方税的重要税种，可在自身税收现代化建设的过程中促进地方治理的提升，实现税收治理与地方治理的双重优化。通过科学合理地进行水、森林、草原资源税的税制设计，将税收现代化的内涵贯穿于资源税扩围的制度设计之中，从而在中央与地方、经济发展与生态平衡、经济利益追求与民族文化保护之间寻求治理的平衡，确保资源税扩围中的相关利益主体都能够参与治理，最终实现内蒙古资源税扩围的顺利开展及资源税现代化，并为其他民族地区资源税扩围提供经验借鉴。

本书从内蒙古自治区扩围资源税费现状及水资源税改革成效分析出发，以厘清、重构各类资源租、税、费之间的关系为理论基础，提出资源税扩围的原则与目标框架，通过科学设计各类扩围资源的税收制度，探讨内蒙古自治区资源税扩围的实现路径，构建资源税管理现代化体系，并提出实现内蒙古自治区资源税扩围税收治理与地方治理共同优化提升的机制。本书共分为六个部分：

第一部分对内蒙古自治区的资源禀赋、开发利用及资源税费历史征收情况进行论述，阐明资源开发在内蒙古自治区经济社会生活中的重要性及限制性，指出原有资源税费制度与可持续发展理念的不适应，提出资源税扩围改革的必要性。

第二部分对内蒙古自治区水资源税扩围改革的背景、实践与存在的问题进行分析，提出改进措施，并在此基础上分析内蒙古自治区资源税扩围面临的问题与挑战，为研究内蒙古自治区资源税扩围的目标与内容打下基础。

第三部分从法理目标、时代目标、治理目标三个方面提出对内蒙古自治区资源税扩围的要求。法理目标上要求资源租税费各归其位，时代目标上要求资源税扩围现代化，治理目标上要求能够促进地方治理。在这三方面要求的基础上构建资源税扩围的目标框架，并分析各个子目标之间的关系，以便后续章节展开论述。

第四部分对内蒙古自治区资源税扩围的税收制度进行设计，明确税制设计的原则，提出税制设计的总体框架。然后分别对水、森林、草场等资源的税制要素进行分析，并以可税性为标准，对资源税向不同资源扩围的路径进行分析。

第五部分对内蒙古自治区资源税扩围的税收管理体系进行构建，包括资源税扩围征管体系构建、信息体系构建和服务体系构建，从而在税收制度与税收管理上构建完备的资源税扩围体系，推动内蒙古自治区资源税现代化的稳步推进。

第六部分在分析资源税扩围相关利益主体关系的基础上，引入多中心治理理论，构建资源税扩围的税收治理机制，并从经济治理与生态治理两方面构建资源税扩围促进内蒙古自治区地方治理优化提升的机制，进而实现税收治理与地方治理的共同提升，形成"税地共治"的局面。

目录
Contents

导 论 ………………………………………………………… 1

    一、研究目的与意义 / 1

    二、相关概念 / 4

    三、理论基础 / 8

    四、文献综述 / 11

    五、主要内容 / 19

    六、研究方法与研究思路 / 20

    七、创新点与研究不足 / 22

第一章 ▶ 内蒙古自治区资源与税费征收概况 ……………………… 24

    第一节 内蒙古自治区资源概况与开发利用 / 24

        一、矿产资源概况与开发利用 / 24

        二、水资源概况与开发利用 / 25

        三、草原资源概况与开发利用 / 28

        四、森林资源概况与开发利用 / 29

    第二节 内蒙古自治区资源税沿革与征收概况 / 32

        一、内蒙古自治区资源税沿革 / 32

        二、内蒙古自治区资源税征收概况 / 39

    第三节 内蒙古自治区资源费沿革与征收概况 / 40

        一、水资源费沿革与征收概况 / 40

        二、草原植被恢复费沿革与征收概况 / 42

        三、森林植被恢复费沿革与征收概况 / 45

第二章 ▶ **内蒙古自治区资源税扩围探索与现存问题分析** ············ 48

第一节　内蒙古自治区水资源税扩围探索与实践 / 48

　　一、水资源税扩围的背景 / 48

　　二、自治区水资源税试点相关内容 / 49

　　三、自治区水资源税试点实施情况分析
　　　　——基于呼伦贝尔市的调查 / 51

　　四、改进自治区水资源税扩围工作的建议 / 54

第二节　内蒙古自治区资源税扩围存在的问题分析 / 56

　　一、征收范围过小 / 56

　　二、资源税职能定位不明确，未充分体现可持续发展理念 / 58

　　三、税费概念混用、功能错位 / 59

　　四、税率设置不科学 / 61

　　五、水资源税试点相关规定与其他法律相冲突 / 62

　　六、资源税的治理功能亟待完善 / 63

第三章 ▶ **内蒙古自治区资源税扩围目标体系构建** ··················· 65

第一节　扩围的法理目标：资源租、税、费各归其位 / 65

　　一、资源租、税、费的理论辨析 / 65

　　二、资源税扩围的法理目标 / 67

第二节　扩围的时代目标：资源税现代化 / 72

　　一、税收现代化 / 72

　　二、自治区资源税现代化的差距 / 76

　　三、自治区资源税扩围现代化的目标 / 78

第三节　扩围的治理目标：促进地方治理 / 80

　　一、地方治理、地方税与资源税扩围 / 81

　　二、地方治理视域下自治区资源税扩围的治理目标 / 84

第四节　内蒙古自治区资源税扩围目标体系框架内容 / 87

　　一、目标体系的构建原则 / 87

　　二、资源税扩围目标体系框架 / 90

第四章 ▶ 内蒙古自治区资源税扩围制度体系构建 ……………… 92

第一节 内蒙古自治区资源税扩围制度设计的指导思想 / 92

一、以民族地区资源社会综合效用最大化为目标 / 92

二、以"适度分权"促进利益共容为原则 / 95

三、以因地制宜为税制设计导向 / 96

第二节 内蒙古自治区资源税扩围税制要素设计 / 99

一、水资源税税制要素设计 / 99

二、森林资源税税制要素设计 / 108

三、草原资源税税制要素设计 / 112

第三节 内蒙古自治区资源税扩围路径探究 / 116

一、可税性理论 / 117

二、三类扩围资源的可税性比较 / 118

三、三类资源的资源税扩围路径 / 119

第五章 ▶ 内蒙古自治区资源税扩围现代化管理体系构建 ………… 124

第一节 内蒙古自治区资源税扩围征管体系构建 / 124

一、税收征管现代化的理论与实践 / 125

二、资源税扩围构建科学严密税收征管体系的现实紧迫性 / 126

三、资源税扩围征管机制构建——科学严密的征管体系 / 128

第二节 内蒙古自治区资源税扩围信息体系构建 / 130

一、资源税扩围信息化发展现状 / 131

二、资源税扩围行业数据信息化基础 / 134

三、资源税扩围信息机制构建——稳固强大的信息体系 / 135

第三节 内蒙古自治区资源税扩围服务体系构建 / 136

一、税收服务现代化在内蒙古自治区的发展 / 137

二、构建资源税扩围现代化纳税服务体系的目的与要求 / 138

三、资源税扩围服务机制构建——优质便捷的服务体系 / 139

第六章 ▶ 内蒙古自治区资源税扩围治理体系构建 ……………… 143

第一节 资源税扩围税收治理关系分析 / 143

一、中央政府在资源税扩围改革中的定位分析 / 144

二、中央各部委在资源税扩围改革中的定位分析 / 145

三、地方政府在资源税扩围改革中的定位分析 / 146

四、社会公众在资源税扩围改革中的定位分析 / 147

五、资源企业在资源税扩围改革中的定位分析 / 148

第二节　资源税扩围税收治理机制构建 / 149

一、资源税扩围的多中心治理框架 / 150

二、资源税扩围的多中心治理机制分析 / 152

三、资源税扩围多中心治理模式展望 / 157

第三节　资源税扩围推动内蒙古地方治理机制构建 / 158

一、资源税扩围增进内蒙古自治区经济治理的机制构建 / 158

二、资源税扩围增进内蒙古自治区生态治理的机制构建 / 163

结　语 …………………………………………………………… 168

参考文献 ………………………………………………………… 173

导　论

一、研究目的与意义

(一) 研究目的

党的十八届三中全会《关于全面深化改革若干重大问题的决定》提出，资源税是深化财税体制改革六大税种之一，要将资源税逐步扩展到各种占用自然生态空间的行为。随着《关于全面推进资源税改革的通知》（财税〔2016〕53号）和《水资源税改革试点暂行办法》（财税〔2016〕55号）文件的发布实施，资源税扩围正式拉开帷幕。水资源税经过在河北省一年多的改革试点后，2017年11月24日财政部、税务总局、水利部联合印发《扩大水资源税改革试点实施办法》（财税〔2017〕80号），决定自2017年12月1日起在北京、天津、内蒙古等9个省（自治区、直辖市）扩大水资源税改革试点，至此共有6个省、2个直辖市、2个民族自治区开展水资源税改革试点。

我国民族地区资源丰富，资源税扩围改革对民族区域自治地区影响更大。根据统计，民族自治地区水利资源蕴藏量占全国总量的66%，牧区、半牧区面积占全国比重的75%，森林面积和蓄积量分别占全国比重的42.2%和51.8%，随着资源税改革在水资源、草场、森林等资源类产品上的逐步扩围，将会对这几类资源储量巨大的民族自治地区产生重要的影响。内蒙古自治区作为我国五个民族自治地方之一，在本轮资源税扩围的对象——水、草场、森林等资源上拥有非常丰富的储量，尤其是草场面积和森林蓄积量非常突出，且已经作为全国水资源税改革试点第二批省份率先推进了资源税的扩围。

内蒙古自治区具有鲜明的民族和区域特殊性，水、草场、森林等资源是当地居民千百年来赖以生存的基础，是维系人与自然平衡关系的纽带。近些年当地的经济发展模式与工业开发对内蒙古草原生态产生了不可估量的破坏效应，原因在于违背了草原发展的自然规律，与当地千百年来形成的草原文化所蕴含的人与自然和谐发展的理念产生了背离。草原文化的精髓是崇尚自然的生态思想，特别注重对自然资源的循环利用，强调取之于自然，回归于自然的价值取向①，契合了内蒙古自治区当前生态文明建设的精神内涵。在现代经济中，政府可通过财税手段来调节经济发展与生态保护的关系，内蒙古自治区则可在吸收传统草原文化生态思想精髓的基础上，通过资源税扩围改革推动草原、人、牲畜的和谐相处，提升当地生态文明建设的水平。

资源税扩围改革将水、草场、森林等资源纳入国家税收征收的对象，将把资源税扩围所包含的税收治理现代化②的理念通过税款课征的方式，贯彻至与课征对象相关的经济活动中并影响纳税人及相关的利益群体，进而从经济、生态等方面推动内蒙古自治区的地方治理。这一过程反过来也要求资源税扩围在制度设计之初，就应充分考虑如何将税收治理现代化的要求与目标内含于制度设计之中。因此，内蒙古自治区资源税扩围改革既要符合促进民族经济繁荣发展的要求，也要以实现资源税现代化为目标。

本书通过系统机制设计，将税收现代化的内涵贯彻于资源税扩围的制度设计之中，从而在中央与地方、经济发展与生态平衡、经济利益追求与民族文化保护之间寻求治理的平衡，确保资源税扩围中的相关利益主体都能够参与治理，最终实现内蒙古资源税扩围的顺利开展及资源税现代化，并为其他民族地区资源税扩围提供经验借鉴。

（二）研究意义

本书是在深入、系统地分析前人研究成果的基础上进行的一次尝试。首先，通过梳理内蒙古自治区的资源禀赋与资源税费征收历史，剖析资源税扩围的必要性及差异性；其次，通过探究资源租、税、费的本质特征与实际表现的差异，明确资源税扩围改革的方向；再次，以税收现代化理论为依据，构建具备现代化特征的资源税扩围制度与运行管理机制；最后，提出资源税扩围改革增进地方治理的路径与方法。同时，还分析了内蒙古自治区正在实施的水资源费改税存在的问题并提出了完善建议，这既有利于内蒙古自治区在水资源税制度上的完善与经验推广，也能为未来在森林、草场等资源上开征资源税提供理论准备。本书的理论意义与现实意义体现在以下两个方面：

---

① 陈寿朋. 草原文化的生态魂 [M]. 北京：人民出版社，2007.
② 2013 年 12 月 26 日，全国税务工作会议提出到 2020 年基本实现税收现代化。

1. 理论意义

第一，厘清资源税费理论中关于租、税、费之间的关系，使资源的租、税、费各归其位，各司其职。尽管国内很多学者从不同层面对资源税费理论基础问题进行了研究，但大多数研究局限在我国传统的资源税费框架之内，本书通过厘清国家与投资者、使用者的产权关系，探讨国家作为所有者、管理者和出资人的收益实现形式，从而为健全自然资源税费制度提供依据。

第二，以可税性理论为基础对资源税扩围潜在对象进行分析，为我国资源税扩围的可行性提供学理支撑。在原有研究资源税扩围的文献中，将资源税扩围的合理性与科学性作为假设前提，极少探讨新扩围对象在经济性与法律性上是否科学合理。本书将尝试探讨资源税扩围对象的可税性，完善资源税扩围理论。

第三，从税收现代化的角度构建资源税扩围的机制框架。自国家税务总局提出税收现代化的目标以来，理论界与实务部门围绕着如何实现税收现代化进行了大量的研究，但尚未就资源税这一税种如何实现现代化进行探讨。本书将构建资源税现代化的框架体系，并以此为目标探讨通过资源税扩围最终实现资源税现代化的路径。

2. 现实意义

第一，探讨资源税现代化在内蒙古自治区资源税扩围过程中的实现路径。任何税制改革，归根结底都是利益相关者的利益调整。本书以实现内蒙古资源税现代化为目标，重塑内蒙古资源税扩围相关制度，用税收的手段调节、引导资源税扩围各相关经济利益主体的行为，发挥市场对资源配置的决定性作用，保障内蒙古自治区资源税扩围顺利进行。

第二，为内蒙古资源保护及生态治理提供税收政策工具。内蒙古自治区具有鲜明的民族特殊性，水、草场、森林等资源是内蒙古当地居民千百年来赖以生存的基础，当地特有的草原文化天然地契合生态文明建设的要求。将水、草场、森林逐步纳入资源税扩围的对象，在资源税扩围机制建立的过程中，税收工具与水权、林权等市场化工具的联合作用，充分考虑当地居民长远利益与可持续发展，辅以草原文化对人们生产生活方式的引导约束，实现民族经济利益、生态利益与国家税收利益的统一，为内蒙古地区绿色可持续发展提供保障。

第三，为民族自治地方资源税扩围提供有益参考。内蒙古自治区是我国最早实施资源税扩围的民族地区，且内蒙古地区水、草场、森林资源都非常丰富且自治区内部差异较大，其资源税扩围的实践必将能够为其他民族地区提供借鉴的经验，为资源税扩围在其他民族自治地方的开展打下良好的基础。

二、相关概念

(一) 资源

资源作为客观存在的自然要素或社会要素，是人类经济社会中特有的概念和范畴。马克思认为，"劳动和土地，是财富两个原始的形成要素。"恩格斯进一步解释为，"其实，劳动和自然界在一起它才是一切财富的源泉，自然界为劳动提供材料，劳动把材料转变为财富。"① 根据马克思、恩格斯的定义，资源一般地被定义：作为一切能够被人类开发与利用的客观存在，它广泛地存在于自然界与人类社会中，是一种自然存在物或能够给人类带来财富的财富。

资源根据其范围划分，有广义与狭义之分。狭义概念就是指自然资源，而广义概念是指一国或一定地区内所具备的各种物质要素（包括物力、财力、人力等）的总称，是自然界和人类社会中一切有利用价值，在一定的科学技术条件下可以创造物质财富和精神财富的、稀缺的自然要素和社会要素。随着科技的进步，人类社会在不同的社会发展阶段利用自然资源的历史过程中，不断发展与突破对资源的利用与认识（见表0-1）。在前三个阶段，人类对资源的认识与利用集中于发掘资源支持生产生活的潜力，直到后工业化时代后期，人类才在面对日益严峻的环境挑战的情况下，开始关注资源的综合利用、自然资源的生态系统功能及保持生物的多样性，防止水和大气的污染。

表 0-1　各社会发展阶段对资源的认识与利用情况

社会发展阶段	农业阶段	工业阶段	后工业阶段
对资源认识与利用	物质资源	能量资源	环境资源
土地资源	农田	温室栽培	生态农业
水资源	灌溉	水力发电	防止水污染
森林资源	木材	造纸	森林生态系统
草地资源	牧场	毛纺工业	草原生态系统
物种资源	种子、家禽家畜	改良品种	生物多样性
矿产资源	建筑材料	化工原料	新材料科学
能源资源	柴草	煤、石油	防止大气污染

资料来源：白钦先，杨涤. 21世纪新资源理论：关于国民财富源泉的最新研究 [M]. 北京：中国金融出版社，2006.

---

① 中共中央马克思、恩格斯、列宁、斯大林著作编译局. 马克思恩格斯选集（第四卷）[M]. 北京：人民出版社，1995：373.

正如马克思、恩格斯所指出的，人类通过劳动、技术以及其他活动对自然界进行了改造与干预，与人类生存并存的自然资源不可避免地内含了人类的因素。地理学家卡尔·苏尔认为，"自然资源是文化的一个函数"，即自然资源附加了人类劳动而或多或少都有人类劳动的印记，表现出社会性与变动性。这种变动可表现为正负两个方面。正的方面如植树造林修建水电站等，人类改变了植物与动物的位置及其居住地地形与气候，乃至其本身，使人类与资源的关系呈现良性循环；负的方面如滥伐森林围湖造田，使资源退化衰竭，甚至加剧自然灾害。

本书探讨的是狭义上的自然资源，仅指可量化可补偿的、直接或间接进入社会经济循环体系具有价格属性的自然资源。

自然资源的特点主要有空间分布不均匀性、区域性、可用性、变化性、整体性等。自然资源根据其供给与需求间的关系可分为两类：耗竭性与非耗竭性资源。

非竭耗性自然资源，它是指自然界由于人类社会经济活动对其的利用而不会枯竭的性质稳定、数量众多的资源，例如，太阳能、潮汐能、风能等。由于此类资源的供给无限性，因此，也被称为无限性自然资源。此种被称作"自由物品"的资源，通常并不在以稀缺为研究对象的经济学探讨范畴内。

耗竭性自然资源，是指随着年份的增加其存量会不断减少，直到枯竭，也就是其在自然环境中存在的数量是有限的，在人类的历史上是无法恢复的，包括矿产资源和动植物资源。由于其供给的有限性，因此，也称有限性自然资源。

竭耗性资源可进一步细分为两种：可再生与不可再生。可再生自然资源包括能够在自然界自我更替、更新的生物性资源与具备该特点的非生物性资源，例如，森林、草原、水、土壤等。不可再生资源指该资源数量会随着被使用而不断减少、不具备自身循环生长能力的资源，例如，矿物、化石燃料资源。

(二) 资源税

资源税是以资源为课税对象的一种税。与资源概念的广义与狭义相对应，资源税同样有广义与狭义之分。自然资源、人力资源以及财力资源都包含在广义的资源范围内。对这些广义的资源进行征税即为广义的资源税。狭义的资源是指自然资源，包含诸如矿藏、森林、土地、水资源等存在于自然界的天然物质财富。区别于其他资源，狭义的资源最明显的特点当属其稀缺性与优劣性。狭义的资源税，是指以土地、矿藏、水利、森林、草原、滩涂等现代人类正在进行开发和利用的各种自然财富，即以自然存在的劳动对象为课税对象的税种。当前各国对资源征税，通常都是指狭义的资源税。

以上的广义资源税和狭义资源税都是从理论上来进行界定的，可以称为理论上的资源税。与此相对应，在一个国家或地区由当地政府通过立法对其境内开发和利用的自然资源进行征税，并形成资源税法及条文释义，称为法定意义上的资源税。由于国别不同，资源禀赋不同，经济发展阶段不同，因此，对税收的理解与掌控程度不同，导致不同国家法定意义上的资源税的征税范围、计征方式的差异也非常大。而且同一国家也会随着经济社会发展情况的变化而改变本国资源税的征税范围、税率及计征方式等税制要素。

不同的国家征收资源税的目的与意义不同，通常有一般资源税与级差资源税两类。一般资源税是指国家依据其需要，对使用某种自然资源（如森林、矿藏、土地等）的主体为取得应税资源的使用权而征收的税。这种税具有受益性，实行普遍征收与有偿开采，是对绝对地租的征收。有偿占用是一般资源税的主要原则，这有助于有效地管理与合理利用资源。

由于不同的资源条件对开发利用自然资源者会产生级差收入，级差资源税即是国家对此级差收入征收的税。级差资源税主要是调节资源使用者因资源条件不同所取得的级差收益。虽然投入相同的劳动，但因为资源条件不一样，也可能会存在不同的级差收入，即级差收入Ⅰ。农用与城市土地由于不同的条件或位置均存在级差收入；具有不同条件的水流、森林、矿藏等同样存在级差收入。这种因资源条件客观上存在的差别而产生的级差收入，是级差资源税存在的基础，并为级差资源税的开征提供了可行性。

（三）资源税扩围

资源税扩围是与资源税紧密相关的一个概念。"扩围"的"扩"字意为"推广、伸张、放大"之意，"围"字从口，韦声，本义为"环绕"的意思，名词意为"周围界限"，可引申为"范围"。所以"扩围"的词语含义为扩大范围。

"扩围"一词是近些年首先在我国税收领域出现的一个词，最早用于描述增值税转型改革。根据知网数据库提供的资料，汪德华、杨之刚于2009年12月刊登在《税务研究》上的文章《增值税"扩围"——覆盖服务业的困难与建议》中首先使用"扩围"一词来简称"将增值税的实施范围扩展到包括服务业在内的所有行业"，其后，学术界沿用"增值税扩围"来指代"营业税改征增值税"的一系列改革，之后又有"跨境贸易人民币结算扩围""自贸区扩围""房产税扩围""混改扩围""国家新型城镇化综合试点扩围""水资源税试点

"扩围"等表述，但从"扩围"一词应用的范围来看，主要集中在税收领域的改革方面。

根据以上分析可以推论，"资源税扩围"是对我国资源税改革的一种表述，意指扩大现有资源税法所规定的征税范围，官方的表述为"逐步将资源税扩展到占用各种自然生态空间"（党的十八届三中全会《关于全面深化改革若干重大问题的决定》）和"积极创造条件，逐步对水、森林、草场、滩涂等自然资源开征资源税""开展水资源税改革试点工作""逐步将其他自然资源纳入征收范围"（《关于全面推进资源税改革的通知》（财税〔2016〕53号））。

相对于"资源税"作为一国或地区对资源征税的一种状态的表示，资源税扩围是一个动态的过程。这一动态的扩围过程一般表现为在两个维度的拓展。一个维度是征税范围的逐步扩展，例如，在增值税扩围（又称"营改增"）的过程中，首先将征税范围拓宽至交通运输业和部分现代服务业（2012年1月1日），后又逐步拓展至广播影视服务业（2013年8月1日）、铁路运输和邮政服务业（2014年1月1日），最终于2016年5月1日将建筑业、房地产业、金融业、生活服务业全部纳入增值税征收范围。另一个维度则是试点地区范围的扩大。增值税扩围首先于2012年1月1日在上海试点；2012年8月1日至年底，国务院将扩大增值税扩围试点至10个省市；2013年8月1日，交通运输业和部分现代服务业"营改增"试点在全国范围内推开；2016年5月1日，全国范围内全面实施营改增。同样，资源税的扩围首先是征税范围由原来的矿产资源扩展至水、森林、草场、滩涂等自然资源，而这一税收改革以试点的方式推进。因此，在实践中，首先是于2016年7月1日在河北省开展水资源税试点，2017年12月1日将水资源税试点扩大到北京、天津、内蒙古等9个省（自治区、直辖市）。未来资源税扩围表现在以下两个方面：一是实施水（森林、草场、滩涂等）资源税试点地区的范围逐渐扩大，二是资源税扩围的内容由水资源逐步扩展至森林、草场、滩涂等其他自然资源，并最终在此基础之上形成新的资源税法。

而如果回溯我国资源税发展的历史，这一历史过程也是资源税征税范围的逐步扩大的过程。1950年，政务院颁布《全国税政实施要则》，盐税是当时开征的15个税种之一；1984年10月1日国务院颁布《中华人民共和国资源税条例（草案）》，石油、天然气和煤炭是资源税的征收范围；1992年国家税务总局发布《关于恢复按规定税额对铁矿石征收资源税的通知》（国税函发〔1992〕1401号），将资源税征税范围扩大至铁矿石；伴随1994年的分税制改革，国务院于1993年12月25日发布《中华人民共和国资源税暂行条例》，在资源税中并入盐税，并将资源税征税范围扩大到 7 种①；1996 年后海南、广西、云南、陕西、山东等省份根据 1994 年资源税条例中 "财政部未列举名称且未确定具体适用税率的其他非金属矿原矿和有色金属矿原矿，由省、自治区、直辖市人民政府根据实际情况确定，报财政部和国家税务总局备案" 这一规定，对地下水、地热水、矿泉水、叶蜡石、海砂、硅砂、建筑用砂、玄武岩、石圭石等资源征收资源税；再到 2016 年《关于全面推进资源税改革的通知》（财税〔2016〕53号）和《水资源税改革试点暂行办法》（财税〔2016〕55 号）文件的发布实施，资源税的征税范围将进一步扩展到水、森林、草场、滩涂等自然资源。虽然在 2016 年之后的资源税改革称为资源税扩围，但从我国资源税发展的历史看，资源税的扩围一直伴随着资源税的改革而进行着。

三、理论基础

（一）可持续发展理论

可持续发展理论是 20 世纪中叶以来形成的综合性很强的经济理论，其源于 20 世纪 60 年代末各国学者对于发展主义（Developmentalism）所带来的生态破坏、社会公平、经济发展模式等一系列问题的反思，罗马俱乐部（Donella Meadows，Jorgen Randers，Dennis Meadows）在 1972 年发表了《增长的极限》，首次提出以 "零增长" 来应对全球人口增长和经济发展对地球资源环境的压力。1987 年联合国世界环境与发展委员会（World Commission on Environment and Development，WCED）发表 *Our Common Future* 给出了可持续发展的定义："可持续发展，是指在满足当代人需求的前提下，又不削弱子孙后代满足其需要之能力的发展"。其核心思想包括两个方面：一是强调了人类活动要受到大自然的制约，要在其许可范围内进行；二是强调了公平，在物种上保持人类发展权与其他物种生存权的公平，在区域上既要保持不同地区国家发展权的公平，也要在代际间保持资源分配的公平。可持续发展理论强调人口、环境、资源的和谐统一，认为经济发展与传统的经济增长概念有本质区别，是包含了经济、生态、社会、科技、文化等多方面的发展，人类的经济社会发展必须限定在资源与环境的可承受能力范围之内，同时兼顾后代人的发展机会。

可持续发展理论要求转变经济社会发展模式，地区经济的发展不能以耗竭资源、破坏环境为代价，经济增长的同时必须加强对生态环境的保护。在经济

---

① 具体指原油、天然气、煤炭、其他非金属矿原矿、黑色金属矿原矿、有色金属矿原矿和盐等。

增长方式上，政府应推动产业结构升级，从粗放型向集约型转变，尽量降低人类经济活动对自然环境的影响；在资源利用方式上，通过政府管制、科技创新、研发资源替代品等方式减少对自然资源的消耗，提升资源的再生和更新能力；在政策支持上，要求政府制定严格的资源与环境法规、加强财税政策引导，为创建资源节约型、环境友好型社会提供政策支撑。

可持续发展理论关于人类发展的前途，其内涵与外延都极其丰富，在不同学科领域都有所体现，例如，"两山"理论、生态补偿理论、绿色税收理论等，各领域的专家和学者做了大量研究，从不同角度提出了维持人类经济社会发展与生态系统平衡的真知灼见，又进一步丰富了可持续发展理论。

（二）外部性理论

外部性的概念最早由马歇尔（Alfred Marshall，1890）提出，在其著作《经济学原理》中对外部性和市场失灵进行了分析，提出了外部经济和内部经济的概念。外部性由于现实中产权结构不清晰、不合理而导致市场主体间的利益不一致与冲突，导致市场失灵现象的发生。马歇尔提出，一国社会政策的首要任务是协调市场主体的要素利益使其趋于一致，从而消除或减少外部性。外部性在现实经济中大量存在，在环境污染方面尤其突出，为解决这一问题，庇古（Pigou，1920）作为第一个对污染中的外部性问题进行系统研究的学者，提出了通过征税和补贴政策将环境污染"外部效应内部化"的设想，即对污染排放征收相当于社会边际损失的"庇古税"，使私人成本和私人利益与相应的社会成本和社会利益相等，使资源配置到帕累托最优状态。庇古将税收工具引入环保与污染防控领域具有开创性的意义，为解决外部性问题提供了一个天才的设想，但其理论由于假设条件（征收管理机关对环境污染的成本和收益信息完全掌握）过于理想而限制了其运用。沿着庇古以征税解决外部性的思路，保莫（Baumol，1971）和欧姿（Oates，1971）提出了环境价格法与标准程序法，巴罗（Burrows，1979）提出了逐步控制法，以解决"庇古税"在实践中难以实施的困境。"庇古税"的提出及后续学者的相关研究为现实中开征资源税、环境税提供了坚实的理论依据。

面对外部性问题，科斯（Coase，1960）提出了市场机制消除外部性的方法，并提出了著名的科斯定理。科斯认为，只要产权关系是明确的，私人成本和社会成本就不会发生背离，就可以通过重新签订私人合约解决外部性问题，因此他倡导运用产权理论通过市场机制来解决外部性问题。科斯定理指出，在市场交易费用为零的情况下，双方在产权明晰的前提下，执行合约经济活动的私人边际成本与社会边际成本必然相等，也即外部性被内部化了，实现了资源配置效率提高及帕累托改进。科斯定理为解决外部性和环境污染问题提供了新的思路，政府可以通过将原来产权不明的自然资源（如水、空气等）进行确权，就能够创造一个资源环境产品的交易市场。排污权交易、碳汇交易、水权交易等市场都是基于科斯定理的思想而设计，市场交易机制与"庇古税"方法已经成为各国政府应对环境污染等外部性问题的两大手段。

（三）地租理论

地租概念最早由威廉·配第（William Petty，1662）提出，在其代表作《赋税论》中提出，"物品是由两个自然单位：土地①和劳动——来评定价值的""地租是土地上生产农作物所取得的剩余收入"，他认为地租是剩余价值的基本形态，提出了"土地为财富之母，劳动为财富之父"的著名论断，可以说是资源价值理论的最早表述。亚当·斯密（Adam Smith，1776）在《国民财富的性质和原因的研究》一书中系统地论述了地租理论，认为土地地租与劳动工资、资本利润共同构成商品的交换价值，是一切收入和交换价值的三个根本。斯密认为地租产生的原因在于土地稀缺，是对使用土地所支付的代价，地租是商品价格的组成部分，要从劳动者创造的价值中扣除。大卫·李嘉图（David Ricardo，1817）在其著作《政治经济学及赋税原理》中批判继承了斯密的地租理论，认为地租产生的原因在于土地质量的好坏和数量有限，他否定了斯密对地租性质的界定，而以劳动价值论来分析地租。李嘉图认为，地租"总是由于使用两份等量的资本和劳动而获得的产品之间的差额""产金最贫瘠的矿山所取得的资本回报决定了其他较为多产的矿山的租金，矿山和土地一样要给矿主支付租金"，这类租金被称为李嘉图地租或级差地租。

马克思（Karl Heinrich Marx，1867）发展了斯密和李嘉图的地租理论，其地租理论体系包括级差地租和绝对地租。马克思运用劳动价值论分析了地租产生的原因，认为是由于土地所有权和经营权的垄断而产生了地租，地租是土地使用权的报酬，来源于对农业工人的剥削。他科学界定了绝对地租，认为"土地所有权本身已经产生地租"，只要土地所有权被地主阶级所垄断，租用土地就必须支付地租。马克思将级差地租进一步分为级差地租Ⅰ和级差地租Ⅱ。级差地租Ⅰ，是指农业工人因利用土地肥沃程度和较好的位置所创造的超额利润而转化的地租；级差地租Ⅱ，是指对同一地块上的连续追加投资，由各次投资的生产率不同而产生的超额利润转化的地租。马克思地租理论以劳动价值论和剩余价值论为分析基础，揭示了资本主义经济制度剥削的性质，是马克思经济思

---

① 早期经济学家论著中的"土地"包括矿山、草场、森林、渔场等，也即现在的自然资源概念。

想的重要组成部分。

其他经济学家也对地租理论发展做出了贡献。穆勒（John Stuart Mill, 1848）在《政治经济学原理》中提出，土地除了农业和采掘用途之外，还有游憩的价值，并且随着物质条件改善，其游憩价值将越来越重要。霍特林（Hotelling, 1931）在《可耗竭资源经济学》一文中提出了可耗竭资源价值定量模型，认为在不同时期，同样的一吨矿石将由于利率上升而产生租金，矿产的价格并不等于边际开采成本，而是等于边际开采成本加上未开采资源的影子价格，影子价格即被称为稀缺性租金，也被称为霍特林租金。Hartwick（1977）在其论文《代际公平与可耗竭能源租金》提出了哈特维克准则。他指出，在人口和技术增长为零的条件下，可将当代所得资源租金转化为生产性资本，通过资本积累产生对可耗竭资源的替代，从而维持代际间的产出和消费水平的不变。Kurt Kratena（2007）则从环境与生态限制性的角度提出了收取生态租金的构想。

地租理论是资源税制度设计的重要理论依据，当前我国的很多学者仍然用马克思地租原理分析、设计矿产资源制度及资源税制度。

四、文献综述

资源税扩围是一个新生事物，本轮改革政策文件始于 2016 年 5 月财政部、国家税务总局发布的《关于全面推进资源税改革的通知》，其实践始于 2016 年 7 月在河北省进行水资源费改税试点，至今不过两年半的时间。经对"中国知识资源总库"进行检索，一方面，从 2000 年开始就有关于资源税扩围的理论探讨（李润桥等，2000）。以"内蒙古+资源税扩围"为关键词在"中国知识资源总库"检索没有发现相关文献，以"资源税扩围"为关键词检索也只有 13 篇近年的文献，说明当前对于资源税扩围的研究还不够深入，专门针对内蒙古自治区资源税扩围的研究则几乎还未展开。然而，从另一方面来看，资源税扩围是我国资源税改革的延续，原有在矿产资源税领域的一系列改革实践以及众多学者对资源税的研究为当前推行的资源税扩围提供了实践经验与学术研究的方向，关于资源税职能定位、资源税改革经济效应等文献资料都为本书研究的开展提供了较好的借鉴。鉴于目前并没有对这一主题的直接研究基础，因此，从以下三个方面展开研究综述，运用分析与综合的方法形成本书研究的体系。

（一）关于资源税职能的相关研究

Alan Randall（1989）在研究可耗尽资源最优动态配置问题中提出，面对纯市场机制下资源开采率非最优的状态，政府可通过开征地产税或开采税调节不同矿场间的利润，进而提升矿产开采率，达到资源开采的资源配置优化。Sterner T.（2005）认为，在自然资源管理中，由于产权缺失而导致外部效应发生，政府应征收采矿税、木费、土地税等税费，这类税费相当于霍特林法则中的稀缺租金。

Tilton（2004）按存在时间长度将租金分为纯租金、准租金和其他租金。资源税应来自纯租金，因为纯租金是纯粹因矿产品位、位置等自然因素而产生的，是真正意义上的李嘉图地租。而准租金是对矿产投资的回报，其他租金是因矿产品价格波动、经济周期等因素而产生，这两类租金都不应作为资源税征税对象。但在现实中纯租金的计算存在较大的困难。Otto 等（2006）认为，霍特林租金是一种代际机会成本，如果以此作为资源税征税对象会产生经济行为扭曲。而李嘉图租金则是较好的资源税征税对象，既能体现社会公平，那么，也不会对资本、劳动力等生产要素供应产生扭曲影响。

鲍荣华、杨虎林（1998），袁怀雨、李克庆（2000）认为，当时的矿产资源税实质上并不是税，而是国家对矿产资源所有权的实现形式，是资源租的实现形式。他们认为，我国矿产资源制度的主要问题是"资源税，名不正；矿产资源补偿费，实不符"。蒲志仲（1998）认为，矿产资源税应是国家或政府以矿产资源开发活动为特定对象而征收的税，资源税纳税人也应包括矿产资源所有者或矿区所有者，其税收支出也应由国家用于对矿产生产活动的管理和补偿矿业活动所带来的社会成本。陈文东（2006）、宋辉和魏晓平（2010）等学者则指出，之所以将矿产资源税直接定义为资源租，原因在于未对矿产资源国家所有权的实现形式进行深入分析。目前我国煤炭行业的资源税和矿产资源补偿费的本质属性是租，是市场对煤炭资源所有者的"赐予"。

付勇（2008）认为，应创建符合我国国情的资源税，现行资源税缺乏立税基础，应重新对资源税进行功能定位，使资源税逐步向环境税靠拢。陈嘉佳（2010）提出，要转变资源税调节级差收入的功能定位，强化资源税节约资源和保护环境的功能定位。马国强（2012）认为，矿产资源税的职能不应包括矿产资源实物补偿与环境保护，而应包括矿产资源价值补偿与有效开采。先福军（2014）认为，我国的资源税应具备调节级差收入、节约资源、保护环境的三重功能，但实践中资源税呈现职能不断弱化、调节持续乏力的趋势，应深化改革以强化资源税职能。刘植才（2012，2014）回顾了我国从资源税初创时期到2010年资源税改革不同阶段对资源税职能的定位，经历了从单一"调节级差收入"目标到多重政策目标的转变，认为不应赋予资源税过多的职能，因为这将导致税制设计因为要兼顾不同政策目标而过于复杂。我国应正确处理税、费、租的关系，并处理好资源税与国内货物劳务税、进口关税及未来环保税的关系。

（二）关于资源税改革效应的相关研究

在资源税改革产生的宏观影响研究方面，贾康（2009）认为，资源税改革作为结构性减税措施出台，可以对冲财政减收压力，强化税收调控结果；安体富和蒋震（2009）具体分析了资源税改革对企业、财政收入、区域协调发展和产业布局的预期影响；席卫群（2009）认为，资源税的改革在短期内会对物价上行造成一些压力，但从长期来看影响不很明显，综合考虑应将资源税纳入结构性减税总体框架中加以推进；潘英和王晓峰（2011）在总结新疆资源税改革试点经验的基础上，分析了资源税改革对西部地区正反两方面的影响，最后得出无论是对西部地区还是对全国而言，改革的积极影响占主要地位。但也不能忽视消极影响的作用，要针对可能出现的问题，及时采取有效措施，以保证改革的顺利进行；马莉媛（2013）、辛洪波（2015）认为，从短期来看，因资源税负提高将导致煤炭企业经营成本增加，降低其盈利能力；从长期来看，由于煤炭行业的营利性较好、市场谈判地位较强，能够承受资源税的适度上涨。在煤炭资源税改革对宏观经济的影响上，王智花、唐安宝（2015）和杨许豪（2016）认为，从价计征对宏观经济有利有弊的双向影响，其研究结果表明：在优点上，改革有利于节能减排，实现可持续发展；配合宏观调控，促进产业结构升级；提高煤炭资源的综合效益，加快构建社会主义和谐社会的步伐；保障国家经济安全，提升持续竞争力。在缺点上，改革会使煤炭企业面临资金困境；产生反作用；煤炭开采量可能因税负问题而有增无减；还可能使相关产品价格上涨，导致通胀预期。

关于资源税税负水平对经济影响的量化研究中，有较多学者选用 CGE 模型分析税收因素对产出、资源消耗等的影响。CGE 模型的研究普遍认为，资源税改革对宏观经济既有负面冲击，也有促进节能减排的正效应。郭正权、刘海滨（2012）运用化石能源部门二氧化碳排放的 CGE 模型，分析了碳税政策对能源与二氧化碳排放的影响，分析结果显示：为了减少二氧化碳的排放而实施碳税政策，随着减排量的增加，碳税水平逐渐提高，三种化石能源的从价碳税税率也逐渐提高，且煤炭的税率最高；杨岚、毛显强（2009）通过建立一个 10 部门静态可计算一般均衡（CGE）模型来定量分析中国实施能源税对经济、能源、环境以及各生产部门的影响。其研究结果显示：征收能源税对国民经济总量增长有轻微影响；与此同时，能源税政策有利于减少能源需求量，降低能源强度，减少煤炭在能源合成品中的份额，对改善能源结构有一定的作用，并可促进产业结构的调整，有利于减少二氧化碳和二氧化硫的排放量，改善环境质量；王克强（2015）利用多区域 CGE 模型分析了中国农业用水效率，认为对农业部门征收水资源税可以节约各区域的生产用水量，但是不利于经济增长；黄凤羽、黄晶（2016）的 CGE 模型的测算显示，对宏观经济影响程度较小，且能够起到节能减排作用的水资源税税负的合理区间为 3%～14%。

（三）关于资源税扩围的相关研究

国内关于资源税扩围的研究主要集中在 2016 年财政部发布《关于全面推进资源税改革的通知》（财税〔2016〕53 号）和《水资源税改革试点暂行办法》（财税〔2016〕55 号）之后，虽然在此之前学界无资源税扩围研究，但自 2000 年以来开始有学者研究探讨水资源费改税的相关问题。鉴于资源税扩围是从水资源税开始试点，第一个试点省份为河北省，因此近两年关于资源税扩围的研究集中在水资源税职能、性质、开征合理性、资源税扩围方案及税制设计、河北省及其他省份水资源税试点成效、国外水资源税征收经验等方面。

1. 关于水资源税界定及开征合理性的相关研究

（1）水资源税的职能及依据。学界对水资源税的职能和征收依据仍没有统一。沈大军（2002）提出公平、效率及受益原则为征收水资源保护税基础理论的三个原则，并在此基础上提出了水资源税应具有资源地租，包括绝对地租、级差地租和经济调节手段的经济内涵；刘阳乾（2006）认为，开征水资源税的理论依据有三个原则：市场经济条件下资源有偿使用原则、经济学的外部不经济性的内部化理论和资源优化配置的原则；李晶、叶楠（2016）认为，水资源征税的依据有三点：地租理论是权力依据，外部性理论是理论依据，可持续发展理论是现实依据；席卫群（2016）从租、税、费内涵进行分析认为，由于现行水资源费未真正反映资源的国家所有权，因此，与租有质的区别，并且存在一定的行政经费（用于满足相关政府部门机构运转）及地方收入的补偿。但依据法律要求，水资源费还具有与资源税性质相似的补偿资源耗竭与环境保护的功能。因此，基于租、税、费的本质要求，立税清费有其必要性，水资源税更适合矫正负外部性。

（2）水资源税改革的可行性和必要性。计金标（2002）总结了生态税制建立的理论基础，将生态税收纳入税收系统，探讨了结合我国基本国情建立符合我国生态税制的各种政策的可能性；周魁一（2003）通过考证汉代至清代灌溉水税和水力加工机械水税的起源和演变，认为水资源税的收取除了直接影响水资源的合理分配和节约利用之外，还有助于取水工程的管理和维护，各代都制定相关管理办法以各种形式征收了"水税"。汉唐时代，新疆已有发达的渠系并对不负担修渠劳役和工料的用水户收取灌溉水税;徐孟州（2005）指出,中国应建立环保税体系,而其中就包括水资源税;刘玮玮（2007）、石磊（2009）指出,我国水资源短缺问题、水污染问题的日渐凸显要求水资源税的改革及其全面推进势在必行;王金南（2009）指出,从政策环境、技术条件等各方面来看,推进水资源税的时机已经成熟;舒圣祥（2008）表示,水资源税在实际中的征收是以水资源费的名义进行的,应明确水资源税的征收,推动水资源税改革及全面推进;张倩（2009）指出,"重复征收、职能缺失、协调性差、税收规模小"是我国资源税与费之间存在的问题,财政资金的筹集及生态环境的治理效果并不显著。通过水资源征税的方法有助于资源税的深化改革,更好地调节资源配置;王绍武、王守安（2010）认为,用水单位的经济效益在采取清理乱收费、减轻税外负担等措施的情况下会得以提高。供水单位的经营效益随着对当前用水价格在减费基础上予以适当调整会相应地提高,这有利于提升供水单位在改革后承担资源税的能力;周明勇（2010）指出,各地存在不同用水单位收费标准趋同的现象。对一些缺水地区要在限制高耗水产业的基础上通过征收水资源税的方式来对其进行监管,从而有利于产业结构调整;李珊、司言武（2011）建议,将水资源作为课税对象,并将其作为资源税的一项子目开征;徐红霞、刘克崮（2011）认为,既然资源税改革的方向已经确定,现阶段水资源短缺及污染严重,是水资源税比较合适的时机;席卫群（2016）认为,税收更强的刚性使其有助于财政分配关系的理顺,加强财政预算约束,并且可规范征收主体,解决部门间的权力交叉与空白。当水资源费改税后,能够打破重复收费的错觉,改变公众有关水费、水资源费的错误认识,有利于确定合理的水价。

2. 关于资源税扩围改革方案及税制设计的相关研究

在税制要素设计方面,刘玮玮（2010）依据我国水资源存在"总量多、人均少、开采大、使用低效"等特点并结合具体国情,初步对于开征水资源税进行了简单的设计;聂蕾（2011）、夏晴（2012）、周国川（2012）等在税基与纳税主体、课税对象和计税依据、纳税环节和税率等几个方面构建了水资源费改税的系统框架;洪冬敏（2015）认为,水资源税制设计应遵循的原则包括公平、税收中性、群众参与、可协调以及环境效益与经济效益并重。水资源税制应在资源税框架和环境税框架下进行总体设计;黄燕芬、李怡达（2016）结合水资源税改革指出,资源税扩围应遵循四个原则:循序渐进、因地制宜、差别化、赋予地方适当的税政管理权。

关于水资源税征收标准及税率确定,王敏（2012）结合中国现行水资源费征收标准的主要问题给出相应的解决思路：根据我国宏观政策的需要及社会经济发展趋势，在水资源价值基础上逐渐提升水资源费征收缴纳的标准；结合不同地区的水资源自然条件和经济发展水平，确定各地的水资源费征缴标准；积极探索和尝试创立水资源费征缴标准动态调整机制；洪冬敏（2015）首先用全国各地区地表（地下）水资源费标准加权平均作为水资源费收入计算的基础数据；然后选择最具有代表性的工业用水价格作为标准，确定水资源税税率的上限，得出水资源税的税率上限应维持在17%左右；最后进行横向国际对比，选择最早开征水资源税、税制比较健全、税率较低、税负较轻的荷兰以及国际公认水资源税负最高、节水效果也最为明显的丹麦作为界限，以此确定中国水资源税税率幅度为8%~12%为宜；席卫群（2016）认为，水资源税税率设计应考虑地区差异、身份和行业差异、地表水与地下水差异。非居民生活用水和特种行业用水应适用高税率，标准为居民生活用水税率的1.5倍，参考荷兰和丹麦税负，资源税率范围可统一为地表水为8%~13%，普通地下水为10%~17%，水电企业基本参照石油、天然气的税率设计，税率为5%~10%，考虑到较小的地热水与天然矿泉水取用范围，为简化征管，参考目前十几个已实行水资源费征收省份的情况，建议确定每立方米（吨）3~6元（民用减半征收）的定额税率；各省市在幅度范围内确定适用的税率。

3. 水资源税试点成效相关研究

（1）河北省水资源税改革试点成效研究。各专家学者普遍认为，河北省的水资源税改革成效有以下三点：一是促进了地下水资源的合理开发与节约使用，缓解地下水严重超采问题；二是企业用水结构优化，促进了企业由粗放型向集约型生产方式的转变，引导转型升级；三是厘清了税费关系，税收明显增多。

郑耀立（2017）认为，水资源税试点采用差别税率和立法明确了征收税额，使税收收入增加；张珂（2017）认为，水资源税试点调节了政府与地下水资源开采者之间的分配关系，调节了不同水资源利用者的利益关系，促进了企业平等竞争；李杰刚（2017）认为，水资源税试点"水利核准、纳税申报、地税征收、联合监管、信息共享"水资源税改革模式的构建，正式开启了联合管税模式，同时征管漏洞得以堵塞，水资源税收入明显增长；刘茜（2018）、孔更辉（2018）认为，通过费改税使征收管理效率提升，通过费改税减少了企业办税奔波，在网上就可办理缴税业务，实现各方信息共享；李梅（2019）认为，不论是从水源结构来看、从区域分布来看还是从分行业来看，水资源税收入来源结构合理，激励了用水企业节约用水的行为，促进了全社会节约用水的意识提升。

（2）河北省水资源税改革试点存在问题相关研究。各类研究普遍认为河北省水资源税改革存在以下三个共同问题：一是河北省现行的税额标准是根据水资源费平移过来的，税率的设计相对简单；二是税收优惠范围不够全面；三是取水计量管理相对薄弱，征收难度大。

郑耀立（2017）认为，河北省水资源税试点存在三个问题：一是税费平移的不完善，其中污水处理费由百姓共同买单不公平，同时在环境保护税出台后可能出现重复征税的情况；二是试点期间采用从量计征容易管理，但从长远来看不合理；三是上下游税收分配问题，跨县跨省时如何分配。刘茜（2018）认为，水资源税试点的制度设计不够完善，税收优惠政策设计不够全面，导致部分企业税负加重；征管工作不够规范严格，在执行水价调整时各地进度存在不统一、部门间的协调配合缺乏规范性、水利部门对取水企业的年取水量认定不符合实际；基础设施建设不够完备，安装取水计量设施的企业比重较低，计量设施和在线监测设备存在更新不及时、计量不准确的情况。张宁（2018）认为，水资源费改税后存在税收调节力度不足的问题，在取用水负担上总体呈现了"三不变"，有违税制设计初衷；税率设计不能反映水资源的价值，定额税率与变动的水资源价格不挂钩，国家财政收入不能随水资源价格的提高而增长。李梅（2019）指出，存在水源地与征收地不统一的问题，纳税人在跨地区取用水时由水源地负责审核取水量，在经营地缴纳水资源税，难以带动审核方的主动性，不利于征管工作的开展。李二利（2018）认为，存在无证取水征收难度大的问题，有很多企业、小商户以及个人没有办理许可证，而是在非法打井、不安装取水计量设施、无许可证的情况下继续非法取水。另外，以往征收水资源费时，对于高耗能、高耗水行业来说，申办取水许可证很困难，这也会加大征收难度。轩玮（2017）认为，农业兼具"用水大户"和"弱质产业"的双重身份，用经济杠杆撬动农业节水存在困难。

（3）其他省份水资源税试点成效相关研究。李晓欢、姜亚望（2019）分析了山西省水资源税施行情况，建议对"特种行业"税项范围及时做出调整，其他行业中新增洗车、洗浴，特种行业只留滑雪场与高尔夫球场两行业。对税额设计进行优化，缩小疏干排水与其他行业取用地下水间税额差异，严格认定疏干排水及地源热泵取用水的回收与利用。陈丹、马如国（2019）认为，尽管宁夏水资源税试点取得显著成效，但存在三个实际问题：一是引黄灌区由于存在盐碱化问题，鼓励取用浅层地下水，然而试点办法的实施，导致用水单位趋向于使用深层地下水，两者存在矛盾；二是宁夏农村饮水工程供水成本高，如果再加收水资源税，会严重影响工程正常运行和"脱贫富民"战略的实施；三是公共绿化用水涉及面广、情况比较复杂，财政供养单位没有能力承担水资源税。针对这些问题建议要针对宁夏引黄灌区采取特定的水资源税政策；给予省级人民政府一定的税收减免权限；对公共绿化用水给予一定的税收优惠政策。韩伟庆（2018）、解惠尧（2019）介绍了山东省临沂市水资源税改革试点工作开展情况，认为目前试点工作进展顺利，部门间密切合作。但存在系统顶层设计管理脱节、信息共享机制不够健全、水资源计量设施配备有待加强、水利部门水量核定的工作人员严重缺乏、城乡接合部生产生活取用水性质难以界定、"三无"取水单位无法录入系统、水利部门与地税部门信息不对称等问题，建议加大政府购买服务力度、完善水利系统平台建设、开发建设地税水利数据库兼容程序、加大部门协调配合机制建设、加大财政对水资源计量设施投入的支持力度。

4. 水资源征税的国际经验借鉴相关研究

国外征收水资源税由来已久，国内相关研究大多选择荷兰、丹麦、德国、法国和俄罗斯为研究对象。沈琳等（2009）基于对国内外水资源或资源保护相关财税政策的分析，从借鉴他国经验与弥补本国不足出发，为完善我国水资源保护相关财税政策而给出建议。王敏、李薇（2012）分析了英国、德国、法国和荷兰四个欧盟国家水资源税（费）征收管理政策的基本情况，发现英国水资源费政策以回收行政费用为主要目标，德国以补偿某个群体经济利益因环境改善政策受到的影响为主要目标，法国以增加财政收入为主要目标，荷兰以地下水的节约使用与财政收入的增加为主要目标，所以认为在水资源税（费）管理中政府发挥着至关重要的作用，政府及其相关部门在此过程中除了应准确定位角色和承担自身职责之外，还要明确水资源税（费）的政策目标、制定科学合理的水资源税（费）标准。彭定赟、肖加元（2013）围绕我国水资源收费制度的问题，在吸收借鉴德国、俄罗斯及荷兰水资源税的国际经验基础上，提出了我国水资源税费改革的思路。伍红、罗春春（2010）通过借鉴经济合作与发展组织（OECD）国家的水资源税费相应政策，立足本国现实制定出我国的税收制度，设计水资源税费的征收标准，强调税费设计中的税率合理性及税制多样性。李晶等（2016）总结国外水资源税征收的经验包括政府主导征收、征收政策和标准根据实际灵活调整、税收收入专款专用。梁宁（2019）从制度设计、环境影响、经济作用、纳税人影响以及对地下水管理作用五个维度对荷兰地下水税失败原因进行剖析，认为其失败的主要原因是仅强调税收的财政作用，而对管理与保护地下水资源的作用不够重视，未能把握住水资源税的绿色税收本质。

综上所述，国外学者对资源税的基础理论研究较早也较为系统，在实践上也积累了较多经验。国内学者分析了我国资源税各轮改革的成效与内在职能变化，对资源税制度的优化、资源税改革成效做了较深入的探讨，并对新一轮水资源费改税的实施情况进行了较多跟踪研究，提出了改进建议。但从总体来看，在税收职能定位、税制设计等方面大多囿于矿产资源税的范畴，对水、森林、草场等资源纳入资源税征收范围所赋予资源税职能的新内涵探讨较少，还未系统展开对水、森林、草场等资源税制的设计及扩围路径研究，这也为本书的写作提供了研究空间。

五、主要内容

本书从内蒙古自治区资源税变迁的历史与资源税扩围的现实出发，对内蒙古自治区资源税扩围所面临的问题与挑战进行分析，提出扩围的目标框架，在法理上明确资源租税费的定位与关系，在法治上设计内蒙古自治区资源税扩围的税收制度，在管理上提出资源税扩围的现代化管理体系，并分析资源税扩围对地方治理的影响，最终通过完善地方税权，推动内蒙古自治区资源税扩围的现代化。全书主要包括以下七个部分：

导论部分，首先是说明本书研究的目的——探讨内蒙古资源税扩围改革，阐明其理论及现实意义，界定相关概念，分类综述有关文献，说明研究方法、思路与构架，最后是阐述论文创新点及不足。

第一章对内蒙古自治区的资源禀赋、开发利用及资源税费历史征收情况进行论述，阐明资源开发在内蒙古自治区经济社会生活中的重要性及限制性，指出原有资源税费制度与可持续发展理念的不适应，提出资源税扩围改革的必要性。

第二章对内蒙古自治区水资源税扩围改革的背景、实践与存在的问题进行分析，提出改进措施，并在此基础上分析内蒙古自治区资源税扩围面临的问题与挑战，为内蒙古自治区资源税扩围的目标与内容打下基础。

第三章从法理目标、时代目标、治理目标三个方面提出对内蒙古自治区资源税扩围的要求：在法理目标上要求资源租、税、费各归其位，在时代目标上要求资源税扩围现代化，在治理目标上要求能够促进地方治理。在这三方面要求的基础上构建资源税扩围的目标框架，并分析各个子目标之间的关系，以便后续章节展开论述。

第四章按照前述章节提出的资源税扩围目标框架的逻辑，对内蒙古自治区资源税扩围的税收制度进行设计，明确税制设计的原则，提出税制设计的总体框架。然后分别对水、森林、草场等资源的税制要素进行分析，并以可税性为标准，对未来内蒙古自治区资源税扩围的路径进行分析。

第五章对内蒙古自治区资源税扩围的现代化税收管理体系进行构建，包括资源税扩围征管体系构建、信息体系构建和服务体系构建。从而在税收制度与税收管理上构建完备的资源税扩围体系，推动内蒙古自治区资源税现代化的稳步推进。

第六章在分析资源税扩围相关利益主体在扩围改革中定位的基础上，引入多中心治理理论模型来完成资源税扩围治理体系的构建，并从经济治理能力与生态治理能力两个方面提出了增进地方治理能力的措施，形成税收治理与地方治理互为促进的"税地共治"局面。

六、研究方法与研究思路

（一）研究方法

研究目的的达成与否，在很大程度上取决于研究方法的选择与运用，"重要的不是结论，而是世界观和方法论，以及这种世界观和方法论隐含着的社会变革因素。"[1] 本书是民族经济学的应用性研究，秉持以人为主体的原则，以问题为依归，采取了文献资料、实地调研、案例分析、比较分析等方法，使用系统性、辩证性思维方法对内蒙古自治区资源税扩围改革中的改革对象、改革方式、制度设计、影响机制等进行系统研究。

1. 文献资料法

文献研究是本书的主要方法，关于内蒙古自治区资源分布状况、资源税费沿革、税收改革效应等需要整理大量的文献资料，为研究奠定理论基础与分析依据，进而探索分析和解决矛盾的途径，充实研究内容。

2. 实地调研与案例研究法

为深入了解内蒙古自治区资源税扩围改革的实际情况，取得项目研究所涉及的实际数据，本书研究选择有特色、有代表性的地区及案例进行了调研，例如，内蒙古自治区的呼伦贝尔市、河北围场、云南昆明等地区，与当地的财政、税收、水利、畜牧、林业等政府部门以及自来水公司、企业、居民等进行了深入交流，掌握了较丰富的一手资料，为本书研究提供扎实的调研基础。

① 苏力. 从契约论到社会契约理论———种国家学说的知识考古学 [J]. 中国社会科学, 1996 (3)：84.

3. 博弈分析法

采用博弈分析方法来厘清资源税扩围相关利益主体之间的相互关系和行为逻辑，分析资源税扩围制度设计在平衡利益主体关系、参与地方治理的影响，探讨构建符合生态正义的资源税扩围制度框架。

4. 比较分析法

通过比较内蒙古自治区与其他省市在资源税扩围上的不同，挖掘其基于民族和自然区位所体现出的特殊性；比较资源租、税、费本质内涵与实际政策的不同，明确扩围改革的方向；比较国家治理、地方治理、税收治理的异同与关系，从而更深入地分析探讨内蒙古资源税扩围对地方治理和税收治理的重要意义。

（二）研究思路

本书的研究思路如图 0-1 所示：

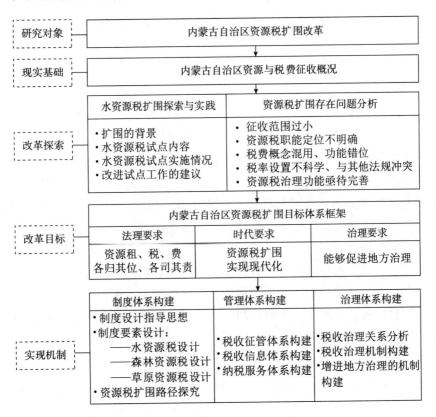

图 0-1 研究思路图

第一，在对相关研究文献进行梳理的基础上，本书研究首先展开对内蒙古自治区的资源禀赋、开发利用及资源税、费历史变迁的研究，包括自治区自然资源分布状况及特征分析，作为后续研究的现实基础与逻辑起点。

第二，对内蒙古自治区水资源税扩围改革的背景、实践与存在问题进行分析，通过问题剖析指明改革的方向。

第三，按照问题导向，提出内蒙古自治区资源税扩围的目标体系。这一体系从法理要求、时代要求、治理要求三个方面构建总体的目标框架，从体系构建上回应前面提出的问题。

第四，为实现资源税扩围的目标，从制度体系、管理体系、治理体系三个大的方面构建目标体系的实现机制。在制度体系构建上，分别对水资源税、森林资源税、草原资源税的税制进行科学设计，并以可税性为标准提出资源税扩围的基本路径；在管理体系构建上，从税收征管体系、税收信息体系、纳税服务体系方面进行机制设计；在治理体系构建上，提出资源税扩围的多中心治理机制，并分析了增进地方治理、实现"税地共治"的实现机制。

七、创新点与研究不足

（一）创新点

第一，将我国刚刚开展水资源税试点改革的资源税扩围问题具体到内蒙古自治区去探讨，既对自治区水资源税试点的情况进行梳理、分析、提出改进建议，也前瞻性地对资源税扩围至森林、草场资源进行制度设计，以可税性为标准对三类扩围资源的征税可行性进行分析比较，提出资源税扩围的基本路径，并提出"二元并立+法定授权"的资源税扩围立法模式，为资源税扩围在民族地区的开展提供参考。

第二，对内蒙古自治区资源费、税制演变进行梳理，以资源租、税、费理论为指导，以"适度分权"为原则构建自治区资源税扩围多中心治理机制，并探讨资源税扩围增进地方治理的机制，推动形成税收治理与地方治理互为促进的"税地共治"局面。

（二）不足之处

第一，限于研究能力，本书对于内蒙古自治区资源税扩围涉及的相关问题研究还不够全面、深入，有待未来进一步充实。内蒙古自治区相比其他省市，具有一定特殊性，例如，自治区内水、草场、森林资源分布极为不均衡，在自治区层面制定统一的税收政策往往未考虑区内不同地区间的差异；学界关于森林资源税与草原资源税的相关研究还比较少，本书研究在税制设计的细节上未能充分深入展开；森林资源分属自治区和大兴安岭森林管理局，税收征管的统一性与资源占有权属的分散性产生矛盾。在内蒙古自治区资源税扩围改革制度设计中应考虑这些特殊因素的影响，制定更加灵活和差异化的税收政策，稳妥推进资源税扩围改革。

第二，围绕资源税扩围相关问题，笔者于 2017 年暑期对云南省（昆明市、西双版纳州）水资源费改税问题、2018 年 5 月对河北省水资源税实施情况、2018 年暑期对内蒙古自治区（呼伦贝尔市）资源税扩围至水、森林、草场问题进行了调研，但相对于资源税扩围这一复杂问题，笔者所进行的调研在广度和深度上还有所欠缺，对材料的掌握不够充分，特别是学界关于森林资源税与草原资源税的相关研究还比较少，本书在税制设计的细节上未能充分深入展开，对问题的分析尚不够精确，提出的有关政策建议略显原则化。

| 第一章 |
内蒙古自治区资源与税费征收概况

第一节　内蒙古自治区资源概况与开发利用

一、矿产资源概况与开发利用

（一）矿产资源概况

内蒙古自治区矿产资源丰富，自 1958 年以来内蒙古发现了 10 种[①]国际承认的新矿物，数量位居全国首位。其中，白云鄂博矿山是全球最大的稀土矿山，位于内蒙古包头。截至 2017 年底，内蒙古自治区保有资源储量位列我国第一、前三、前十的分别有 18 种、47 种、92 种。稀土查明资源储量居世界首位；全区煤炭保有资源储量 4205.25 亿吨，约占我国煤炭资源储量的 1/4；全区保有有色金属资源储量（铜、铅、锌）5831.66 万吨。

（二）矿产资源开发利用

自改革开放以来，内蒙古自治区矿业在推动国民经济快速发展中发挥了关键作用。2008~2015 年，全区规模以上采矿业累计总产值约 3.5 万亿元，累计利润 6000 亿元。2012 年采矿业从业人数达到 38.48 万人，2013 年规模以上采矿业产值达到 5958.44 亿元，是自治区矿业发展达到顶峰的时期。[②] 此后，全区矿业经济受我国经济深度转型影响，增速有所减缓。2018 年规模以上采矿业产

---

① 包括白云鄂博矿、汞铅矿、包头矿、锡林郭勒矿、黄河矿、大青山矿、索伦石、兴安石、二连石、钡铁钛石。
② 资料来源于《内蒙古自治区矿产资源总体规划（2015—2020）》。

值占全区规模以上工业总产值之比仍维持在 22.52% 的水平,[①] 矿业依旧是全区经济发展的支柱产业。

虽然内蒙古自治区的矿产资源丰富,但由于大量开采,对内蒙古自治区的矿山地质环境造成了极大的破坏。自 21 世纪初内蒙古自治区政府开始推动全区矿山地质环境的治理恢复,特别是 2010 年之后加大了治理力度,并取得了显著的成效,促进矿业开发"反哺"生态环境建设已成为自治区的新常态,但多年来的资源开发对自然环境的破坏并非在短时间内能够完全恢复,自治区的矿山治理之路任重道远。

二、水资源概况与开发利用

(一) 水资源概况

《内蒙古自治区水资源公报 2018》统计数据显示,2018 年全区水资源总量 461.52 亿立方米,其中,地下水与地表水资源量间重复计算量 94.42 亿立方米。全区水资源总量较上年偏多 48.9%,较多年平均值偏少 15.5%。全区平均产水系数 0.12,平均产水模数 3.99 万立方米/平方千米。[②]

从行政分区来看,内蒙古自治区水资源主要集中在东部的呼伦贝尔市境内,其降水量为 1105.93 毫米,地表水资源量 238.10 亿立方米,地下水资源量 74.73 亿立方米,水资源总量为 255.89 亿立方米,占全区水资源总量的 55.45%。而位于自治区西南部的乌海市,则属于严重缺水区域,年降水量仅为 3.6 毫米,地表水资源量 0.12 亿立方米,地下水资源量 0.55 亿立方米,其水资源总量仅为 0.29 亿立方米,占全区水资源量的 0.06%。从整体上来看,自治区水资源分布表现为"东富西贫",呈现严重的地区分布不平衡,如表 1-1 所示。

表 1-1　内蒙古行政分区水资源量　　　　　　单位:亿立方米

行政分区	降水量	地表水资源量	地下水资源量	地表水与地下水资源重复量	水资源总量	产水系数
呼和浩特市	78.96	2.81	9.67	1.93	10.55	0.13
包头市	104.64	2.77	7.31	1.02	9.06	0.09

[①]　资料来源于《内蒙古统计年鉴 (2019)》。

[②]　资料来源于《内蒙古自治区水资源公报 2018》。本部分涉及内蒙古自治区水资源数据全部来自《内蒙古自治区水资源公报 2018》,以下不再一一注明。

行政分区	降水量	地表 水资源量	地下 水资源量	地表水与地下 水资源重复量	水资源 总量	产水系数
乌海市	3.60	0.12	0.55	0.38	0.29	0.06
赤峰市	308.65	11.44	21.14	8.42	24.17	0.08
呼伦贝尔市	1105.93	238.10	74.73	56.95	255.89	0.23
兴安盟	286.61	20.15	17.23	6.26	31.12	0.11
通辽市	246.94	7.36	37.43	5.84	38.95	0.16
锡林郭勒盟	703.36	5.09	35.35	4.06	36.38	0.05
乌兰察布市	194.33	2.46	8.55	1.76	9.25	0.05
鄂尔多斯市	339.08	6.64	27.55	3.05	31.15	0.09
巴彦淖尔市	141.55	5.03	8.30	2.99	10.34	0.07
阿拉善盟	282.78	0.37	5.78	1.77	4.38	0.02
全区	3796.43	302.35	253.59	94.42	461.52	0.12

资料来源：内蒙古自治区水资源公报（2018 年）。

从水资源分区来看，流经内蒙古自治区境内的河流主要有松花江、辽河、海河、黄河及西北诸河等。其中，流经内蒙古东部的松花江水资源总量为286.95 亿立方米，占全区水资源总量的 62.17%；流经海河的水资源总量为3.35 亿立方米，占全区水资源总量仅为 0.73%，如表 1-2 所示。

表 1-2　内蒙古水资源分区水资源量　　　　单位：亿立方米

一级区	二级区	降水量	地表 水资源量	地下 水资源量	地表水与地下 水资源重复量	水资源 总量	产水系数
松花江	额尔古纳河	534.57	92.64	41.77	25.17	108.71	0.20
	嫩江	874.44	166.55	49.41	37.72	178.24	0.20
辽河	东辽河	0.57	0.02	0.09	0.00	0.11	0.18
	西辽河	475.16	11.80	52.90	13.06	51.64	0.11
	辽河干流	28.98	4.37	4.07	0.37	8.08	0.28
	东北沿黄渤海诸河	10.77	0.84	0.58	0.34	1.08	0.10
海河	滦河及冀东沿海	31.19	1.61	1.32	1.14	1.80	0.06
	海河北系	25.22	0.92	1.34	0.70	1.55	0.06

续表

一级区	二级区	降水量	地表水资源量	地下水资源量	地表水与地下水资源重复量	水资源总量	产水系数
黄河	兰州—河口镇	309.82	10.52	31.77	7.65	34.64	0.11
	河口镇、龙门	106.53	4.50	10.55	1.78	13.28	0.12
	内流区	145.46	1.42	10.19	0.03	11.58	0.08
西北诸河	内蒙古内陆河	982.31	6.83	44.95	4.17	47.61	0.05
	河西走廊内陆河	271.42	0.32	4.65	1.76	3.22	0.01
全区		3796.43	302.35	253.59	94.42	461.52	0.12

资料来源：内蒙古自治区水资源公报（2018年）。

（二）水资源开发利用概况

1. 供水量

2018年全区供水量192.09亿立方米，较2017年增加4.10亿立方米。其中，地表水源供水量99.49亿立方米，较2017年增加0.27亿立方米；地下水源供水量88.72亿立方米，较2017年增加3.39亿立方米；其他水源供水量3.88亿立方米，较2017年增加0.44亿立方米。

在地表水源供水量中，提水工程供水4.70亿立方米，较2017年减少0.26亿立方米；引水工程供水80.23亿立方米，较2017年增加2.18亿立方米；提水工程供水14.56亿立方米，较2017年减少1.65亿立方米。在地下水源供水量中，浅层地下水供水88.71亿立方米，较2017年增加3.54亿立方米（其中矿井疏干水供水1.86亿立方米，较2017年增加0.28亿立方米），微咸水供水0.01亿立方米，较2017年减少0.15亿立方米。在其他水源供水中，污水处理回用量3.87亿立方米，较2017年增加0.45亿立方米；雨水集蓄利用量0.01亿立方米，较2017年减少0.01亿立方米。

按行政分区统计，地表水源供水量最大盟市为巴彦淖尔市，供水量43.59亿立方米，占全区地表水源供水总量的43.8%；地下水源供水量最大的盟市为通辽市，供水量27.63亿立方米，占全区地下水源供水总量的31.1%。

按水资源分区统计，黄河供水量最大，为90.61亿立方米，占全区47.2%。黄河区作为地表水源供水量最大的水资源一级区，供水量为62.04亿立方米，占全区地表水源供水量的62.4%；地下水源供水量最大的水资源一级区为辽河区，供水量42.57亿立方米，占全区地下水资源供水总量的48%。

2. 用水量

2018 年全区总用水量 192.09 亿立方米，其中，农田灌溉用水 124.15 亿立方米，占总用水量的 64.6%；林牧渔畜用水 16.19 亿立方米，占总用水量的 8.4%；工业用水 15.92 亿立方米，占总用水量的 8.3%；城镇公共用水 2.88 亿立方米，占总用水量的 1.5%；居民生活用水 8.35 亿立方米，占总用水量的 4.4%；生态环境用水 24.60 亿立方米，占总用水量的 12.8%。

2018 年全区总用水量较上年增加 4.10 亿立方米，其中，农田灌溉用水增加 3.30 亿立方米，林牧渔畜用水减少 1.08 亿立方米，工业用水增加 0.20 亿立方米，城镇公共用水增加 0.01 立方米，居民生活用水增加 0.19 亿立方米，生态环境用水增加 1.48 亿立方米。

按行政分区统计，巴彦淖尔市用水量最大，为 51.06 亿立方米，占全区总用水量的 26.6%，乌海市用水量最小，为 2.57 亿立方米，占全区总用水量的 1.3%。

3. 耗水量

2018 年全区总耗水量 130.09 亿立方米，较上年增加 3.55 亿立方米，综合耗水率为 67.7%。其中，农田、林牧渔畜、工业、城镇公共、居民生活及生态耗水量分别为 77.45 亿立方米、12.07 亿立方米、10.04 亿立方米、1.73 亿立方米、5.67 亿立方米和 23.13 亿立方米。

4. 用水指标

2018 年全区人均水资源量 1821 立方米，人均综合用水量 758 立方米。万元地区生产总值用水量（按 2015 年不变价计，扣除黑河生态用水量）87.09 立方米，较 2017 年减少 2.3%；万元工业增加值用水量（按 2015 年不变价计）17.36 立方米，较上年减少 5.2%。农田灌溉亩均毛用水量 279 立方米。全区居民人均生活用水量 90 升/天（其中，城镇居民 95 升/人·天，农村居民 83 升/人·天）。

综上所述，尽管内蒙古自治区内水资源总量较为丰富，但地区间分布极为不均；农林牧渔等第一产业用水量较大，未能实现集约利用；引水工程开始发挥作用，正逐步改善供水来源结构；单位产值耗水量有所降低，但仍有较大节约空间。

三、草原资源概况与开发利用

（一）草原资源概况

内蒙古自治区地域广大，作为我国粮食主要产区与粮食净调出省区，现有耕地 1.08 亿亩。自治区最大特色与优势资源是草原，全区拥有 13.2 亿亩草原，占我国草原总面积的 22%，其中，包含 10.1 亿亩的可利用草原。内蒙古草原作为世界上草原类型最多①、保持最完整的草原之一，保有 5 片②全国重点牧区草原，植物资源非常丰富，有包含饲用植物在内的野生植物 2000 余种。

（二）草原资源开发利用

长期以来内蒙古牧草种植面积稳定在 3000 万亩以上，其中，苜蓿是牧民最主要的种植作物。2018 年，苜蓿种植面积达到 750 万亩，占多年生牧草种植面积的 84%，比 2011 年提升约 32 个百分点。近十几年来天然草原生态不断改善，2018 年草原植被平均覆盖度比 2000 年增加 14 个百分点，达到 44%。为保护草原我国实施了草原生态保护奖补政策，将面积约 1 亿亩的打草场全部纳入奖补范围。自治区牧草产品来源丰厚，目前人工草地每年可生产 3200 万吨（含干草 600 万吨、青贮 2600 万吨），天然干草正常每年可生产 450 万吨。③

根据调查显示，内蒙古自治区总共有 107 个生产经营草产品的企业，其中，专业化生产青贮或青干草的有 97 个，专业化生产牧草种子的有 10 个。自治区有 303.6 万亩种植燕麦及苜蓿的草田实施了节水灌溉，占全区的 92%；草产品生产实现了较高程度的机械化，比内蒙古农业机械化水平高 11 个百分点，达到 90% 以上。大多数企业拥有大中型机械设备和节水设备，有力地提高了牧草产业的机械化水平，企业的主体带动作用明显。

四、森林资源概况与开发利用

（一）森林资源概况

内蒙古自治区森林大多分布于大兴安岭的原始林区、宝格达山、茅荆坝、克什克腾和迪彦庙等次生林区和大兴安岭南部次生林区以及经过长期建设形成的人工林区。根据 2018 年内蒙古自治区第八次森林资源清查结果，全区拥有 6.75 亿亩林地面积，其中，含 3.92 亿亩森林面积。全区拥有 16.63 亿立方米活立木总蓄积量，森林蓄积 15.27 亿立方米。随着近十余年的人工造林，森林覆

---

① 五大类型：温性典型草原、温性荒漠草原、温性草甸草原、温性荒漠、温性草原化荒漠，此外非地带性草原主要有低平地草甸、山地草甸和沼泽类。

② 呼伦贝尔草原、科尔沁草原、乌兰察布草原、锡林郭勒草原以及鄂尔多斯草原。

③ 赵景峰，夏红岩，哈斯巴特尔，梁东亮. 内蒙古牧草产业创新发展与典型模式［J］. 草原与草业，2019, 31（1）: 6-11.

盖率逐步提升，2018 年达到 22.10%。[①]

在全区林地面积中，乔木林地面积 26343.30 万亩，占 39.04%；灌木林地面积 13443.00 万亩，占 19.92%；疏林地面积 879.75 万亩，占 1.30%；未成林造林地面积 1058.40 万亩，占 1.57%；苗圃地面积 49.50 万亩，占 0.07%；迹地面积 128.70 万亩，占 0.19%；宜林地面积 25584.90 万亩，占 37.91%。按权属分，国有林地面积 3.53 亿亩，占 52.26%；集体林地面积 3.22 亿亩，占 47.74%。

在全区森林面积中，天然林面积 3.02 亿亩、占比 77.05%，蓄积量 13.88 亿立方米、占比 90.89%；人工林面积 9000.15 万亩、占比 22.95%，蓄积量 1.39 亿立方米、占比 9.11%。

与 2013 年自治区第七次森林资源清查结果相比，全区森林面积增加 1904.25 万亩，森林覆盖率提高了 1.07 个百分点，森林蓄积量增加了 1.82 亿立方米。

（二）森林资源开发利用

1. 全区林业总体开发利用情况

《内蒙古自治区国有林场发展规划（2018—2030 年）》数据显示，内蒙古自治区有国有林场 316 个，其中，天然林经营林场 120 个，主要承担着经营与管护 11 片天然次生林区；造林治沙林场 196 个，主要承担着生态脆弱地区的造林绿化以及防沙治沙任务。自"十二五"以来，全区完成封山育林、人工造林、场外造林与飞播造林面积分别为 385.72 万亩、377.46 万亩、188.64 万亩、98.21 万亩，国有林场共计完成 1050.03 万亩造林绿化。在国家政策推动下，32.18 万亩的低产、低效林得以改造，1400 万亩中幼林得以抚育，其中，994.5 万亩完成森林抚育，落实中央财政森林抚育补贴任务的林场有 228 个。[②]

截至 2017 年，内蒙古国有林场中编制森林经营方案的有 113 个，10 个林场实施森林经营改革试点。同时，全区国有林场在森林生态效益补偿与天然林停止商业性采伐等政策实施后，天然林采伐全面停止，为推动林场发展，各地纷纷优化与调整结构，促进多种经营。通过发展森林旅游业，国有林场重新找到了经济增长点。内蒙古依托国有林场目前建立有 24 处国家级森林公园、18 处自治区级森林公园、1 处盟市级森林公园，共计 43 处森林公园。

---

① 本部分数据来源于内蒙古自治区政府门户网站，以下不再一一注明。
② 资料来源：《内蒙古自治区国有林场发展规划（2018—2030 年）》。

2. 全区林业产业总值

从 1978 年国家开启"三北"防护林建设以来，内蒙古自治区的林业建设就走上了生态建设加产业建设的新路。内蒙古自治区林业产业按照可持续发展的要求，不断进行改革，逐步调整产业结构，着力提高技术水平和经营管理水平，呈现出稳步发展的良好态势。

通过 Wind 数据库查阅到 2003~2018 年内蒙古自治区国内生产总值与林业总产值的数据（如表 1-3 所示）。从表 1-3 中可以看出，2003~2018 年内蒙古的林业总产值从 2003 年的 47.9 亿元增长到 2018 年的 100.31 亿元，约增长 1.1 倍。同期，内蒙古自治区国内生产总值从 2003~2018 年由 2388.38 亿元增加到 17289.20 亿元，约增长 6.2 倍，涨幅远远大于全区林业总产值的增长幅度。可见，内蒙古自治区的林业发展落后于整体经济发展。

表 1-3　2003~2018 年内蒙古国内生产总值与林业总产值

单位：亿元

年份	内蒙古国内生产总值	内蒙古林业总产值
2003	2388.38	47.90
2004	3041.07	46.59
2005	3905.03	39.90
2006	4944.25	41.83
2007	6423.18	63.70
2008	8496.20	72.70
2009	9740.25	78.25
2010	11672.00	76.57
2011	14359.88	93.16
2012	15880.58	97.76
2013	16916.50	96.10
2014	17770.19	96.40
2015	17831.51	99.40
2016	18128.10	98.64
2017	16096.21	99.90
2018	17289.20	100.31

资料来源：Wind 数据库。

同时，将 2003~2018 年内蒙古林业总产值的数据做成折线图（见图 1-1）。从图 1-1 中可以看出，近 15 年来，尽管内蒙古自治区林业产业总体呈上升发展趋势，但进入 2011 年以来，内蒙古自治区林业总产值增长近乎停滞，这与我国加强对森林资源的保护有较大关系。这既符合林业产业在自治区当前的发展定位，也说明自治区的林业经济有较大提升空间，尤其在观光旅游方面蕴含着较大潜力。

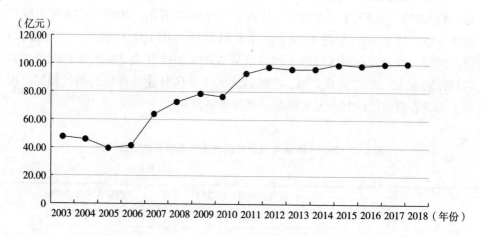

图 1-1 2003~2018 年内蒙古林业总产值发展趋势

资料来源：Wind 数据库。

第二节 内蒙古自治区资源税沿革与征收概况

一、内蒙古自治区资源税沿革

我国是一个单一制国家，税收立法权高度集中于中央，资源税作为地方税的主要税种之一，虽然地方有根据自身实际情况在中央立法制度范围之内适当调整的权力，但某一地方资源税的制度沿革主要依据中央资源税制度的变化，内蒙古自治区也不例外。

我国是世界上最早建立完整税收制度的国家，在古代中国的财政制度中，对重要的资源课税成为与田赋并列的重要国家财政来源。周代即有"山泽之赋"，对国民利用自然资源从事伐木、采矿、狩猎、捕鱼、煮盐等开发、生产活动课征赋税。春秋时期，管仲以"官山海"辅佐齐桓公成为春秋第一位霸主；汉代武帝时期盐铁专营为汉王朝征伐匈奴、开疆拓土提供了财力上的保障，并留下了《盐铁论》供后世王朝借鉴与学者讨论；刘晏的榷盐新政为安史之乱的唐王朝延续提供了重要财力保障；宋代的盐引、明清的开中法则为中原王朝通过贸易输纳军粮、马匹以巩固国防。

可见古代中国对当时以盐铁为主的稀缺资源主要采用禁榷的办法进行管控，以增加国家财力，既符合儒家道统"重农抑末"的治国理念，也能够在特殊时期充当国家的战时财政。特别是对盐课税的传统与思想一直影响到民国时期和中华人民共和国成立初期的财政税收，并且在今天仍然发挥着影响。但我国的现代税收制度主要是借鉴于西方，现有资源税制度从发展到成熟则主要经过了四个阶段的变革与调整。

（一）1950～1983 年：盐税阶段

1949 年中华人民共和国成立初期，我国各地税收制度很不统一。1949 年 11 月，为解决全国统一与各地税收制度不一致的矛盾，首届全国税务会议制定了《全国税政实施要则》（该文件由政务院于 1950 年 1 月发布施行）。在全国实行统一的税收制度，盐税就是 14 个税种之一。

1950 年 1 月 20 日，《关于全国盐务工作的决定》由政务院发布。盐务管理机构重新建立，盐税征收原则[①]、税额及其管理办法自此确立。由于当时东北公营盐滩与关内公营盐滩各自生产的盐分别占比为 70%、20%，因此，东北与关内分别采取"统销""公私兼营自由运销"的运销方针。在盐务分工上，东北、华北的产、税归财政，销归贸易；而华东、西北、内蒙古的产、销、税都归财政。

从中华人民共和国成立后到 1958 年，盐税是以"担"为计量单位确定税额的，东北、西北土盐、潞盐、华东淮南盐盐税每担分别征 175 斤高粱、80 斤小米、90 斤小麦、80 斤大米，其他各地（除内蒙古）盐税则每担均征小米（或大米）100 斤。为推动生产与出口，对渔业用盐、工农业用盐和出口盐实施优惠。在盐务组织机构方面则采取五级制。1950 年 3 月 8 日，中央财政部成立中国盐务总局，在大区设区盐务管理局，其下设直属或区属盐务管理局，其下设盐场管理处或分场场务所。在销售区域上则划定 7 个销区，分别是东北、华北、华东、西北、西南、中南和内蒙古。

1950 年 5 月，中央为减轻人民负担，并有利于取缔私盐，决定从 6 月 1 日

---

① 该文件对盐税的征收原则确定为"从量核定，就场征收，税不重征"。

起将食盐税额减半征收，取消主粮税额折合办法，改为按固定货币税额征收，根据各地产盐与运销成本的情况重新加以核定。华东地区每担食盐税额为 7 元，渔盐按食盐税额的 30% 计征。此后，盐税税额就不再随粮价的变动而变动，加上物价日趋稳定，盐税税额多年未动。直到 1957 年 1 月 1 日，食盐税额调整为每担 8.60 元，渔业用盐每担 2.10 元，农业用盐每担 3.44 元。

为保证盐税征收工作的开展，推动盐务部门大力发展盐业生产，1958 年 6 月 19 日，财政部、轻工业部联合发出通知，自 7 月 1 日起，盐税的征收改由税务机关办理。

1973 年本着"基本上保持原税负的前提下，合并税种，简化征税办法"的原则，我国进行了一次简化工商税收制度的改革，即"五税合一"①。此时，盐税成为合并后的工商税税目之一，然而其征收管理办法并未改变。这一阶段的盐税有以下三个特点：

第一，从中华人民共和国成立初期的战时临时税收向计划经济税收转变。中华人民共和国刚刚成立初期，百废待兴，很多行业实行军事架构管理，全国的税务机关还未统一建立，因此盐税的征收由盐务部门负责，七个盐业销售区域的划定也基本上与解放时期中共中央设置的六个地方局相对应（内蒙古特殊，单独作为一个销售区）。待到 1958 年社会主义改造基本完成，全国的税务机关也基本健全起来之后，盐税的征收自然由盐务部门移交给税务部门。

第二，是我国在从农业国向工业国转变的过程中，盐税在中华人民共和国成立初期的税收收入中占比较高，财政对其依赖性较强，税收结构及税收思想延续了我国古代财政的特点，在以农业为主国家经济结构中，不论是在税收思想和税收政策上，还是在实际的课征中，都非常重视盐税筹集财政收入的功能。1973 年的"五税合一"税制简化改革主要受当时"左倾"错误思想的引导而实施。

第三，在计划经济体制下，政府指令性计划确定盐的产、供、销，盐税完全作为中央税，由财政部统一调度使用，因而政府能够人为地控制盐税的规模。中华人民共和国成立初期至"利改税"以前设立盐税的目的主要便是解决战后的财政资金困难。

整体而言，中华人民共和国成立初期我国在对马克思主义政治经济学传统理解的基础上形成了矿产资源无偿使用的矿产资源经济制度，这一阶段的资源税其实就是盐税，其征收对象则是由国家专卖并且价格弹性及收入弹性均很低

---

① 这次改革工商企业原来交纳的盐税与其他工商统一税及其附加、城市房地产税、车船使用牌照税、屠宰税等合并为工商税。

的盐，其他矿产类资源并未在其考虑内，也因此并不存在正式的矿产资源税。国家既是社会管理者，又是矿产资源所有者及投资经营者，企业以上缴利润的方式将大多甚至所有由开采优等资源所获取的级差收入转化为国家财政收入，通过对企业人、财、物的指令性分配与计划工资、计划价格调节的方式分配资源利益，而对企业及其职工的经济利益并无直接影响。这一时期盐税作为资源税的一种，筹集财政收入是其首要的功能，调节经济与促进盐业资源节约利用的作用并未考量在内。

（二）1984~1993年：资源税在改革开放中起步

1984年10月，国务院发布《中华人民共和国资源税条例（草案）》，这部法律是我国的第一部正式的资源税法，其颁布源于两股力量的推动：一是为了应对在海洋石油资源勘探开发上与国外石油公司合作而产生的税收问题；二是为了适应两步"利改税"改革对国有资源企业征税问题。

20世纪80年代初，我国石油工业的发展受限于落后的技术及短缺的资本，我国通过吸引外资开发利用海域油气资源以破除这种困境。1979年年初，我国与13个国家签订了八个物探协议。1980年5月，中国海洋石油总公司根据上述物探协议分别与日本、法国、美国等国的石油公司签订了五个勘探开发合同，我国正式开始了对外合作开发海洋油气资源。1982年年初，国务院颁布了《中华人民共和国对外合作开采海洋石油资源条例》，文件规定参与合作开采海洋石油资源的中外企业均应依法纳税，缴纳矿区使用费。并经国务院批准，我国正式成立了海洋石油税务管理局（隶属国家税务总局），负责统一管理和征收中国海域与海洋油气资源开发活动有关的各国企业及各项税收，统一制定与海洋油气资源开发有关的各项税收政策，从而形成了我国独特的海洋石油税收管理体系。

1983年，为调节国家和企业间利益关系，我国开始实行利改税。随后，1984年9月，为推动企业间公平竞争，调节由于资源禀赋差异导致的极差收入、有效协调国家与企业两者间的资源收益分配关系，国务院出台了《中华人民共和国资源税条例（草案）》。但是，当时资源税征税范围只包含原油、煤炭、天然气、铁矿石，暂缓对其他矿产品资源征税，对销售利润率超过12%的部分征税，采取超率累进征收方式，如表1-4所示。

表1-4　1984年资源税税率结构

销售利润	适用税率
12%（含）以下	不缴纳资源税

续表

销售利润	适用税率
超过 12%~25%的部分	按销售利润每增长 1%、税率增长 0.5%累进计算
超过 20%~25%的部分	按销售利润每增长 1%、税率增长 0.6%累进计算
超过 25%的部分	按销售利润每增长 1%、税率增长 0.7%累进计算

从 1984 年到分税制改革期间，资源税制度几经调整，最主要的一次调整是财政部在 1986 年 6 月 30 日和 1986 年 9 月 25 日先后发文，将原油、天然气、煤炭的资源税由从价计征改为从量计征，其原因在于多级次的超率累进税率虽然有利于纵向公平，但计算比较复杂，在实际征税时征纳双方在如何认定利润率上容易产生分歧，导致税收成本较高。

与资源税建立同时发生的是对盐税的恢复。当 1984 年工商税制全面改革时，盐税从工商税中分离出来，国务院发布了《中华人民共和国盐税条例（草案）》，使盐税再次作为独立税种存在。对盐税实行盐源控制，税不重征的原则，按照盐的不同产区、盐种和用途，确定差别税额，以"元/吨"为单位从量计征，并且在盐的全部流通过程中仅在规定环节征收一次盐税。由于不同产区的盐税税额所在地区盐业资源、运输、生产条件与成本利润情况不同，不同产区的盐税税额是不同的，每吨盐的税额最低的为 40 元（产区为四川省盐源县；盐种为井盐），最高的则为 160.80 元（产区为天津塘沽、汉沽、河北南堡；盐种为海盐）。这一时期的资源税有以下三个特点：

第一，考虑到不同的资源禀赋及开发条件，资源税最初设置的目的是调节开发自然资源的矿业企业由此所形成的级差收益，其税收功能定位于调节资源级差收入，特别强调税收公平，销售利润越高其资源税税率也就越高。

第二，税收模式上属于利润型资源税，计税依据为资源企业和单位开采资源获得的超额利润，理论上能够充分发挥"经济自动稳定器"的功能。有利于推动税收公平目标的实现，也有助于节约资源及保护环境。

第三，从理论上对资源税的认识刚刚起步。在当时的历史条件下，改革开放初期，社会主义国家对国有财产究竟应享有怎样的财产权利仅处于探索阶段。1986 年制定了《矿产资源法》[1]，虽然从法律方面确认了国家同矿业企业的不同利益及其实现方式，但在征税范围上规定得较窄，仅对原油、天然气、煤炭和

---

[1] 文件规定"国家对矿产资源实行有偿开采。开采矿产资源，必须按照国家有关规定缴纳资源税和资源补偿费"。

铁矿石征税。

1984年资源税的制定与开征，随着社会主义商品经济关系的建立，理论界与实务部门逐渐认同国家作为资源所有者理应取得相应收益的原则。在此种背景下建立的资源税以调节资源级差收益为目标，以体现国家政治权力具有无偿性、强制性、固定性的税收为形式，来实现国家对矿产资源的权益并不全面、不合理，体现了在当时背景下我国对于矿产资源租、税、费认识的局限性。而且征税范围的狭窄，导致税负横向不公平问题，也不利于促进资源环境政策目标的达成。但从客观上来看，初步建立的资源税制度维护了国家对矿产资源的部分权益，促进了矿产资源有偿使用制度的发展。

（三）1994~2009年：资源税的改革与资源有偿使用制度的建立

如果说1984年建立的增值税为我国第一代资源税制度的话，那么1994年实施的资源税可以称为我国第二代资源税，1994年的资源税制度奠定了我国现行资源税的框架。与此同时，随着对矿产资源价值及矿产资源税费理论研究的深入研究，初步建立了矿产资源有偿使用制度，出现了矿产资源税费并存的局面。

1. 第二代资源税制度的建立与完善

从20世纪80年代开始，我国地方财政比较充足，而中央财政收入占比却在下降。为了提升中央财政占比并合理划分中央与地方的税权，我国启动了分税制改革，完善了资源税制度。1993年12月25日，国务院颁布了《中华人民共和国资源税暂行条例》，财政部于同年12月30日颁布了《中华人民共和国资源税实施细则》，从1994年1月1日开始实施。

与第一代资源税相比，1994年分税制改革建立的资源税制度主要实现了资源税职能定位开始向聚财方面倾斜、征收范围显著扩大、由中央税转变为中央地方共享税、由利润型资源税转变为产出型资源税等四个方面变化。

2. 矿产资源有偿使用制度的建立与完善

1986年10月1日实施的《中华人民共和国矿产资源法》首次在法律上明确了矿产资源有偿开采的原则，其中，第五条规定："国家对矿产资源实行有偿开采，开采矿产资源必须按照国家有关规定缴纳资源税和资源补偿费"。但这一原则真正实践则是由国务院在1994年2月发布的《矿产资源补偿费征收管理规定》（以下简称《规定》）中得到具体落实。该《规定》于同年4月1日起施行，明确规定"在中华人民共和国领域和其他管辖海域开采矿产资源，应当依照规定缴纳矿产资源补偿费"，且将我国已发现的173种矿产及其补偿费率列入

《附录》。从此，我国结束了资源无偿开采的阶段，开始正式建立包含所有矿种的有偿开采制度。

经济体制市场化改革，必然提出矿产资源储量资产化管理、矿业权市场化配置的要求。1996 年 8 月 29 日，全国人民代表大会常务委员会对《中华人民共和国矿产资源法》做出修改，大大地推进我国的矿产资源财产权利制度向市场经济方向迈进。为完善矿产资源有偿使用制度，随后财政部、国土资源部于1999 年、2000 年相继发布《探矿权采矿权使用费和价款管理办法》《矿业权出让转让管理暂行规定》。然而，直至 2005 年，矿业权有偿取得制度并未真正实施。

（四）2010 年至今：多轮资源税费制度改革

自 20 世纪 80 年代以来，虽然我国资源税费制度在改革中不断前行，但依然存在租税性质不清、耗竭准备金缺失以及税费制度设计缺陷等诸多问题。特别是资源的稀缺性导致其产品的市场价格逐渐提高，而资源税额却不变的问题。各方均提出征收方法由"从量定额"转为"从价定率"，实现资源税与资源品价格挂钩的价税联动机制，国家作为矿产资源所有者获得由其产生的收益，体现"资源涨价归公"的理念。因此，资源税费多轮改革在 2010 年开始拉开帷幕。

1. 矿产资源"从量计征"到"从价计征"的改革探索

2010 年 5 月，新疆对原油与天然气资源税由"从量计征"征收改为"从价计征"征收，税率为 5%，最先进行资源税费改革。自 2010 年 6 月 1 日起实行。我国的资源主要集中在西部，从 2010 年 12 月 1 日开始，推广至除新疆外的西部地区 12 个省、区、市。在新疆实施从价计征经验的基础上，从 2011 年 11 月1 日开始推广至全国范围内施行，并对原油等品目资源税的税率做出调整。

随后，资源税从价计征的改革试点开始扩大。《财政部国家税务总局关于湖南和湖北省实施部分资源品目资源税从价计征改革试点的通知》规定，2013 年1 月 1 日起，在湖南省对铅锌矿和石墨进行从价计征改革试点，税率为 5%；在湖北省对磷矿石进行税率为 10% 的从价计征改革试点。

2014 年 9 月召开的国务院第 64 次常务会议决定，自同年 12 月开始实施煤炭资源税从价计征改革，并且对相关收费基金进行清理，各界期待已久的煤炭资源税改革拉开序幕。2014 年 10 月，财政部相继颁布了《关于实施煤炭资源税改革的通知》《关于调整原油、天然气资源税有关政策的通知》《关于全面清理涉及煤炭原油天然气收费基金有关问题的通知》三个文件，对煤炭、原油、天然气的资源税费政策改革问题进行了明确。煤炭资源税费改革既是财税体制改革的重要突破口，也是地方税体系建设的重要组成部分，开始对精矿征税，破解了资源税改革的征管难题，不仅为资源税全面从价计征开辟了道路，同时也为资源税全面改革确定了基本原则和改革思路。

2. 完善矿业权配置制度

矿业权配置中的"双轨制"等问题更加凸显在资源税费制度改革中。2017年1月，中央全面深化改革领导小组第三十一次会议召开，审议并通过了《矿产资源权益金制度改革方案》及《矿业权出让制度改革方案》等文件。维护矿产资源国家所有者权益必须有效完善矿业权出让制度，要推进矿业权竞争性出让，严格限制矿业权协议出让，调整矿业权审批权限，强化出让监管服务。其初衷是建立符合我国特点的"以维护实现国家矿产资源基本权益为核心，理顺矿产资源税费体系，合理调节矿产资源收入"新型矿产资源权益金制度。

3. 全面推进资源税改革

在对原油、天然气、煤炭、稀土、钨、钼六个品目实施了清费立税、从价计征改革试点后，2016年5月，财政部、国家税务总局发布《关于全面推进资源税改革的通知》，规定同年7月1日开始全面推进资源税改革，要求对全部的矿产品实行从价计征改革，并且并轨原先实施的相关品目改革，实现资源税征收制度的规范统一，全面加强了调控经济的功能，为进一步地全面推进资源税改革立法工作提供了有利条件。

4. 探索扩大资源税的征税范围

在河北省进行水资源费改税试点改革一年之后，为全面贯彻落实党的十九大精神，推进资源全面节约和循环利用，推动形成绿色发展方式和生活方式，2017年11月24日，财政部、国家税务总局、水利部印发了《扩大水资源税改革试点实施办法》的通知，规定从2017年12月1日开始，在北京、天津等9个省（自治区、直辖市）扩大水资源税改革试点。

二、内蒙古自治区资源税征收概况

通过查阅万德数据库，搜集到2007~2018年内蒙古自治区全部税收收入与资源税收入数据，对资源税占税收收入比重进行了分析，并制作了折线图，如图1-2所示。

从图1-2中可以看出，2007~2018年，全区全口径税收收入与资源税收入总体上都呈上升趋势，相对于全部税收收入，资源税收入增长速度更快，使资源税占税收收入比重逐步提升，特别是 2016 年之后增长态势明显。2016~2018 年，占比从 8.84% 快速提升为 15.85%，增长了 7 个百分点。

2018 年，资源税完成 238.5 亿元，同比增收 34.5 亿元，增长 16.9%。其中，由于煤炭市场持续向好，2018 年，煤炭资源税完成 181.2 亿元，同比增长 6.8%。新开征的水资源税完成税收 22.1 亿元，全区资源税增幅为 6 个百分点。

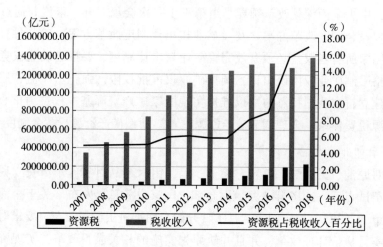

图 1-2　内蒙古自治区资源税占比

资料来源：Wind 数据库。

第三节　内蒙古自治区资源费沿革与征收概况

一、水资源费沿革与征收概况

自 1988 年 7 月 1 日起内蒙古自治区实施《中华人民共和国水法》，依法开始征收水资源费。之后，随着中央管理制度的演变，其水资源费征收管理办法也进行了相应的更替，直到 2017 年 12 月 1 日开始征收水资源税，其水资源费改革可以分为三个阶段：

（一）1988 年 7 月~2001 年 12 月：明确水资源费征收范围

1988 年，《中华人民共和国水法》颁布，从国家层面确立水资源费征收制度，以法律规定将水资源费征收在全国推开，明确了水资源费的征收范围。《中华人民共和国水法》对于取用江河湖泊等非城区地下水资源并未作出统一规定，授权省级政府自行决定征收与否。1993 年《取水许可证制度实施办法》确立了取水许可制度，进一步推动了水资源费的征收工作。1997 年、1999 年国务院颁布的《水利产业政策》和《水利产业政策细则》又进一步对水资源的有偿使用制度进行了规范和强调，并对水资源费的使用方向和内容进行了较为明确的规范。内蒙古自治区紧接着出台了区内关于水资源费的相关规定与细则，《水资源费征收标准、管理和使用的暂行规定》（内水政〔1992〕6 号）与《内蒙古自治区取水许可制度实施细则》（内政发〔2000〕106 号）。这为内蒙古自治区征收水资源费提供了强大后盾，扩大明晰了征收范围。

（二）2002 年 1 月~2011 年 8 月：制度完善、提高征收标准

2002 年《水法》修订，明确了直接取用江河湖泊或地下水的单位和个人均要依法缴纳水资源费，确立了流域管理与区域管理相结合的水资源管理体制，并明确水行政主管部门负责水资源管理和监督工作。2004 年，国务院发布了《关于推进水价改革促进节约用水保护水资源的通知》，提出扩大水资源费征收范围并适当提高征收标准。2006 年颁布的《取水许可和水资源费征收管理条例》（以下简称《条例》）进一步对水资源费的征收主体、收费标准和原则、农业取水征收原则及相关缴纳、使用与监督管理等内容进行了规定，是对水资源费征收具体办法的统一规定和完善，有利于实际工作执行。2008 年，财政部、国家发展改革委和水利部联合发布了《水资源费征收使用管理办法》，更加具体明确地规定了水资源费的征收管理过程，使征收管理趋于成熟且更加严格。2009 年实施的《水资源费征收使用管理办法》将《中华人民共和国水法》和《条例》中的收费对象又进行了全面扩增，同年，还对中央直属和跨省水利工程的水资源费征收标准等问题进行了规定。2011 年，《中央分成水资源费使用管理暂行办法》执行。内蒙古自治区紧跟党中央的政策方针，内蒙古自治区发展计划委、水利厅与财政厅联合发布《内蒙古自治区水资源费征收使用管理办法》（内计费〔2002〕号）和《关于〈内蒙古自治区水资源费征收使用管理办法〉的补充通知》（内水政〔2003〕14 号），形成了适合内蒙古自治区自身的较完整的水资源费制度，把水资源费改革的重心转移到了征收管理层面。

（三）2011 年 9 月~2017 年 11 月：严格征管

这一阶段内蒙古自治区政府多次重新制定了水资源费的征收标准。其中，《内蒙古自治区人民政府关于印发自治区水资源费征收标准及相关规定的通知》

（内政发〔2011〕90号）与《内蒙古自治区人民政府关于印发自治区水资源费征收标准及相关规定的通知》（内政发〔2014〕127号）都提到"水资源费由取水审批机关负责征收。其中，流域管理机构审批的，水资源费由自治区人民政府水行政主管部门代为征收。取水审批机关可以委托所属水政监察机构或取水口所在地水行政主管部门征收水资源费"，说明这一阶段的水资源费征收管理部门依旧为水行政部门，不涉及税务部门。

2013年《实行最严格水资源管理制度考核办法》（国办发〔2013〕2号）和《关于水资源费征收标准有关问题的通知》（发改价格〔2013〕29号）发布，中央明确以最低限额指导各地对"十二五"末水资源费最低征收标准进行调整，规范了征收标准制定。按照此两个文件精神，全国各省区市陆续按标准进行了调整，内蒙古自治区与其他民族地区也重新修订了水资源费的征收标准，如表1-5所示。

表1-5　内蒙古与其他民族地区水资源费征收标准　　　　　单位：元/方

省区	地表水			地下水		特业	发电
	生活	工业	农业	工业	生活		
内蒙古	0.08~0.1	0.4~0.5	0.03	1.5~5.0	0.08~0.1	3.0~4.0	0.003~0.006
广西	0.1	0.1	免征	0.2	0.2		0.001~0.085
云南	0.10~0.25	0.15~0.30	免征	0.25~0.50	0.20~0.40		0.015~0.02
贵州	0.06		0.04	0.12	0.12	0.16~0.32	0.004~0.007
青海		0.05~0.1		0.1~0.2		0.4~0.8	0.004
宁夏	0.15	0.15	免征	0.3	0.2	1.0~2.0	
西藏	0.05	0.1		0.2	0.08		0.003~0.005
新疆	0.05~0.06	0.5~0.6	0.005~0.16	1.0~1.2	0.09~0.12	4.0~9.6	0.004~0.2

资料来源：根据各民族地区水资源费征收办法整理。

二、草原植被恢复费沿革与征收概况

（一）全国关于草原保护的制度概况

自1979年我国制定《中华人民共和国草原法》开始，时至今日，我国已经形成由5部农业部规章、10余部地方政府规章、13部省级地方性法规、1部法律、1部司法解释、1部行政法规组成的草原法律法规体系，我国草原的草原法律体系已形成了，最高效力是《中华人民共和国宪法》，核心内容是《中华人民共和国草原法》，其他部门法的相关规范和一系列法规规章为补充的一个基本体系。草原法更加注重事后的惩戒和事前的预防，在恢复草原植被方面的立法存在缺失。1985 年颁布的《中华人民共和国草原法》是我国草原管理法制化的开端。我国草原法中关于限期恢复植被的规定也起源于 1985 年颁布的草原法。其中，1985 年《中华人民共和国草原法》第 7 条规定了国家征用和临时使用全民所有的草原期满之后，用地单位应当恢复草原植被。第 7 条只规定补偿国家征用及临时使用全民所有的草原，而并未规定对国家征用集体所有的草原补偿。2002 年修订的《中华人民共和国草原法》开启了我国草原法制走向健全完善的进程。修订的《中华人民共和国草原法》很多条均有规定责任人限期恢复草原植被、限期治理或恢复植被。由于人类对草原的破坏大多发生在征占用草原的过程中，为此，我国农业部于 2006 年 1 月 27 日公布了《草原征占用审核审批管理办法》，并在 2014 年 4 月 25 日进行了修订，旨在通过部门规章来规范草原征占用的审核审批程序，对征用占用草原的程序、手续以及草原行政主管部门的责任与义务做出了规定。

我国《中华人民共和国环境保护法》中有限期治理制度，并有《限期治理管理办法》来规范污染者的行为，要求污染者在特定时间内停止污染，治理污染源，整改污染设施，让污水、废气或固体废弃物的排放量符合法律规定的标准。关于限期恢复植被的规定，在全国性立法层面，有《中华人民共和国环境保护法》《中华人民共和国草原法》《限期治理管理办法》《建设项目环境保护管理条例》《中华人民共和国环境影响评价法》《建设项目竣工环境保护验收管理办法》《交通建设项目环境保护管理办法》等法律、法规和规章的规定。

（二）内蒙古自治区征收草原植被恢复费的沿革

内蒙古自治区是中华人民共和国成立以来最早开展草原法制建设的地区，拥有比较完善的草原立法。1947 年内蒙古自治区政府成立之时，《内蒙古自治区政府施政纲领》第 10 条①已对草原保护、土地相关权利有所规定。1948 年，自治区政府发布了具体规定土地分配使用方式及其所有权、使用权的《内蒙古土地制度改革法》。同时，还明确规定开垦畜牧区土地必须征得政府许可，此项规定更加有效地保护了自治区内的草原。1963 年 5 月，自治区政府第一次发布《内蒙古自治区草原管理条例（试行草案）》，是我国最早公布的有关草原管理

---

① 保护草原，维护自治区境内蒙古族人民完整的土地所有权，及其他民族人民的现有土地权利，没收地主恶霸的土地与牧场，将其分配给没有土地或有少量土地的贫民，保障人民生活水平。

的地方性法规，该法规规范了一些当时内蒙古草原管理上的重要问题。之后，自治区于 1965 年、1973 年对《内蒙古自治区草原管理条例》又做出两次修改。

1984 年，全国第一个草原管理条例——《内蒙古自治区草原管理条例》产生。2011 年内蒙古自治区人大出台了《内蒙古自治区基本草原保护条例》和《内蒙古自治区草原植被恢复费征收使用管理办法及标准》以及规范性文件《关于加强草原征占用审核管理工作的通知》（内农牧草发〔2011〕327 号）和《关于进一步规范草原野生植物采集收购管理工作的通知》（内农牧草发〔2011〕233 号），政府对草原保护的重视和力度又进一步提高。根据自治区草原生态保护补助奖励机制，内蒙古农业厅编制了《内蒙古自治区嘎查（村）级草原管护员管理办法》对禁牧、监督管理与核定以及监测草原等具体事项作出规定，表明内蒙古自治区草原法律法规配套建设有了更大的进展，形成了"一法两例两规章"的地方性草原法律法规框架体系。

内蒙古自治区政府于 2012 年 1 月 20 日颁布了《内蒙古自治区草原植被恢复费征收使用管理办法》（以下简称《植被恢复费办法》）。《植被恢复费办法》共 16 条，规定了植被恢复费用需要交纳的情形，以及其应当列入的预算科目和使用方法。《植被恢复费办法》在一定程度上规范了自治区的草原行政主管机关对草原植被恢复费用的收取和使用。图 1-3 为草原植被征收流程图。

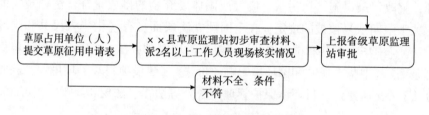

图1-3　草原植被恢复费征收流程

（三）自治区草原植被恢复费征收概况

内蒙古自治区草原收费上主要是征收草原植被恢复费[①]。在征收时，征收机构将草原植被恢复费直接缴入同级财政非税收入专户，由同级财政以自治区、盟市、旗县按比（2：1：7）缴入对应级次国库，纳入地方预算管理。三级草

---

① 其征收依据是内蒙古自治区人民政府在 2012 年根据《中华人民共和国草原法》、《内蒙古自治区草原管理条例》以及《财政部国家发展改革委关于同意收取草原植被恢复费有关问题的通知》（财综〔2010〕29 号）、《国家发展改革委财政部关于草原植被恢复费收费标准及有关问题的通知》（发改价格〔2010〕1235 号）精神，结合自治区实际，制定的《内蒙古自治区草原植被恢复费征收使用管理办法》（内政发〔2012〕8 号）。

原行政主管部门遵循"取之于草、用之于草、统筹使用"的原则使用草原植被恢复费，分别按比恢复植被与保护草原。自治区、盟市与旗县统筹使用的比例为2：1：7。草原植被恢复费专项用作于草原行政主管部门恢复、保护以及管理草原植被①。

草原植被恢复费针对三类对象②征收。在实际征收中，针对工程建设和矿藏开采以及草原勘探等行为的收费都是一次性收费，最近几年没有大的矿藏开发和公路修建，因此草原植被恢复费征收数量较少。而"采集（收购）草原野生植物"主要是指挖掘中草药，其收费标准是按照所采集（收购）中草药的前一年收购价格的15%收取，随着国家对草原植被及其他野生植物保护的加强，此类收费并不能达到保护草原的作用，因此，目前针对挖掘中草药的行为是禁止并严厉打击，但仍然存在大量的偷采偷挖行为。

针对国有牧场和牧民承包的草场，不征收草原植被恢复费。

三、森林植被恢复费沿革与征收概况

（一）国家关于森林保护的制度

森林植被恢复费的征收依据主要是《中华人民共和国森林法》，我国第一部《中华人民共和国森林法》于1984年颁布，明确了"征收育林费，专门用于造林育林"和"建立林业基金制度"，但并没有对征收森林植被恢复费做出相关规定。1998年对《中华人民共和国森林法》进行修正时，才做出相应的规定③。2000年发布的《中华人民共和国森林法实施条例》进一步做出规定④，将预缴森林植被恢复费作为占用林地单位开工建设的前置程序。

2002年，财政部、国家林业总局联合印发《森林植被恢复费征收使用管理暂行办法》（以下简称《办法》）（财综〔2002〕73号），规范了森林植被恢复

---

① 使用范围包括：草原植被恢复、草原调查规划、退化沙化草原改良与治理等支出。

② 三类征收对象：一是工程建设和矿藏开采征用或者使用草原的；二是在草原上进行勘探、钻井、修筑地上地下工程、采土、采砂、采石、开采矿产资源、开展经营性旅游活动、车辆行驶、影视拍摄等临时占用草原占用期已满，且未按要求履行草原植被恢复义务的；三是采集（收购）草原野生植物的。

③ 第十八条规定当"进行勘查、开采矿藏和各项建设工程""必须占用或者征用林地的"，"由用地单位依照国务院有关规定缴纳森林植被恢复费"。并规定了其用途为"森林植被恢复费专款专用，由林业主管部门依照有关规定统一安排植树造林，恢复森林植被，植树造林面积不得少于因占用、征用林地而减少的森林植被面积"。

④ 占用林地的单位"应当向县级以上人民政府林业主管部门提出用地申请，经审核同意后，按照国家规定的标准预交森林植被恢复费"后，才能领取林地审核同意书和办理建设用地审批手续。

费的征收管理。该《办法》第四条对征收对象进行了规定，"凡勘查、开采矿藏和修建道路、水利、电力、通信等各项建设工程需要占用、征用或临时占用林地，经县级以上林业主管部门审核同意或批准的，用地单位应当按照本办法规定向县级以上林业主管部门预缴森林植被恢复费"，森林植被恢复费征收标准按照恢复不少于被占用或征用林地面积的森林植被所需要的调查规划设计、造林培育等费用核定。

2015 年，财政部、国家林业局联合下发《关于调整森林植被恢复费征收标准引导节约集约利用林地的通知》（财税〔2015〕122 号），调整森林植被恢复费的征收标准，调整后的征收标准如表 1-6 所示。

表 1-6　2015 年版森林植被恢复费征收标准

征收条款	占用林地情况		征收标准
（一）	（1）郁闭度 0.2 以上的乔木林地（含采伐迹地、火烧迹地）、竹林地、苗圃地		不低于 10 元/平方米
	（2）灌木林地、疏林地、未成林造林地		不低于 6 元/平方米
	（3）宜林地		不低于 3 元/平方米
（二）	国家和省级公益林林地		按（一）标准 2 倍征收
（三）	城市规划区的林地		按（一）（二）标准 2 倍征收
（四）	城市规划区外的林地	属于公共基础设施、公共事业和国防建设项目的	按（一）（二）标准征收
		属于经营性建设项目的	按（一）（二）标准 2 倍征收

资料来源：根据 2015 年 11 月 18 日财政部、国家林业局下发的《关于调整森林植被恢复费征收标准引导节约集约利用林地的通知》整理。

（二）自治区征收森林植被恢复费沿革

2000 年 8 月 6 日，内蒙古自治区颁布实施《内蒙古自治区实施〈中华人民共和国森林法〉办法》，该办法第三十四条规定："经依法批准征占用林地进行勘察、开采矿藏和各项工程建设，应当依法缴纳森林植被恢复费。森林植被恢复费由自治区人民政府林业主管部门收取，专项用于植树造林，恢复植被，不得挪作他用；审计机关应当加强审计监督。"这个规定对自治区内森林植被恢复费的专款专用起到了积极作用。2014 年 12 月 8 日，内蒙古自治区财政厅、林业厅联合颁布了《内蒙古自治区森林植被恢复费征收使用管理实施办法》，森林植被恢复费的征收、使用管理进一步地得到规范，促进森林资源的可持续发展。

2016 年 4 月 25 日，内蒙古自治区财政厅与林业厅颁布了《内蒙古自治区财政厅林业厅关于调整森林植被恢复费征收标准引导节约利用林地的通知》（内财非税〔2016〕375 号），自治区财政厅及林业厅对其征收标准做出调整以更好地节约集约利用林地（见表 1-7），培育和恢复森林植被，实现森林植被占补平衡。该征收标准依据恢复高于或等于被占用或征用林地面积的森林植被所必要的调查规划设计、造林培育等费用予以确定。

城市与城市规划区的林地，可以收取上述规定标准的两倍。"十五"期间，对农民按规定标准建设住宅占用林地暂不收取森林植被恢复费。

表 1-7 内蒙古自治区森林植被恢复费征收标准

占用林地情况	征收标准
用材林林地、经济林林地、薪炭林林地、苗圃地	6 元/平方米
未成林造林地	4 元/平方米
防护林和特种用途林林地	8 元/平方米
国家重点防护林和特种用途林林地	10 元/平方米
疏林地、灌木林地	3 元/平方米
宜林地、采伐迹地、火烧迹地	2 元/平方米

资料来源：根据《内蒙古自治区财政厅林业厅关于调整森林植被恢复费征收标准引导节约利用林地的通知》内容整理。

（三）自治区森林植被恢复费征收概况

根据内蒙古自治区林业厅 2011~2016 年工作总结整理的数据（2012 年数据缺失），2011~2016 年内蒙古自治区森林植被恢复费的征收情况如表 1-8 所示：

表 1-8 内蒙古自治区森林植被恢复费征收情况

年份	2011	2012	2013	2014	2015	2016
森林植被恢复费	5.2 亿元	—	5.0 亿元	5.97 亿元	6.11 亿元	9.4 亿元

资料来源：根据内蒙古自治区林业厅 2011~2016 年工作总结整理。

通过表 1-8 可以看出，自 2011 年以来，内蒙古自治区森林植被恢复费一直保持稳中有增的态势，这既与森林植被恢复费标准调整有关，又是自治区重视森林保护、加强森林执法的结果。

| 第二章 |

内蒙古自治区资源税扩围
探索与现存问题分析

第一节　内蒙古自治区水资源税扩围探索与实践

一、水资源税扩围的背景

（一）我国资源税扩围改革的推进

2013 年 11 月 12 日，党的十八届三中全会通过的《中共中央关于全面深化改革若干重大问题的决定》中提出"加快资源税改革""逐步将资源税扩展到占用各种自然生态空间"，为后续资源税扩围改革奠定了基础。

2014 年 6 月 30 日中共中央政治局召开会议审议通过了《深化财税体制改革总体方案》，提出要"推进资源税从价计征改革，逐步将资源税扩展到水流、森林、草原、滩涂等自然生态空间。"

2016 年 5 月 10 日，财政部、国家税务总局发布了《关于全面推进资源税改革的通知》（财税〔2016〕53 号）。本次改革的指导思想为"牢固树立和贯彻落实创新、协调、绿色、开放、共享的发展理念，全面推进资源税改革，有效发挥税收杠杆调节作用，促进资源行业持续健康发展，推动经济结构调整和发展方式转变"。改革确立了四项基本原则，即清费立税、合理负担、适度分权和循序渐进。改革的主要目标为"通过全面实施清费立税、从价计征改革，理顺资源税费关系，建立规范公平、调控合理、征管高效的资源税制度，有效发挥其组织收入、调控经济、促进资源节约集约利用和生态环境保护的作用"。资源税扩围是改革的主要内容之一，并将河北省确定为第一个水资源税试点省份，通过水资源费改为水资源税的方式，把地表水与地下水纳入征税范围，实行从量定额方式征收，对高耗水行业、超计划用水以及在地下水超采地区取用地下水，适当提高税额标准，保持原有正常生产生活用水水平不变。财政部、国家税务总局将在总结试点经验基础上，随着条件的成熟，将试点范围推广至其他地区乃至全国，并适时逐步把其他自然资源纳入征收范围。考虑到不同地区开发利用森林、草场、滩涂等资源的情况各不相同，尚不具备对其全面开征资源税的条件，本次改革对森林、草场、滩涂等资源征税未统一在全国范围做出规定，然而，可授权具备征收条件的省级政府依据森林、草场、滩涂等资源开发利用情况，结合本地实际来提出征收资源税具体方案建议，报国务院批准后实施。

（二）河北省率先进行水资源税扩围改革试点

2016年5月9日，财政部、国家税务总局、水利部联合印发《水资源税改革试点暂行办法》（财税〔2016〕55号），决定开始从2016年7月1日在河北省率先进行水资源税改革。该办法第二条明确"本办法适用于河北省"，河北省政府据此制定了《河北省水资源税改革试点实施办法》在全省内实施试点改革。

为推动这一试点改革的顺利开展，河北省成立了由省长任组长，地税、水利、财政、发改、住建等10多个部门为成员单位的高规格专项领导小组，统筹推进试点各项工作，并出台了一系列实施管理办法，为改革顺利推进奠定了基础。经过一年改革试点，河北省克服了体制机制中源头管控、计量监控、征收管理中的问题，逐步搭建了"水利核准、纳税申报、地税征收、联合监管、信息共享"的水资源税改革模式，取得了较大成效，主要体现在以下两方面：

第一，实现了水资源税收的明显增长，河北省水资源税纳税人户数从2016年7月至2017年7月由7600多户增加至1.6万户，完成20.22亿立方米计税取水量，纳税人申报水资源税18.36亿元，水资源税平均每月收入1.53亿元，与2015年征收水资源费相比，平均每月收入增长94%。

第二，以经济手段倒逼企业转型升级，有效促进水资源可持续利用。对地下、地表、循环水、采矿疏干排水设计了不同的水资源税税率，并且对计划外以及超计划取用水实施加成征收的惩戒性税率，税收调控作用得以有效发挥。

二、自治区水资源税试点相关内容

2017年11月24日，财政部联合国家税务总局与水利部发布了《扩大水资源税改革试点实施办法》的通知（财税〔2017〕80号），决定自2017年12月1日起，在北京、天津、山西等9个省（自治区、直辖市）扩大水资源税改革试点。2017年12月29日，内蒙古自治区根据《中华人民共和国税收征收管理法》及其实施细则与《财政部税务总局水利部关于印发〈扩大水资源税改革试点实施办法〉的通知》，结合自治区自身的实际情况，制定了《内蒙古自治区水资源税改革试点实施办法》（内政发〔2017〕157号）。

根据内政发〔2017〕157号文件，内蒙古自治区地方税务局、内蒙古自治区水利厅、内蒙古自治区财政厅联合发布了《内蒙古自治区水资源税征收管理办法（试行）》，自2017年12月1日起实施。该文件明确了内蒙古自治区水资源税征收的实施细则，其中，第十五条将取用水类型分为"直接取用地表水""直接取用地下水""特殊形式直接取用水"和"城镇公共供水"四类，并以分类为基础制定了《内蒙古自治区水资源税适用税额表》（见表2-1），为自治区水资源税的征收提供计税标准。为做好水资源费税转换的部门衔接，理顺水资源税各征收环节，该办法还明确要求建立地税机关与水行政主管部门协作征税机制，以保证费改税的顺利衔接以及水资源税的顺利征收。

表2-1　内蒙古自治区水资源税适用税额

类别			取用水户	适用税额标准（元/立方米）
直接取用地表水			农牧业生产者（超规定限额取用水）	0.05
			农村牧区人口生活集中式饮水工程单位	0.05
			特种行业	6.5
			其他行业	0.7
直接取用地下水			农牧业生产者（超规定限额取用水）	0.1
			农村牧区人口生活集中式饮水工程单位	0.1
	非超采地区	特种行业	公共供水管网覆盖范围外	12.5
			公共供水管网覆盖范围内	25
		其他行业	公共供水管网覆盖范围外	2.5
			公共供水管网覆盖范围内	5
	超采地区	特种行业	公共供水管网覆盖范围外	25
			公共供水管网覆盖范围内	50
		其他行业	公共供水管网覆盖范围外	5
			公共供水管网覆盖范围内	10

续表

类别		取用水户		适用税额标准 （元/立方米）
直接取用地下水	严重超采地区	特种行业	公共供水管网覆盖范围外	37.5
			公共供水管网覆盖范围内	75
		其他行业	公共供水管网覆盖范围外	7.5
			公共供水管网覆盖范围内	15
特殊形式 直接取用水		水力发电企业（元/千瓦时）		0.005
		火力发电贯流式冷却取用水企业（元/千瓦时）		0.005
	疏干排水 单位和个人		回收利用（含回灌）	2
			直接排放	5
	地源热泵 使用者		回收利用（含回灌）	2
			直接排放	5
城镇公共供水	城镇公共 供水企业		居民	0.1
			特种行业	9.5
			其他行业	2.5

注：①中央直属、跨省（区、市）和我区地方水力发电取用水水资源税的税额标准，均为 0.005 元/千瓦时；②表中"其他行业"，包括个人。

三、自治区水资源税试点实施情况分析——基于呼伦贝尔市的调查

（一）呼伦贝尔市水资源概况

呼伦贝尔市地处内蒙古自治区东北部，土地面积 253356 平方千米。南部与兴安盟相连，东部与黑龙江省毗邻，北及西北以额尔古纳河与俄罗斯为界，西及西南同蒙古人民共和国接壤，国际边境线总长度 1685.82 千米，其中，水界 1056 千米，陆界 629.82 千米。

全市有大小河流 3000 多条，大于 1000 平方千米的 63 条，大于 500 平方千米的 98 条。根据《内蒙古自治区水资源公报（2018 年）》统计数据，2018年，呼伦贝尔市地表水资源量 238.10 亿立方米，占内蒙古自治区地表水资源量的 78.75%；地下水资源量 74.73 亿立方米，占内蒙古自治区地下水资源量的 29.47%；地表水与地下水资源重复量 56.95 亿立方米，水资源总量 255.89 亿立方米，占内蒙古自治区水资源总量的 55.45%。全市人均占有水资源量为 1.1 万

立方米，高于世界人均占有量，是全国人均占有量的 4.66 倍。

（二）呼伦贝尔市水资源税扩围基本情况

自 2017 年 12 月 1 日内蒙古自治区实施水资源费改税以来，呼伦贝尔市遵照《内蒙古自治区水资源税征收管理办法（试行）》的相关规定，地税部门与水行政主管部门进行了工作衔接，初步理顺了工作流程，水资源税征收初步步入正轨。

根据呼伦贝尔市地税局提供的数据，截至 2018 年 5 月底，半年共征收水资源税 5000 多万元，全年预计征收 1.5 亿元。相较于水资源费的征收，费改税后水资源税的征收在力度、额度以及规范性上有了较大的提高，表 2-2 为费改税前 2013~2017 年水资源费的征收情况。

表 2-2   呼伦贝尔市水资源费征收情况   单位：万元

年度	市本级	全区
2013	2515.881	4229.58
2014	2497.0358	4968.35
2015	2590.5093	5699.16
2016	2026.0088	5709.63
2017（1~11 月）	3002.8434	6070.18

资料来源：根据呼伦贝尔市地税局提供资料整理。

相较于水资源费的征收，水资源费改税后仅 6 个月就基本上达到了水资源费全年的征收额度，可见水资源费改税后在税收执行刚性、筹集财政收入上的效果是非常明显的，而且随着税务系统与水利系统配合默契度的提高以及税收刚性作用的持续发挥，将会有更多的用水户纳入水资源税的征收范围，水资源税的财政筹集能力将进一步得以体现。

此外，由于水资源税的开征提高了一些企业的用水成本，促使企业开始关注合理、节约使用水资源，并调整用水方式，从抽取地下水改为使用管网水和地表水。例如，洗浴行业如果使用地下水其成本为 25 元/吨，而如果改用管网水则成本下降为 9 元/吨，一些无法接入管网的洗浴中心由于无法负担高额的水资源税而关门歇业。水资源税促使企业节约用水、合理用水的效应开始显现。

（三）呼伦贝尔市水资源费改税存在的问题

如上文所述，尽管呼伦贝尔市的水资源费改税工作初步取得了较好的效果，但通过调研发现，其中仍存在较多的问题，主要表现为以下四点：

1. 水资源税尚未做到应收尽收

费改税之前，限于费的执法刚性远不如税，水资源费的征收并没有严格按照相关文件执行，征收面较小，没有做到水资源费的应收尽收。费改税后，随着税收刚性的体现，在原有费税平移、较少纳税人覆盖的情况下，税务部门面临着较大的税收征收扩面的任务。由于呼伦贝尔市地域广大，自来水管网覆盖率相较于我国其他地区要低很多，在管网之外存在较多的自行取水企业，在水资源费征收时并没有纳入征收范围，因此，地方税务部门要想做到应收尽收，面临着较大的压力。

2. 水资源税核量人员不能满足税收征管工作的需要

不同于其他税种的征收，水资源税的征收需要税务与水政部门协作征收，由水政部门工作人员抄表核量后将数据提供给税务部门作为水资源税征收的基础依据。原来由水利部门征收水资源费时，有一部分资源费会返还给水利部门用于雇用一些非在编人员从事抄表工作。随着费改税的实施，因为水利部门缺少了水资源费的返还，所以解雇了一些抄表人员，使水资源税征收在最基础的抄表核量环节遇到困难，造成水资源税征收工作的滞后。

3. 仍然存在大量无证取水情况，加征政策不好把握

如上所述，在征收水资源费时期，由于各种原因导致没有应收尽收，存在大量无证取水企业，而不论是征收水资源费还是水资源税，其前置条件都是要办理取水许可证。按照《内蒙古自治区水资源税征收管理办法（试行）》第二十七条之规定"未按照规定办理取水许可证的单位和个人，应于2018年6月30日前取得取水许可证；到期未取得的，其在2017年12月1日起发生的取用水全部视同超计划取用水，按照《内蒙古自治区水资源税改革试点实施办法》第三十四条规定，在原税额标准基础上加3倍征收水资源税。"从呼伦贝尔市调研情况来看，原有无证取水企业，特别是小企业在办理取水许可证上存在较大困难，办理取水许可证的费用畸高，最主要是由第三方收取的评估费高达20万元，很多小企业无法承受这项费用，造成新取得取水许可证的企业数量较少。面对大量无证取水单位，如果税务部门严格按照办法第二十七条执行，那么会面临两个问题，一是税务部门人手不足，二是容易造成税企矛盾；而如果不严格执行又会有损税法刚性。地方税务部门处于两难的境况。

4. 造成了某些行业税负的实际增加

本次水资源费改税本着费税平移的原则进行政策设计，但从现实执行的效

果来看，具有两种优势：一是税法刚性的发挥大幅度规范了征收的范围与额度，财政增收效果明显；二是造成某些行业税负的大幅提升，除了抑制了不合理用水行为之外，也对某些涉及民生的行业产生较大影响，对当地经济社会发展造成困扰。例如，针对"疏干排水"，费改税后由每吨1元提高到5元（回收利用（含回灌）的征收2元/吨），对于矿业企业来说，通过税负差异激励矿业企业将采矿产生的疏干水回收利用或回灌，起到了保护地下水资源的作用。但对于呼伦贝尔市的房地产建筑业来说则造成了较大的负担。呼伦贝尔市地下水资源水层较浅，在房地产施工过程中会产生大量的疏干排水，这些排水又难以回收利用，按照5元/吨的税额征收水资源税大大增加了房地产的建筑成本，据当地税务部门调查，疏干水产生的税负折合到房屋建筑成本中会造成约100元/平方米的成本增加。这会进一步传导到商品房最终售价，这一问题已经引起当地多个部门的关注。

四、改进自治区水资源税扩围工作的建议

（一）加强水利、税务部门的协作配合

水资源税的征收不同于其他税种的征收，税务部门一定要依靠水利部门提供的基础数据进行课征，需要两个部门的密切配合协作，中央下发的文件及自治区出台的管理办法也都列出了"建立税务机关与水行政主管部门协作征税机制"条款，并且完善细化了税务机关与水行政主管部门之间的协作，在信息互通上规定了"水行政主管部门应当将水资源管理相关信息，定期送交税务机关"和"税务机关应当按照核定的实际取用水量征收水资源税，并将纳税人的申报纳税等信息定期送交水行政主管部门"，进一步强调了两部门的平等协作关系，这既有利于水资源税改革在基层的平稳衔接过渡，又有利于税款的足额征收入库。但从实际的执行情况来看，水利部门在失去了原有的水资源费返还后，缺乏配合税务部门加强征管的积极性。在核量人员缩减的情况下，更不可能配合税务部门做好扩面、应收尽收的工作。因此，加强两部门的合作，应采取以下两项措施：一是要加强两部门的联系沟通，及时互通信息并统筹开展工作，必要时在市政府层面建立协调机制；二是在财政预算上保障水资源税征收及扩面中核查人员的经费，理顺关系，双方密切配合推进水资源税的应收尽收。

（二）进一步细化当地水资源税实施细则

不同地域的资源禀赋、产业分布、城市发展规模不同都会影响到水资源税

政策的制定及其执行效果。尽管内蒙古制定的《内蒙古自治区水资源税征收管理办法（试行）》相较于其他试点省份更加详细，但由于内蒙古自治区地域辽阔，区内各地情况差异较大，在政策执行过程中仍然会出现实际执行效果与政策制定初衷相悖的情况。例如，前文提到的"疏干排水"导致呼伦贝尔市房地产成本增加较多的问题，在一般地区就不会出现这类问题，说明政策在细节上还有待完善。因此，在水资源费改税试点的过程中，省级部门应及时收集来自基层部门的反馈意见，并经过调研论证后调整、细化当地的水资源税实施细则，提升税收征收效果与政策制定初衷的一致性。

（三）根据实际情况出台对公益类企业的优惠政策

内蒙古自治区幅员辽阔，人口、企业比较分散，呼伦贝尔市的这一特点更加突出。考虑到成本限制及其历史因素，供水管网铺设主要集中在市区，而一些国有林场、牧场形成的聚集区则只能采用打井的方式进行取水，包括一些供暖企业也离市区较远，没有在供水管网覆盖范围内。费改税后，供暖公司等这类具有很强公益效应的企业在原本就保本经营甚至亏损的情况下，又在水资源税缴纳上增加了较高的成本，不利于保障民生。因此，应根据当地实际情况，进一步摸清水资源费改税对各类公益性企业造成了什么程度的影响，进而在水资源税实施细则修订中增加对公益类企业的优惠条款。

（四）降低取水许可证的办理门槛

如前文所述，过高的办证费用成为制约中小企业转变为水资源税正常纳税人的主要因素，而三倍的加征也成为无证取水企业不能承受的巨大负担，并容易引发税企矛盾。在当前情况下，应暂停"三倍加征"政策的执行，设置更长一段时间的过渡期。同时联合各个相关部门及其第三方机构进行协商，合理降低取水许可证的办理费用，推动更多中小企业尽快转变为自取水用户资源税纳税人。此外，应加强管网建设，覆盖更大区域，减少中小企业自取水用户，从根本上解决此类问题。

（五）将水资源税作为特定目的税进行财政管理

根据《扩大水资源税改革试点实施办法规定》，在试点期间，水资源税收全部归地方政府使用，目前内蒙古地区将水资源税与其他税收一起统筹使用，并没有指明水资源税的具体用途，这不利于资源税扩围的开展。当前正处于资源税扩围的关键时期，扩围的效果在很大程度上依赖于地方基层部门的贯彻执行，水资源具有非常强的地域特征，应该按照"取之于水，用之于水"的原则进行水资源税的分配。按照特定目的税进行管理更有利于水资源税发挥保护水资源、改进取水用水方式、提高利用效率的作用，也有利于稳定地方的财力格局，并能对基层部门起到激励作用，调动基层部门征收的积极性。

（六）资源税在草原、森林的扩围需进一步研究

我国草场、森林资源相对丰富，但却非常脆弱。在经济发展的过程中，曾经发生过度放牧、砍伐森林造成的生态灾害。进入 21 世纪后，我国加强了对草场、森林等生态资源的保护，开展了退耕还草、退耕还林等一系列生态整治行动，并在财政上给予了大量投入，例如，呼伦贝尔下辖的额尔古纳市关于森林草原相关的奖补资金就包括停伐资金、草原生态保护奖励资金、天保工程资金、退耕还林资金等。从资源税扩围目的来看，就是为了能够促进资源有序开发、保护生态环境，而当前国家对草原、森林的保护措施已经比较丰富，从某些方面来说替代了税收对于草原森林的保护作用，因此，资源税何时、以何种方式扩围至草场、森林等自然资源，扩围后的草场资源税、森林资源税、水资源税与原矿产资源税是何种关系等问题还需进一步研究，这也是本书将要探讨的内容。

第二节 内蒙古自治区资源税扩围存在问题分析

一、征收范围过小

由于我国地域辽阔，资源分布特点各异，因此，为适应这一特点，《中华人民共和国资源税暂行条例》（2011 年修订）第三条规定"财政部未列举名称且未确定具体适用税率的其他非金属矿原矿和有色金属矿原矿，由省、自治区、直辖市人民政府根据实际情况确定，报财政部和国家税务总局备案"，在这一规定的指导下，很多省份根据规定先后将一些未列明的其他非金属矿原矿纳入资源税征收范围。海南省对地下水、地热水、矿泉水征收资源税在 1996 年已经开始，2015 年 8 月 1 日起又对海砂征税。根据统计，目前我国对不同水资源征收资源税有 14 个省份。

内蒙古自治区在水资源费改税试点之前，其资源税征收范围的主要依据为《内蒙古自治区实施〈中华人民共和国资源税暂行条例〉办法》（内蒙古自治区人民政府令第 196 号，2013 年 8 月 1 日起施行）（以下简称《办法》），该《办

法》以《中华人民共和国资源税暂行条例》（2011 年修订）为根据，结合内蒙古自治区实际情况制定。与其他省份类似，内蒙古自治区也依据《中华人民共和国资源税暂行条例》（2011 年修订）第三条之规定，在《中华人民共和国资源税暂行条例》（2011 年修订）所附的《资源税税目税额幅度表》基础上，对自治区开征但财政部未列举名称的"其他非金属矿原矿"（19 种）、"其他有色金属矿原矿"（5 种）进行了规定，列出了税目税率表（见表 2-3）。

表 2-3　内蒙古自治区资源税部分税目税率

税目	税率	计税单位
一、财政部未列举名称的其他非金底矿原矿	0.5~20 元	吨、立方米
1. 砂石	4.5 元	立方米
2. 芒硝	6 元	吨
3. 麦饭石	6 元	吨
4. 叶蜡石	6 元	吨
5. 大理石	6 元	立方米
6. 砖瓦用黏土	4.5 元	立方米
7. 页岩	6 元	吨
8. 花岗石	6 元	立方米
9. 浮石	6 元	立方米
10. 白垩	6 元	吨
11. 工业用石榴石	6 元	吨
12. 玄武岩	6 元	吨
13. 硅石	6 元	吨
14. 红柱石	10 元	吨
15. 矿泉水	6 元	吨
16. 地下热水	6 元	吨
17. 石灰石	3 元	吨
18. 油页岩	4.5 元	吨
19. 油砂	3 元	吨
二、财政部未列举名称的其他有色金属矿原矿	0.4~30 元	吨
1. 银矿	15 元	吨
2. 铅矿	15 元	吨
3. 银铅矿	15 元	吨

续表

税目	税率	计税单位
4. 铜锡矿	4.5元	吨
5. 镍钴矿	15元	吨

资料来源：内蒙古自治区人民政府网站，http://www.nmg.gov.cn。

自1984年我国开征资源税以来，资源税的征收经历了从少数征收向普遍征收、从量定额征收向从价定率征收的转变。在这一过程中，虽然内蒙古自治区依据自身地域资源特点制定了资源税征收办法，但其征税范围仍然没有超出《中华人民共和国资源税暂行条例》（2011年修订）所规定的七个税目的范围，其征收范围仍然局限在矿产资源。其原因在于资源税法中所说的"普遍征收"是对我国矿产资源的普遍征收，并没有把一些重要的非矿产资源纳入资源税的征收范围，例如，淡水资源、森林资源、草场资源、滩涂资源等众多自然资源。虽然我国对这些资源的使用、开发等行为以费的方式进行征收，但与税收的刚性和规范性相比，对这类资源不征税，相对刺激了企业和个人对这类资源的掠夺性开采与使用，既不利于我国对这类资源的保护，也反映我国资源税体系的不完善，亟待国家通过改革扩大资源税的征收范围，强化对我国各类资源的保护和管理。

二、资源税职能定位不明确，未充分体现可持续发展理念

自1984年我国的资源税正式开征以来，其职能定位随着经济发展而在不断调整。1984年我国资源税初次开征之时，国有矿山企业由于不同的资源结构以及开采条件使国有矿山企业呈现"苦乐不均"的状况，在这一背景下，将资源税的主要目的定为"调节资源开发企业因先天条件和结构差异形成的级差收入"。1994年税制改革之时，在保留"调节级差收入"这一功能的基础上，制定了"普遍征收，级差调节"的征收原则，更加注重在分税制财政体制下资源税对增进地方财政收入的作用。进入20世纪，随着我国西部大开发战略的实施，理论界和政府部门开始关注如何将内蒙古等地区西部资源优势转变为经济财政优势，扩大资源税征税范围、提高资源税税率水平成为当时热议的一种观点。2010年启动的资源税改革主要是在原有的从量定额计征的基础上增加从价定率的计征办法，调整原油、天然气、煤炭等品目资源税税率。为推动这一改革，2015年1月，内蒙古自治区财政厅与内蒙古自治区地方税务局联合下发了

《内蒙古自治区煤炭资源税从价计征实施办法》。资源税从价计征改革有利于强化资源税调节资源级差收入、促进资源的合理开发利用，同时有利于内蒙古等中西部地区"资源优势转化"和补偿外部成本。

从我国资源税发展的过程来看，其在设立之初所确立的"调节级差收入"职能除促进企业平等竞争外，也内含了节约、保护资源的政策目标，在当时的历史背景下，其思想认识还未上升到促进绿色可持续发展的高度。随着后续改革的推进，资源税补偿资源开发外部成本、促进经济可持续发展的职能被逐步赋予。但从总体上来看，资源税的职能定位并不清晰，掺杂了"调节级差收入""筹集财政收入""促进资源的合理开发利用""保护生态环境"等多重目标。

而从国内外税收的实践来看，一个税种不能承载太多职能，过多的职能会使一个税种的职能复杂化，不同政策目标会产生矛盾，从而增加税制的运行成本。例如，地方政府在资源税"筹集财政收入"政策目标的驱动下就会加大对地方资源的开采力度，从而忽略"促进资源合理开发利用"和"保护生态环境"职能的发挥。从内蒙古自治区资源开发与生态环境的关系来看，矿山地质灾害由于矿产资源开发常常发生，对人员、经济和生态造成重大伤害。例如，2014 年，矿山地质灾害有 56 起，其中，有 2 起地面崩塌、6 起滑坡、地面塌陷48 起，造成经济损失 609590 万元，并造成 1 人死亡，2 人失踪。矿产资源开采的过程，不论是挖竖井、打探槽还是堆放煤矸石、运输矿产，都对矿区内的草场植被造成毁灭性的破坏。矿产开采过程中产生的粉尘严重污染周边地区的空气，还加剧了地下水位的下降，使自治区部分地区出现地下水干涸现象。

通过资源税职能在内蒙古自治区的发挥可以看出，资源税的功能定位已不宜为传统上的调节级差收入，给予资源税多重政策目标造成了地方政府在执行时往往更加注重财政筹集功能，本应赋予资源税的"促进资源合理开发利用""保护生态环境"等体现可持续发展理念的职能还未得到足够重视，亟待重新调整政策明确资源税这一重要职能。

三、税费概念混用、功能错位

由于历史原因，与我国整体资源税费体系一样，在内蒙古自治区资源税费立法实践中，其关于租、税、费的实质概念没有得到体现，在理论上缺乏关注，在长期实践中资源税费混杂、概念混用，使资源税与费的功能错位。

（一）以费代租

所谓"费"是指政府及其有关部门在向社会提供特定产品或服务而收取的成本补偿费或者报酬。而在内蒙古自治区现行自然资源收费领域所存在的包括矿产资源补偿费、森林植被恢复费、草原植被恢复费等资源收费，虽然以"费"的名义收取，但却不具备"费"的性质，其实质为一种"租"。以上所列举三种资源收费以"补偿费""恢复费"命名，都是对某种自然资源丧失而对资源所有者的一种补偿。由于我国所有自然资源的所有者都是国家，因此，这三类资源收费都是对从国家那里取得资源开采、造成资源丧失的一种补偿，其实质是资源的租金。从国际上通行做法来看，其名称应为"权利金"，用具有费的性质的资源"补偿费"或"恢复费"来行使具有"租"性质的权利金职能，制度上不规范导致了实际操作上的混乱。

（二）名税实租

资源税在设立之初将其功能定位为调节国有矿山企业级差收入，但1994年税制改革则按照"普遍征收"原则扩大了征收范围，其功能也不仅是调节级差收入，还内含了国家依据矿产资源所有权据以收取资源租金的功能，即具有了"资源补偿费"的性质，使我国现行资源税与矿产资源补偿费功能趋同且关系紊乱。此外，虽然内蒙古自治区正在实施水资源费改税试点改革，但《内蒙古自治区水资源税改革试点实施办法》并未明确指出水资源税的征收目的，如果按其改革原则"税费平移"来进行理解，水资源费本身就是取用水人为获取水资源而支付的一种对价，具有租的性质。因此，如不对内蒙古自治区水资源税的征收性质进行明确定位，则其在费改税后仍然难以摆脱"租"的性质。

（三）以费挤税

在自然资源开发的过程中，除了对开采企业征收资源税之外，还有各种资源费的征收。其中，包括矿产资源补偿费、场地和矿区使用费、水资源费、水土保持设施补偿费、水土流失防治费、育林基金、防洪保安基金、森林植被恢复费、草原植被恢复费、生态恢复保证金及水保补偿费用摊销、水资源补偿费等与自然资源开发利用权让渡或成本补偿有关的政府收费项目。诸多的资源收费导致费大税小的问题，并且由于地方政府过度依赖资源收费而导致资源过度开采等衍生问题出现。

这种税费并存、费比税多的局面，产生了各种负面影响。从纳税人角度来看，税费制度名目繁多、税费重叠交叉，给企业带来严重的超额负担，使征收成本上升，征收效率下降，为了维持扣除各种杂费后的利润水平，企业更容易在资源开采中出现"采富弃贫"行为，资源浪费与生态破坏会更加严重，这不利于实现资源税改革目标；从税收收入规模的角度来看，税费连台，征收同步，由于收费部门大多是直接管理并且具有较大权威的行政管理或垄断部门，能够对纳税人的生产经营产生很大的威慑力，企业为了保证地方政府准予开矿生产，一般会优先结清各项政府收费，利益驱动下形成费重税轻、费硬税软的局面；从资源费的使用角度来看，资源费的支出不具备刚性，大部分资源收费并不能全额进入国库，相当多的资源收费成为各个行政单位的自收自支资金，这些资源费的使用也没有受到应有的监督，导致一些地方并不能将这些资金用于自然资源开采企业的安全生产和相应的环境治理。

四、税率设置不科学

税率是否合理直接影响着一个税种功能的发挥。目前，内蒙古自治区资源税税率偏低，且税率结构不合理，对相关资源企业没有起到应有的资源节约引导作用，导致企业资源浪费和行为扭曲。

（一）税额设置偏低，导致能耗高、资源浪费现象严重

内蒙古自治区的资源税在 2011 年从价计征改革之前均采用从量计征，销售数量或自用数量是其课税依据。这样的计税方式不对已开采但未销售或使用的产品征税、应税额的征收和资源价格未挂钩、税额数量同矿产品价格变化及相关企业的盈利没有直接的关系，这使企业与个人无序开采资源等行为时有发生，从而导致积压与浪费大量资源，资源利用率比较低；再者，资源资产的真正价值与所有者的权益变化未能得到较好的反映，国家对资源性资产的合法收益难以得到有效保障。

随着 2011 年资源税从价计征改革，石油、天然气在全国范围内"从价征收"，税率定为 5%，2014 年又将这一税率提高至 6%。自治区内的大庆油田、辽河油田、华北油田、长庆油田、中原油田在扣除掉综合减征率后，其实际征收率分别为 5.22%、4.56%、4.91%、4.91%和 4.80%。2014 年 12 月 1 日进行煤炭资源税从价计征改革，自治区煤炭资源税适用税率为 9%。其他资源税品目均按从量定额征收，对课征对象分别以吨或立方米为单位，虽然对黑色金属矿和有色金属矿实行分等级确定税率的制度，但征收的税额固定，税负与资源价格不挂钩。从总体上看，尽管从价计征改革提高了资源利用效率，但其政策仍在一定程度上导致了资源浪费。

内蒙古自治区还存在一个比较突出的问题，即由于该地资源丰富，资源价

格比较低，使实现经济增长习惯性依赖资源投入，其衡量指标就是单位 GDP 能耗。内蒙古自治区 2015 年单位 GDP 能耗为 1.01 吨标准煤/万元，而北京市同期同类指标是 0.338 吨标准煤/万元，广东省同期同类指标是 0.35 吨标准煤/万元，即使与邻近的东三省相比，也大幅度高于辽宁的 0.71 吨标准煤/万元和吉林的 0.56 吨标准煤/万元。内蒙古自治区企业长时间依靠低价资源成本获取市场，使其缺乏一定的研发与创新动力，从长远发展来看，这也是一种缺乏竞争力的发展方式。所以，企业应该通过资源税改革而提高资源品价格，使技术研发与创新成为其获取市场的主要方式，只有如此，才能够使自治区内企业与经济拥有长期的发展动力与产品竞争力。

（二）资源稀缺程度以及资源的不可再生性未能反映在资源税税率设计中

资源税的开征应考虑资源产品的成本及价格是否可反映其稀缺性。然而，目前内蒙古自治区的资源税税率设计并不能体现资源的稀缺程度与不可再生性，而且较高的可再生资源税率与较低的不可再生资源税率产生了逆向调节作用。所以，资源能否再生及再生成本的高低均应考虑在资源税率的设计中。

（三）当前资源税税率的设计未考虑不同资源开采回采率的差别

内蒙古自治区资源税根据资源类型向回采率不一的矿山适用一样的税率。由于回采率的高低影响矿山成本的相对高低，这使在生产一样数量与质量资源产品的条件下，因为资源税税率未考虑回采率，低回采率的矿山开发成本低进而收益比较大；反之高回采率的矿山获得的收益相对较少，所以这使矿业企业缺乏改进采矿工艺的动力，影响高效开发资源。

五、水资源税试点相关规定与其他法律相冲突

根据水资源的不同类型，一般将其划分为地表水和地下水两类，其中，地热水和矿泉水又属于矿产资源的范围，征收矿产资源税，其他地下水和地表水则征收水资源费，使水资源因其属性不同而要在资源税费体系中"分饰两角"。内蒙古自治区在实施水资源费改税后仍然面临着此类问题，使水资源税试点办法的相关规定与其他法律产生冲突。

一方面，内蒙古自治区实施水资源税试点之后，为避免对"地下热水"和"矿泉水"这两种已在原资源税法中征收资源税的产品重复征税，在《内蒙古自治区水资源税征收管理办法（试行）》第九条规定"对地下热水、矿泉水征收矿产资源税，不征收水资源税"，为了体现水资源税费衔接，在第二十八条规

定"水资源税开征后，水资源费征收标准降为零"。此种规定暂时在法律条文上避免了重复征税，但"地下热水""矿泉水"与其他地下水分别按不同的税法进行征税显然是不合理的。

另一方面，水资源税试点办法相关规定与《水法》存在法律冲突。《中华人民共和国水法》（2016 年修订）第四十八条规定"直接从江河、湖泊或地下取用水资源的单位和个人，应当按照国家取水许可制度和水资源有偿使用制度的规定，向水行政主管部门或流域管理机构申请领取取水许可证，并缴纳水资源费，取得取水权"；《内蒙古自治区取水许可和水资源费征收管理实施办法》（根据 2018 年 1 月 16 日《内蒙古自治区人民政府关于修改部分政府规章的决定》修正）第二条也规定"自治区境内利用取水工程或设施直接从江河、湖泊或地下取用水资源的单位和个人，除本办法第六条规定情形外，都应当申请领取取水许可证，并缴纳水资源费"，而第六条规定为"用人力或者畜力等非机电方式取水的"和"为家庭生活和零星散养、圈养畜禽饮用年取水 1000 立方米以下的"。可见，内蒙古自治区实施水资源税试点相关规定与《水法》及相关法律相冲突，亟待理顺各相关法律之间的内容，使之协调统一。

六、资源税的治理功能亟待完善

税收在现代国家治理体系中发挥着基础性、支柱性和保障性作用。资源税作为地方税的重要税种是地方治理的重要基础与方式，理应在地方治理的挑战中发挥更为积极的作用。理论界关于税收在国家治理中的地位、作用的研究较多，而对于地方税在地方治理中如何发挥作用则关注较少，在实践中也往往被忽略，具体到资源税如何在地方治理中发挥作用的研究更是寥寥无几。由于理论上缺乏研究，实践中缺乏关注，因此，资源税治理功能的发挥亟待在理论上、实践上加以研究完善。

（一）资源税内部相关利益主体间的治理关系亟待重构与完善

资源税作为地方税体系的一个主要税种，在新时代推动国家治理体系与治理能力现代化的背景下，其在新一轮税收体制改革中应从国家治理高度重构其内部各相关利益主体之间的关系。而从目前来看，内蒙古自治区在"适度分权"原则下所进行的资源税扩围改革在税权的纵向配置上还不清晰，税收法定原则还远未确立；中央政府与自治区政府，自治区人大与自治区政府，税务主管部门与地方协作部门，税务机关与纳税人，纳税人与第三方机构等多重主体之间的治理关系该如何配置并没有突破原有制度安排，新型税收治理关系还没有建立。这与国家治理体系与治理能力现代化对资源税提出的要求相去甚远，亟待重构与完善。

（二）资源税在推动自治区地方治理方面亟待完善

资源税在过去的制度建设与改革中更多关注税收的经济属性，忽略了资源税的社会属性与政治属性。事实上，资源税一头连着财政，一头连着自然资源；一头连着市场，一头连着社会。一方面关乎国家地区的公共收入，另一方面关乎国家自然资源的可持续利用与生态平衡；一方面影响着经济发展，另一方面影响着地方社会治理。由此可见，资源税在经济发展、社会治理、政府稳定、政治参与等方面都具有重要作用。而内蒙古自治区的资源税在促进自治区自然资源保护与生态平衡方面的良性运转机制还未形成，在促进地方经济绿色可持续发展方面的机制还亟待改善，在启发公众权利意识并积极参与社会治理的机制还远未建立，资源税与地方治理之间的良性互动关系亟须理论创新与制度建构。

| 第三章 |

内蒙古自治区资源税扩围目标体系构建

正如前面章节所述，内蒙古自治区作为资源丰富的民族地区，在新一轮资源税扩围改革中已经开始了水资源税改革试点并取得了一定成效，但仍然面临着租税费概念混用、功能定位不清、征收范围有限、治理功能尚未充分发挥等诸多问题，需要在未来的扩围改革中逐步优化，而内蒙古自治区未来资源税扩围改革究竟要如何推进，首先应明确改革的目标，方能在此目标体系指引之下逐步开展各项改革措施。

第一节　扩围的法理目标：资源租、税、费各归其位

一、资源租、税、费的理论辨析

纵观世界各国经济制度，政府得以运转的财政支撑来自其参与社会产品的分配所得，其参与社会分配主要凭借三类依据：第一类是财产所有权，即政府代表国家行使对自然资源及国有企业的所有权而取得的各种租金；第二类是凭借公众让渡的政治权力据以征税；第三类是政府提供特定的服务据以得到收费补偿。

（一）租的征收依据——财产权力

恩格斯认为财产权力是与政治权力并立的两种社会中最重要的权力。西方经济理论认为财产权力或所有者权力是推动社会生产和再生产的源泉，是一切生产活动的起点。西方经济学的契约理论、交易理论等都是建立在财产权私有

基础之上的。财产所有权在法律上的基本表现形式是对生产资料和产品的所有权，在此基础上又衍生出占有权、使用权、收益权、分配权等相关权利。当财产所有权与财产使用权发生分离时，就会产生租金，即由财产使用者向财产所有者支付一部分资金作为对财产所有者丧失某一期间内财产使用权的补偿。租金简称租，体现的是一种等价交换关系，租金可视为使用权让渡的对价。依据《中华人民共和国宪法》及自然资源管理相关法律法规，国家拥有境内一切自然资源的所有权。当企业占有、使用自然资源进行开发、经营时，就有义务向代表国家的政府上缴一部分收益，作为对占有、使用自然资源的补偿。这种补偿在学理上称为资源租，体现在国家制度上就是资源有偿使用制度，目前我国政府征收的石油特别收益金就可归为资源租的范畴。

（二）税的征收依据——政治权力

现代国家理论认为，公民通过让渡个人一部分权力集中于国家形成国家的政治权力，国家可以凭借政治权力参与社会产品的分配。与凭借财产权利参与社会产品的初次分配环节不同，国家凭借政治权力参与社会产品的再分配环节。虽然政治权力本身并不创造财富，但国家凭借制度构建所形成的法律和行政规则，在对国民收入以财产权利为依据进行初次分配之后，以税收的形式强制、无偿地参与社会再分配。国民收入的初次分配遵循有偿、对等的原则，而税收针对纳税人缴纳的税款国家不直接支付任何的对价，因此，税收具有无偿性、强制性、固定性的形式特征，称为税收的"三性"。关于我国资源税的定位，国内很多学者认为现行资源税模糊了国家财产性权力与政治性权力，即发生了"租"与"税"的混淆。

（三）费的征收依据——管理者权力

国家作为公共产品的提供者与公共事务的管理者，是社会得以运转、秩序得以维持的保证，因此，政府通过履行管理职能而拥有进行社会管理的行政性权力。政府既是市场规则、社会规则的制定者，也是规则的管理者，并可根据提供的管理服务向市场主体收费，并可动用惩罚权对违反规则的市场主体施以行政和经济处罚。行政性收费与罚没收入构成政府收费的主要来源。

政府收费的正当性在于政府为规费缴纳人提供了特定的服务，这类服务并非是面向所有公民或纳税人的，服务对象是特定的，收费可以视为规费缴纳人为政府提供特定服务所支付的对价，因此，政府收费符合等价交换原则。如果政府提供服务的对象是所有公民，就可以视为提供公共产品，而应该由税收来支撑此类公共产品的提供。

综上所述，资源租缘于国家凭借对自然资源的所有权而获取的资源有偿使用的补偿；资源税是国家政治权力在资源类产品上的体现；资源费是国家为特定市场主体提供资源开发、转让、勘探等方面的服务，基于市场原则而取得的收入，具体关系如图3-1所示。

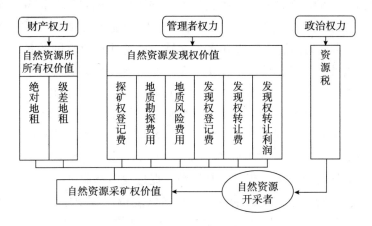

图3-1　自然资源权益价值体系

二、资源税扩围的法理目标

内蒙古自治区自然资源丰富，未来自治区将在水资源税试点的基础上逐步将资源税扩围至水、森林、草场等自然空间。内蒙古自治区的资源税扩围改革要更加关注实现水、森林、草场等资源的各类价值，以"租"实现国家对扩围资源的产权价值，以"税"实现扩围资源的生态价值，以"费"来实现政府提供相应服务的劳动价值。在此基础上进行税收制度的具体设计，逐步实现扩围资源"租""税""费"的法治化，使资源税扩围形成一个法理逻辑严谨、公正的税收体系。

（一）资源税功能的重新定位

从我国资源税发展的历史沿革来看，原来的矿产资源税主要注重财政收入，兼具促进资源合理利用功能。随着资源税扩围的推进，资源税功能将转向以促进资源合理利用、保护生态环境为主，兼具财政收入功能。根据《深化财税体制改革总体方案》的规划，扩围后的资源税税目将包括原有的矿产资源以及扩围后水、森林、草场、滩涂等资源（内蒙古自治区没有滩涂，暂不考虑），其中，税目"矿产资源"的财政收入功能更强一些，税目"水资源"的财政收入功能较弱，而税目"森林资源"和"草场资源"则基本无财政收入功能，主要以保护生态环境为主。

从目前我国资源税扩围的探索实践来看，很大可能将借鉴我国2012年实施的"增值税扩围"或"营改增"税收改革的经验，即采取"部分试点—扩大试点—全面铺开"的改革路径逐步推进资源税向不同自然资源的扩围。而当前正在进行的水资源税试点将成为未来资源税扩围的主要方式，采用"费改税""税费平移"的方式推进资源税在水、森林、草场等自然空间的扩围，即水资源费改为水资源税，森林植被恢复费和草原植被恢复费改为森林资源税和草原资源税。《内蒙古自治区水资源费征收标准及相关规定》（内政发〔2014〕127号）开篇便明确了水资源费征收的目的为"为贯彻落实最严格水资源管理制度，节约、保护和合理利用水资源，保障自治区经济社会可持续发展"；《森林植被恢复费征收使用管理暂行办法》（财综〔2002〕73号）第一条明确了森林植被恢复费的征收目的为"保护森林资源，促进我国林业可持续发展"；《内蒙古自治区人民政府关于印发自治区草原植被恢复费征收使用管理办法的通知》（内政发〔2012〕8号）虽然未明确指出征收目的，但对其用途明确规定为"专项用于草原行政主管部门组织的草原植被恢复、保护和管理。使用范围包括草原植被恢复、退化沙化草原改良和治理、人工草地建设、草原调查规划、草原生态监测、草原病虫害防治、草原防火和管护等支出"，其征收目的自然也是为了保护草原植被。而对植被破坏这种行为进行收费，本身就具有针对生态破坏这种负外部性进行纠正的功能，也是税收本身具有的特性，更为森林植被恢复费和草原植被恢复费向森林资源税和草原资源税转变奠定了法理上的基础。

因此，内蒙古自治区资源税在水、森林、草场三类资源上的扩围，不论是按照"费改税""税费平移"模式将原来资源费的征收目的继承，还是按照新时代所赋予资源税的纠正负外部性、促进经济社会绿色发展的功能，资源税扩围作为原有矿产资源税的增量部分，都理所当然地增加了其"促进资源合理利用、保护生态环境"功能的分量，弱化了其财政收入的功能。而资源税扩围所采取的增量改革也天然契合了我国各类改革"以增量改革促存量优化"的一贯路径，通过扩围将从整体上推动资源税的功能全面转向"促进资源合理利用、保护生态环境"。

（二）征收上实现租、税、费分流

如上所述，扩围资源的"租""税""费"具有不同的内涵，体现了扩围资源的不同价值，因此在进行相应的制度设计时，就必须区分其在征收理念、依据及在收入分配环节和使用方向上的不同。未来内蒙古自治区的资源税扩围应在明确其功能定位的基础上，对各类自然资源的租、税、费进行分流征收。

1. 各类资源税的征收

内蒙古自治区的资源税几经变革，随着资源税扩围改革的推进，虽然矿产资源所提供的资源税在未来相当长一段时间内仍将占据资源税的绝对比重，但资源税作为国家政治权力的体现，其功能"促进资源合理利用、保护生态环境"将不断得到强化。其中，水资源费改税后较大程度地回归了其生态价值保护的职能，森林植被恢复费和草原植被恢复费转变为森林资源税和草原资源税后，则契合了补偿费本来的"税"的属性。

2. 各类资源费的征收

地方政府在筹集非税收入以弥补财政缺口的驱动下，政府各类收费多如牛毛，因征收、管理、使用不透明、不规范而屡遭诟病。政府收费有其正当性与合理性，但革除乱收费所带来的积弊则需要时间和时机。确立政府收费的合法性与正当性，须以厘清收费制度本质为前提，使收费制度与规则真正与政府管理职能相匹配。不论是对于矿产资源，还是水、森林、草场资源，政府以管理者的身份到底应提供哪些服务，能提供哪些服务，都需符合资源开发利用的规律，然后才能取得应有的对价，也就是资源费的收取。

3. 各类资源租的征收

我国是社会主义国家，《中华人民共和国宪法》（2018 年修正）第九条规定"矿藏、水流、森林、山岭、草原、荒地、滩涂等自然资源，都属于国家所有，即全民所有；由法律规定属于集体所有的森林和山岭、草原、荒地、滩涂除外"，国家作为所有自然资源的所有者理应取得其对应的自然租金。国际通行的做法是对矿产资源征收权利金（Royalty），目前我国对石油资源征收的石油特别收益金类似于国外的权利金，但对其他矿产资源缺乏资源租的征收，国家作为矿产资源所有者的权益缺位，亟待建立类似于国外权利金的制度以弥补这一权益空缺。此外，水资源租、森林资源租、草原资源租也应探讨具体的征收办法，形成扩围资源租、税、费各归其位、各执其责的局面。

（三）制度设计上体现租、税、费本质属性

扩围资源租、税、费的征收在实践中要靠制度设计来加以实施和规范，要将法理上租、税、费的内涵与差异通过制度设计体现出来。

1. 明确扩围资源租、税、费的收入归属

扩围资源的租、税、费性质不同，归属也不相同。体现国家资源所有权收益的资源租是由于出让国有自然资源使用权而产生的收益，应当归属于全体国民计入国库收入，并用于全体国民的福利支出；体现国家政治权力的资源税体现的是扩围资源的生态价值，其生态正义既包括资源开发者与所有者的生态利益平衡，也包括代际间的生态利益平衡，应将税款用于生态环境的治理。当前在水资源税试点期间，水资源税收入全部归属于内蒙古自治区，这与水资源税的属性是不符的，应当作为中央地方共享税进行管理比较合理。未来在森林资源税和草原资源税的实施中也可能遇到类似问题，随着我国中央与地方财税关系的逐步理顺，其税款应在中央与地方之间进行分享。各类资源费体现的是地方政府提供的服务，应该归属于地方政府。

2. 在制度上对扩围资源的租、税、费进行具体设计

扩围资源租、税、费内涵与性质差异决定其应按不同的规则进行征收，例如，在计征依据上，租的计征依据是扩围资源的经济价值，税的计征依据是扩围资源的生态价值，费的计征依据是政府为扩围资源开发者提供的服务，由此其征收比率、征收方式也有所区别。此外还需根据租、税、费特性设计适当的测算方式及动态调整机制，以准确反映扩围资源各类价值的变化。

通过前面探讨，目前在我国的法律体系中缺乏对资源租的规定与实践，除了石油特别收益金以外，其他矿产资源租、水资源租、森林资源租、草原资源租制度都未建立，在理论上也缺乏深入探讨。笔者认为，矿产资源租制度可以借鉴国外矿产资源权利金制度经验进行构建，森林资源租和草原资源租则要与我国的土地出让制度结合起来，将森林、草原与其附着的土地看成一个整体进行资源租的设计，也即当前普遍实施的土地出让制度中政府所收取的"土地出让金"本质上就是土地的租，如果涉及森林、草原的土地性质变更时，对破坏森林、草原植被的行为征收资源税，对土地性质变更及土地使用权转让则要征收土地出让金，即资源的租。

在当前实践中，水资源似乎是缺少租的，或者说国家作为水资源的所有者在将这一资源分配给国民个人或者企业时，以免租或零租金的方式对水资源的取用进行授予，在我国的实践中体现为取水许可证的发放，取水许可证发放后税务机关根据企业取用水量的大小征收水资源税。因此，一般情况下不收取水资源租或者水资源租为零。但是否就不存在有偿授予取水许可的情况，就无法对水资源租进行征收了呢？或许水权交易可以给我们一些启示。

内蒙古自治区作为全国首批 7 个水权交易试点地区之一，依据国家"加快水权转换和交易制度建设，在内蒙古开展跨行政区域水权交易试点"要求，自2014 年起先后印发了《内蒙古自治区闲置取用水指标处置实施办法》《内蒙古黄河干流水权收储转让工程建设管理办法》《内蒙古黄河干流水权收储转让工

程资金管理办法》《内蒙古自治区水权交易管理办法》等文件推进区内水权交易试点工作的开展。自治区在上述文件指导下先后开展了盟市内水权交易、盟市间水权交易和市场化水权交易。内蒙古河套灌区管理总局（巴彦淖尔市水务局）和内蒙古自治区水权收储转让中心有限公司成为中国水权交易平台上区域水权的最大卖方，交易量和交易额分别占平台总交易量和交易额的 81.57% 和 81.49%[①]。

从内蒙古自治区水权交易试点的情况可以看出，通过水权交易制度的设计，人为地创造出一个市场，而这一市场的人为创建正是为了纠正外部性、避免公共资源悲剧的发生，使企业原本免费取得的取水权有了稀缺性，有了交易价格。内蒙古河套灌区管理总局（巴彦淖尔市水务局）和内蒙古自治区水权收储转让中心有限公司代表政府来销售水权取得收入。当然这种形式取得的收入与理论意义上的租还有所区别，但至少说明取水权并不是天然就应该免费获取的，只不过国家作为水资源的所有者基于传统而收取了零租金。随着人们对水资源稀缺性认识的加深，在未来政府是可以在取水许可证申请阶段来征收水资源租的。

（四）法治保障：实现租、税、费收支法治化

1. 扩围资源租、税、费的征收需要符合法定原则

税收法定原则是我国税收法律体系建设的根本原则与目标，自党的十八届三中全会将"落实税收法定原则"作为财税体制改革总目标的首位目标后，国家制定了税收立法的时间表，计划在 2020 年完成全部税收立法。2019 年《中华人民共和国资源税法》正式审议通过，将于 2020 年 9 月 1 日正式实施，是我国落实"未经同意，不得征税"税收法定主义的重要进展。

未来随着资源税逐步扩围至水、森林、草场等自然空间，各类扩围资源税试点将在全国不断推开并在调整中完善，新扩围的水资源税、森林资源税、草原资源税应逐步增加到资源税法体系中，实现从税收法律层面对扩围资源的统一管理。同时，资源租、资源费的法定是未来改革的方向，其也适用"税收法定主义"。扩围资源租体现国家对扩围资源的所有权，扩围资源占有权与使用权的转让须得到全民的同意，须经过全国人大及其常委会立法的通过；而我国规费收入实践中最棘手的问题就是收费开征的随意性太大，应以立法的形式规范政府的收费行为，关于水资源费改税的理由阐述中也强调利用税收法定来克服收费不规范的弊病，由此可见规费收入法定也将成为下一步发展的趋势。

---

① 根据中国水权交易所（http：//cwex. org. cn/lising/）数据整理。

2. 扩围资源租、税、费的征收需要法定程序保障

程序正义是税收法定的重要体现，扩围资源租、税、费的法治化必须要实现征收程序的法定与规范。一般来说，由于有《中华人民共和国税收征收管理法》的约束，税款征收的程序较为规范，而导致规费收入不规范的重要原因就是征收程序的不规范。在扩围资源租和费的征收中，应加强租金、规费征收程序的法定，借鉴《中华人民共和国税收征收管理法》来制定资源租、资源费征收的程序，以强有力的程序规范征收行为，保障政府正当利益的实现和相对人的合法权益。

3. 扩围资源租、税、费的支出需要法律进行规范

《中华人民共和国预算法》是规范我国各类财政支出的最重要的法律，扩围资源的租、税、费收支都应受《中华人民共和国预算法》的制约，应在符合《中华人民共和国预算法》精神指导下，细化完善扩围资源租、税、费支出的用途、范围、方式等内容，使其支出纳入《中华人民共和国预算法》规定的正轨，真正达到分流征收、分流使用的目的。

综上，在资源税扩围改革总体思路上，应摒弃"费改税"的简单逻辑，将改革立足于租、税、费本身的性质和功能剖析上，在法理上梳理、明确资源租、税、费的不同定位与功能，进而实现租、税、费的合理分流，使其各归其位，各执其责，科学设计符合租、税、费本质的制度体系。

第二节　扩围的时代目标：资源税现代化

资源税扩围是内蒙古地方税体系建设的一个重要组成部分，内蒙古地方税体系建设又是我国总体税收体系建设的子系统。党的十八届三中全会之后，我国提出了建设税收现代化的目标，内蒙古自治区资源税的扩围最终要服从这一时代目标与要求，将资源税现代化作为内蒙古资源税扩围的重要目标。

一、税收现代化

（一）现代化

据考证，"现代"一词首次在 10 世纪末期被使用，意指古罗马帝国向基督

教过渡时期，而"现代化"作为社会科学专业用词出现在 20 世纪 50 年代，常被用来描述现代发生的社会和文化变迁现象。根据穆斯塔法，P. J. 马格纳雷拉（1974）在《一个土耳其城镇的传统与变迁》中所提出的定义，现代化是"发展中的社会为了获得发达工业社会的特点而经历的文化与社会变迁的、包容一切的全球性过程"，是指从"前现代社会"或"传统社会"到"现代社会"的社会模型转变方式。

德国社会学家马克斯·韦伯认为，现代化就是"合理化"，是一种全面理性的发展过程。在提及资本主义产生的原因时，韦伯指出："归根结底，产生资本主义的因素乃是合理的常设企业、合理的核算、合理的工艺和合理的法律，但也并非仅此而已。合理的精神、一般生活的合理化以及合理的经济道德都是必要的辅助因素。"① 德国现代化专家沃尔夫冈·查普夫认为："现代化意指社会有能力发展起一种制度结构，它能适应不断变化的挑战和需求"②。布莱克教授认为，现代化可以被界定为一个过程，在这一过程中，历史上的制度发生着急速的功能变迁，随着科学革命的到来，反映了人类知识的空前增长，从而使人类控制环境成为可能。③ 我国学者罗荣渠认为"现代化"一词是对人类发展在近期所出现的社会急剧转变、动态的一种概括④，并分析了现代化广义与狭义的区别。⑤

综合中外学者对"现代化"内涵的探讨，本书认为，首先，现代化内含了事务状态的动态变动，100 年前所提的现代化与 20 世纪 60 年代的现代化与 21 世纪后的现代化绝不会是同一个状态。现代化在本质上讲应该是时代化，或者说现代化这个概念具有时代性。其次，现代化一定代表着先进性，否则它就不可能成为人们追求的目标，而先进性就一定是相对的，是比较而言。也就是说，现代化具有相对性。现代化是对原有的状态的否定、扬弃与发展，一个国

① ［德］马克斯·韦伯. 世界经济通史［M］. 姚曾廙译. 上海：上海译文出版社，1981.
② ［德］沃尔夫冈·查普夫. 现代化与社会转型［M］. 陈宏成，陈黎译. 北京：社会科学文献出版社，2000。
③ ［美］布莱克. 现代化——一个比较史的研究［M］. 景跃进，张静译. 杭州：浙江人民出版社，1989.
④ 罗荣渠. 现代化新论［M］. 北京：商务印书馆，2009：102.
⑤ 罗荣渠认为，"广义而言，现代化作为一个世界性的历史过程，是指人类社会从工业革命以来经历的一场急剧变革，这一变革以工业化为推动力，导致传统的农业社会向现代工业社会的全球性的大转变过程，它使工业主义渗透到经济、政治、文化、思想各个领域，引起深刻的相应变化；狭义而言，现代化又不是一个自然的社会演变过程，它是落后国家采取高效率的途径（其中包括可利用的传统因素），通过有计划的经济技术改造和学习世界先进，带动广泛的社会变革，以迅速赶上先进工业国和适应现代世界环境的发展过程。"

家的现代化既是在对自身历史反思的基础上展开的工业化、信息化，也是与先进国家比较借鉴后从而迅速赶超的过程，从中国当前的现代化来看，就是要在全面实现小康的基础上，通过自力更生，艰苦创业，在21世纪中叶建成富强民主文明和谐美丽的社会主义现代化强国，实现中华民族的伟大复兴。

（二）税收现代化的内涵

关于什么是"税收现代化"，目前税收学术理论界还没有一个确切的定义，要探究税收现代化的内涵，首先需要界定税收的内涵与外延。《新大英百科全书》中指出："税收是强制的、固定的征收，它通常被认为是对政府财政收入的捐献。用以满足政府开支的需要，而并不表明是为了某一特定的目的。税收是无偿的。它不是通过交换来取得，这一点与政府的其他收入不大相同，例如，出售公共财产或发行公债等。税收总是为了纳税人的福利而征收，每一个纳税人在不受利益支配的情况下承担了纳税的义务。"经济合作与发展组织在其收入分类中认为，税收是"对政府的强制性的、无偿的支付"。世界银行则认为，税收是"为公共目的而收取的强制性的、无偿的、不可返还的收入"。

以上关于税收的定义都指出了税收与其他国家财政收入形式最主要的区别：强制性、无偿性和固定性，也即通常我们所说的税收"三性"。税收"三性"是税收的形式特征，其核心是税收的无偿性，即国家取得的税收收入，既不需要返还给纳税人，也不需要对纳税人直接支付任何报酬。由于税收的无偿性是区别于市场的对等交换性的，纳税人并非自愿缴纳，因此，为保障税收的无偿性，就必须要依靠国家的政治权力而强制征收，这就是税收的强制性。而为了避免国家将这种强制性无限扩大、滥用，损害纳税人的正当权益，就要求必须将如何征税以规范的形式固定下来，即以明确的法律条文固定下来，这就是税收的固定性。税收"三性"是税收现代化的前提与最基本要求，要求税收行为必须有法可依，税法必须经过立法程序形成规范，并以法律保障其征收、使用和管理，即税收法定。

现代税收及其税收思想起源于英国，霍布斯、洛克、威廉·配第、亚当·斯密、大卫·李嘉图等都对税收理论的发展做出了贡献，并提出了当时意义上的现代税收思想。当时的历史背景正处于资本主义发展阶段，封建税收制度严重束缚了资本主义的发展，因此这一时期的税收思想主要包括以下四点：一是要求取消税收封建特权，给予新兴资本主义生产平等的税收待遇；二是反对封建势力对自由经济的干预，提出了税收中性思想；三是分析了资本主义生产方式下税负转嫁的形式与影响，形成了税负转嫁理论；四是从维护新兴资产阶级利益出发，认为税收应该从商品利润中征收，应建立以所得课税为主体的税收制度。这些税收思想代表了当时新兴资产阶级的利益与意识，蕴含了当时所处时代的时代精神，也即代表了当时税收现代化的思想。

从西方国家的税收实践经验来看，税收现代化演进的路径通常沿着"简单的直接税—间接税—现代的直接税"行进。与演进路径相匹配，在每一时代都有相应的一批学者为当时税收现代化的发展在理论上做出贡献。例如，20世纪90年代，西方发达国家在面对高福利、高税收所导致的效率低下问题时，很多学者开始反思所得税为主体的税制模式，提出了双主体税制模式的理论。自进入21世纪以来，面对日益严重的温室效应、环境污染等问题，一批学者提出了绿色税收理论。可见，税收现代化理论是一种发展、变化着的理论，是与当时的经济社会发展水平相适应，体现时代发展趋势与先进理念的税收理论。

从我国税收现代化的发展来看，自改革开放以来，我国的税收制度多次改革，逐步与世界接轨，不断地向现代化目标迈进。研究税收的学者从理论层面分析了我国税收现代化的内涵、现状、目标与实现路径，税收实务部门则从实际出发，重点从我国税收管理与国外先进国家的差距入手，以"互联网+"、大数据、综合税收信息平台等税收信息化建设为主要手段，推动税收现代化的建设。在微观层面，税收现代化研究聚焦于税收业务的管理现代化研究，重点探讨如何在征管、服务、法治等方面与世界先进水平接轨；在中观层面，一些省、市、县级的税务机关结合本区域税收业务面临的实际，在税收业务流程再造、税收信息化平台构建、税务机关内部组织文化建设等方面提出务实的改进建议；在宏观层面，则从实现国家税收现代化的角度，系统研究论述税收现代化体系的构成及实现路径。

综上所述，本书认为，中国的税收现代化，就是与当前中国经济社会发展程度相适应，体现时代精神与治理思想，以税收法治化为关键特征，以"互联网+"、大数据等信息技术为支撑，融合了中华传统文化思想与西方先进管理经验，逐步推动税收治理水平不断提升的状态和过程。

（三）我国税收现代化的目标

2013年12月全国税务工作会议上，国家税务总局提出到2020年基本实现税收现代化的目标。具体内容包括完备规范的税法体系、成熟定型的税制体系、优质便捷的服务体系、科学严密的征管体系、稳固强大的信息体系、高效清廉的组织体系。这一表述所包含的内容显然是宏观层面的税收现代化，是指导当前和今后相当一段时间内我国税收工作的指导思想，也是本书研究所要达到目标的重要指引。

1. 税收现代化的制度体系——完备规范的税法体系、成熟定型的税制体系

税收现代化离不开一套完整的现代税收法律体系以及与之相适应的税制体

系。完备规范的税法体系不仅体现在税收法定基本原则的确立，也表现在税收能够随着社会经济发展变化不断调整和完善。同时，税收执法和司法水平也能不断得到提高。成熟定型的税制体系则要求根据经济和社会发展的需要合理设置税种，形成主体税种明确、辅助税种各具特色，作用、功能互补的税种体系。

2. 税收现代化的管理体系——优质便捷的服务体系、科学严密的征管体系

优质便捷的服务体系是现代服务型政府的基本要求，"服务+执法"的税收管理体系是多数发达国家采用的税收管理方式，通过健全纳税服务措施来提高纳税人税法遵从的自觉度，是现代国家在税收领域治理能力的重要体现。而科学严密的征管体系则要求通过有效配置税务机关的人、财、物等资源，引进现代企业集约化、扁平化的管理理念，以高效的征管实现税收管理的目标。

3. 税收现代化的保障体系——稳固强大的信息体系、高效清廉的组织体系

稳固强大的信息体系是从技术上保证实现税收现代化的重要支撑，现代化信息体系要从单纯强调税务部门信息技术现代化向加强税务机关与纳税人之间，税务机关与其他政府部门和社会组织之间"大数据"应用共享水平发展，减少横向和纵向的信息不对称问题，为实现税收征管和纳税服务水平的提升提供技术保障。高效清廉的组织体系是从团队建设上实现税收现代化的基本保障。建立科学的税务管理组织机构、形成合理的税务人力资源结构、构建惩防并举的税收廉政风险内控机制是实现税收现代化目标的根本保障。

二、自治区资源税现代化的差距

内蒙古自治区资源税扩围以推动自治区资源税现代化为目标：一方面，是在水、森林、草原等自然空间探索资源税征收的途径、办法，并建立健全制度；另一方面，则要在资源税扩围的过程中，完善原有矿产资源税的各项规章制度，并将各类资源试点办法统合到新的资源税法之下，形成系统完备、科学高效的现代化资源税体系。而从目前内蒙古自治区资源税扩围的现状来看，距离这一目标还有很大差距，具体表现为以下四个方面。

（一）资源税法制建设滞后

第一，内蒙古自治区征收水资源税的法规立法层次低。新颁布的《中华人民共和国资源税法》征税范围未包括水资源，自治区征收水资源税的依据仍然为水资源税试点办法。我国在2019年8月26日第十三届全国人民代表大会常务委员会第十二次会议通过了《中华人民共和国资源税法》（以下简称新资源

税法），将于 2020 年 9 月 1 日起施行，届时 1993 年 12 月 25 日国务院发布的《中华人民共和国资源税暂行条例》将同时废止。新资源税法并没有将水资源作为一个税目纳入其征收范围，而只是在第十四条规定"依照本法的原则，对取用地表水或地下水的单位和个人试点征收水资源税""水资源税试点实施办法由国务院规定，报全国人民代表大会常务委员会备案"。也就是说，内蒙古自治区的水资源税试点办法仍然是一个单行的税收征收试点办法，是与当前的资源税暂行条例和 2020 年即将实施的新资源税法相并行的法规。对于水资源何时能够作为一个税目并入资源税法，新资源税法第十四条做出了预计，"国务院自本法施行之日起五年内，就征收水资源税试点情况向全国人民代表大会常务委员会报告，并及时提出修改法律的建议"，也即从 2020 年 9 月 1 日起五年内水资源有望正式在法律上并入资源税法。如果从 2016 年 7 月河北省初次试点水资源税算起，到水资源正式并入资源税法可能长达 9 年。水资源尚且如此，森林资源税和草原资源税目前还未进行试点，可见资源税的扩围将是一个较为漫长的过程，而在扩围资源没有正式成为资源税的税目时，单行的扩围资源税试点办法与资源税法相并行将是一种常态。

第二，扩围资源税试点办法与相关的资源法相抵牾。扩围资源的相关资源法规如《中华人民共和国水法》《中华人民共和国森林法》《中华人民共和国草原法》中做出了征收各类资源费的规定，如现行的《水资源法》要求取得取水许可证并缴纳水资源费；[①]《中华人民共和国森林法》规定相关企业应在办理相关的土地审批手续后缴纳森林植被恢复费；[②]《中华人民共和国草原法》规定"因建设征收、征用或使用草原的，应当交纳草原植被恢复费"。并且都做出了专款专用的规定。内蒙古水资源税试点办法与现行《中华人民共和国水法》相冲突，未来内蒙古自治区资源税扩围至森林、草原后，仍将面临类似问题，造成资源税扩围试点办法与相关法规的不一致。

（二）税收管理手段与专业化水平亟待提高

水资源税以及未来将要扩围征收的森林资源税和草原资源税具有与原有矿产资源税不同的特点，与其他税种征收的差别则更大。主要表现为一般税种的

---

① 《中华人民共和国水资源法》第四十八条规定"直接从江河、湖泊或者地下取用水资源的单位和个人，应当按照国家取水许可制度和水资源有偿使用制度的规定，向水行政主管部门或者流域管理机构申请领取取水许可证，并缴纳水资源费，取得取水权"。

② 《中华人民共和国森林法》第十八条规定"必须占用或者征收、征用林地的，经县级以上人民政府林业主管部门审核同意后，依照有关土地管理的法律、行政法规办理建设用地审批手续，并由用地单位依照国务院有关规定缴纳森林植被恢复费"。

征收依据是销售额、经营额、利润等能够在企业财务账面上反映的数据，税务局专管员及稽查人员的基本素质就是要会查账。而扩围资源税的征税依据为取用水量、破坏的植被面积，自治区目前水资源税的征收主要是采用与水利部门相联合的方式进行课征，即水利部门提供计税依据的数据，税务局据此进行水资源税的计算征收。水资源税征收的特点导致税务部门自身缺乏专业化的水资源税征收管理队伍，未来在森林资源税和草原资源税试点中仍可能面临类似的问题，内蒙古自治区亟待建立一支专业化强、管理手段先进的扩围资源税征管队伍。

（三）机构设置与人员配置不合理

税务管理干部过多集中于较高级的税务机关是全国税务系统普遍面临的人力资源配置问题。原来纳税企业较少、基层征管工作量不太大，这一矛盾尚不明显。随着经济社会发展，纳税人数量迅速增多，基层税务部门疲于应付。特别是专业强、业务精、具备税务师、会计师高职称的干部往往被较高级税务机关调走，基层税务部门人员素质普遍偏低，"人少事多"的矛盾凸显，结果就是税收征管方式粗放、征管效率低下、纳税人满意度下降。具体到资源税扩围这一矛盾则更为凸显，特别是对于广阔的牧区、林区所分布的小企业、个人的取水、破坏植被等行为无法及时监控，对资源税扩围税源的管理盲区较多，造成资源税扩围的征管无法做精、做细，造成应征未征、税款的流失。

（四）信息化建设水平相对滞后，纳税服务水平低

税收信息化是全国税务系统近些年持续建设的重点，尽管内蒙古自治区的税务信息化建设水平也有了较快提升，但信息化硬件的投入不等于税收信息化的必然提升，由于操作人员素质、系统兼容性、部门信息沟通共享等因素导致未能实现较高的信息化运作。在水资源税信息化建设方面，尚未与水利及其他相关部门建立高效的信息联结和共享机制，水资源涉税信息的采集不充分、不及时，落后于其他税种的信息化建设，在水资源税的征管上还难以实现征收、管理、执法的信息化。正是由于税收信息化建设的滞后，也影响了水资源税的纳税服务水平，基层的税务机关更多靠水利等部门的间接信息来征收水资源税，在纳税服务上也是间接的，较其他税种更难以体现纳税服务的现代化。

三、自治区资源税扩围现代化的目标

全国税务系统正在兴起的税收现代化建设热潮，经过探索与实践，已经取得了很大成效。资源税扩围作为内蒙古自治区税收体制改革的重要组成部分，

在税收现代化建设进程中还存在各种问题，只有通过不断改革优化，才能满足新时代对内蒙古自治区资源税扩围现代化的内在要求，其现代化应包括以下五个方面。

（一）完备规范的资源税法体系

完备规范的资源税法体系一方面要求水资源税、森林资源税、草原资源税与资源税法能够协调一致，资源税法中要预留水资源税、森林资源税、草原资源税并入整体资源税法的法律条款，为将来时机成熟时进行修法打下基础；另一方面要及时修改相关法律的相关条款，包括《中华人民共和国水法》《中华人民共和国森林法》《中华人民共和国草原法》以及《中华人民共和国土地法》等，通过及时修订费改税相关法律条文，以使各种资源相关法律之间不存在冲突。

另外要妥善处理好税收立法中要求税权相对集中于中央与资源税扩围"适度分权"原则之间的关系。各类资源税扩围的立法都由中央政府实施基本立法，但要给予内蒙古自治区等省级政府在征收范围、税率、税收优惠、纳税期限等方面较大的灵活处置权力；自治区政府也要根据区内不同地区之间的差异，在区一级的扩围办法中制定适合本区特点的征管办法。

（二）成熟定型的资源税扩围制度体系

如前所述，从资源税扩围试点到资源税成熟定型还要经历一个较长的时期，但这并不妨碍对资源税扩围试点工作的逐步规范化与法制化。在内蒙古自治区的资源税扩围到水、森林、草场等资源的过程中，在试点及推广时要逐步健全单一对象资源的资源税制度，例如，水资源税制度、森林资源税制度、草原资源税制度等。尤其是内蒙古自治区在森林资源和草场资源上具有独特性和典型性，极有可能成为首批森林资源税和草原资源税的试点地区，就必须在试点办法的制定中尽可能科学合理规范，并为将来并入资源税法做好法律条文适用性的准备，最终建成成熟定型的资源税扩围制度体系。

（三）优质便捷的资源税扩围服务体系

在资源税扩围的过程中，纳税服务体系的建立既有赖于税务机关改进流程，转变观念，树立纳税人为中心的服务理念，同时也要求在某一扩围资源"费改税"后，原来的资源收费部门应积极配合税务部门，为资源税扩围纳税人共同提供优质的纳税服务。从税务部门提供的服务来看，既包括服务内容规范化和服务队伍专业化，也包括办税场所的标准化和服务流程简捷化，还应通过法律救济常态化和服务评价社会化等一系列措施完善纳税服务体系的内容。在服务理念上要借鉴现代企业经营模式，树立并践行以客户为中心的理念，为资源税扩围纳税人提供全方位、多角度、多层次的咨询服务。在纳税人权益保障方面则要建立常态化申诉机制、畅通纳税人申诉途径，形成扁平化的大维权格局。

（四）科学严密的资源税扩围征管体系

税收征管体系的"科学"体现为征纳双方权利义务清晰、征管程序设计合理、申报确认制度柔性高效；税收征管体系的"严密"体现为税务机关征管职责具体明确、税务稽查制度严格规范、信息支撑稳固强大。该体系能够加强对资源税扩围税源的监控能力，最终提升资源税扩围纳税人的纳税遵从能力。此外还应通过建立分级分类税源管理机制、形成精简高效的执法流程和科学合理的业务标准体系，获得资源税扩围最佳的税收秩序和取得最大的征管效能。

（五）稳固强大的资源税扩围信息体系

在全国税务系统推广使用"金税三期"的基础上，建设由信息化基础平台、信息安全防范、征纳一体化的综合信息系统，并实现与水利、林业、牧业等部门相关数据的互联互通，健全信息获取机制，完善数据应用机制，对资源税扩围涉税信息进行分析、应用，实现对资源税扩围税源的有效监控，为自治区资源税扩围征管提供有力的信息化支撑。

第三节　扩围的治理目标：促进地方治理

党的十八届三中全会首次提出了"推进国家治理体系和治理能力现代化"，党的十九届四中全会则进一步提出了坚持和完善中国特色社会主义制度、推进国家治理体系和治理能力现代化的总体目标[1]。"郡县治，则天下安。"[2] 地方治理作为国家治理的重要组成部分，事关地方的稳定与发展，也关乎国家治理现代化，影响我国全面实现现代化的进程。资源税作为内蒙古自治区的一个重要

---

[1] 总体目标为"到我们党成立 100 年时，在各方面制度更加成熟更加定型上取得明显成效；到 2035 年，各方面制度更加完善，基本实现国家治理体系和治理能力现代化；到中华人民共和国成立 100 年时，全面实现国家治理体系和治理能力现代化，使中国特色社会主义制度更加巩固、优越性充分展现"。

[2] 出自东汉荀悦的《前汉纪》："六王七国之难作者。诚失之于疆大。非诸侯治国之咎。其后遂皆郡县治民。而绝诸侯之权矣。""欲天下之治安，莫名众建诸侯而少其力。力少则易制，国小则无邪心。令海内之势，如身之使臂，臂之使指，莫不从制。从制则天下安矣。"后人引申为："郡县治民，从制则天下安矣。"进而又精简为"郡县治，天下安"。

地方税种，在自治区地方治理中发挥着重要的作用，资源税扩围作为资源税改革的重要举措将对自治区地方治理产生深远的影响。

一、地方治理、地方税与资源税扩围

（一）地方治理

当代地方治理思想和实践发源于 20 世纪 80 年代初中期英国撒切尔政府改革，主要方式是将私人部门管理理念引入公共部门管理实践中，学界将其称为"新公共管理改革"。随着英国政府改革的成功及其他国家地区的效仿，地方治理作为一种创新思维获得越来越多的支持，并不断发展完善，最终形成一套较为完整的理论体系并在实践中得以应用。

当代地方治理理念具有以下两个特征：一是强调次中央政府权力和自主管理权力，强调公民的自我管理；二是强调合作。这种合作既包括不同层级间的合作，也包括次中央政府与私人部门及社会组织之间的合作。传统的政府管理概念已经难以概括这种新体制的内涵与外延，"地方治理"概念由此从学界产生，并将该演变过程称为"从地方政府到地方治理"。

鲍法德和劳夫勒（Bovaird & Lofler）[1] 在对多个经济合作与发展组织（OECD）国家治理经验分析后，总结了地方治理所包含的四类意涵：一是参与治理主体的多元化；二是在治理中正式规则与非正式规则在不同方面发挥作用；三是既要发挥市场机制的作用，也强调政府权威的核心作用，两者应协调配合；四是传统的管理主义和精英掌控政治运作方式，会损害治理的公平与效率[2]。

地方治理的发展打破了组织与组织之间传统的科层制等级关系，由于治理关系不是控制与被控制、管理和被管理关系，而更强调合作与协作关系，因此，从主体地位关系来说，是平等互助、优势互补和资源共享的关系。在这种情况下，相关方共同参与规则制定，反映共同诉求，实现多元目标，利益共享。

必须注意的是地方治理所强调的多中心或多元治理，并不必然以削弱单中心的控制力为根本目标，否则就会出现多中心而无核心，进而过分强调所谓的西方"民主"而导致无政府主义盛行，最终导致地方治理的失败。中国当前的治理研究，必须摆脱作为西方治理话语体系"传声筒"的角色，既要按照一般

---

① 托尼·鲍法德, 爱尔克·劳夫勒. 公共管理与治理 [M]. 孙迎春译. 北京：国家行政学院出版社, 2006.

② 尚虎平. "治理"的中国诉求及当前国内治理研究的困境 [J]. 学术月刊, 2019, 51 (5)：72-87.

规律构建科学的治理理论体系，又要结合中国现实与传统，通过创建"中国治理模式"为世界治理发展贡献中国智慧。①

（二）地方税是地方治理的重要制度安排

我国的国家治理可分为中央治理和地方治理两个层面，作为财政半边天的税收是国家治理体系的重要组成部分，地方税是地方治理的重要制度安排，地方税种的构成、央地之间税收收入的划分、地方税务机关征管水平、纳税服务质量等都会对地方政府的治理能力与效果产生重要的影响。

1. 地方税体系激励和约束地方政府

我国长期实行大一统的国家体制，形成了"中央—省—市—县—乡（镇）"的多级治理结构，省及省以下各级政府是实施国家治理的重要组织。地方税体系成为中央政府与地方政府、地方政府之间权力安排与治理架构安排的重要制度。从国家治理的角度来看，中央政府既要调动地方政府发展经济的积极性，促进各种市场要素在不同地区间自由流动以优化资源配置结构，进而形成全国统一的市场体系；也要防止各地方政府为了抢夺税源而出现恶性的"税收竞争"，甚至对中央的宏观经济政策及调控意图执行不彻底或阳奉阴违。为达成以上目标，地方税体系的制度安排便成为中央政府激励和约束地方政府行为的重要载体。例如，我国将税基流动性强、税额大的消费税、增值税作为中央税或者共享税进行管理，而将税额小、税基流动性差的房产税、土地增值税等作为地方税进行管理；在全面实施营改增改革后，为平衡地方政府的财力损失，将增值税中央与地方分享比例由 3∶1 调整为 1∶1；本次资源税扩围改革为调动地方政府的积极性与主动性，采取了"适度分权"原则。总之，地方税作为地方政府财力的最重要来源，其制度安排对地方政府的行为具有重要的导向与约束作用，是地方政府治理能力的重要影响因素。

2. 地方税制度安排影响地方治理关系

国家税收理论认为人民与政府之间是一种委托—代理关系，越是地方税属性强烈的税种，越能激发民众对地方政府征收税款后政府行为的关注，会加大对地方政府支出行为的监督力度，这也是一国民众税收意识觉醒的表现。地方税制度通过征收范围选择、税率设计、税收征管及税收制度制定程序与地方纳税人产生联系，其制度运行的优劣会直接影响当地的治理关系与治理效果。一般来说，当税收的税基为易于流动的流转额时，虽然税收负担以间接方式转嫁到

---

① 尚虎平. "治理"的中国诉求及当前国内治理研究的困境［J］. 学术月刊, 2019, 51（5）: 72-87.

当地民众身上，但民众所感受的税收"痛苦"并不强烈，因此，对政府扩大财政开支并不敏感，甚至会鼓励地方政府多花钱；而当税收的征收对象为自然人、税源为自然人的收入时，虽然总体税额并不高，但民众会切实感受到税收的"痛苦"，从而激发民众对政府行为的关注，并倾向于缩小政府开支。大多数地方税恰恰属于后一类，其制度安排能够对地方治理关系产生重要影响。当地方税的制定广泛征求民意、税制设计反映了当地民众的意愿与诉求时，地方税的实施相对顺畅，地方政府与当地民众形成良性的互动关系；反之，则可能出现当地民众对地方税的反对，加剧政府与民众的紧张关系，弱化地方治理的能力。

3. 地方税为地方治理提供财力保障

财政是国家治理的基础与重要支柱，财力是地方政府进行治理、展现治理能力的重要保障。地方税作为地方政府筹资的重要制度安排，其体系建设对于地方政府提高行政能力、提供优质公共产品具有非常重要的意义。[①]

(三) 资源税扩围是影响内蒙古自治区地方治理的重要机制

资源税扩围对地方治理的影响，主要体现在两个方面：一是资源税扩围的结构及收入状况，直接影响地方政府的治理能力；二是资源税扩围对辖区居民责任与能力产生一定的影响，同时自治区治理体系和治理能力又成为影响资源税扩围顺利进展的重要因素，也因此，一个高效的资源税扩围的体系，应与自治区地方治理结构和能力相匹配。

资源税影响内蒙古自治区地方治理的机制主要包括四个方面：

1. 财力支撑机制

内蒙古自治区在国家总体发展战略目标指引下将自治区经济社会发展目标确定为"全面建成小康社会""建设亮丽内蒙古"。[②] 地方经济社会发展目标的实现需要加强地方政府的治理能力，需要发挥以税收为主的财力支撑的重要作用。资源税作为内蒙古自治区重要的地方税种，是自治区财力的重要支撑，从内蒙古自治区水资源税试点情况来看，税收增长明显，未来资源税扩围至森林和草原资源，将为自治区地方治理提供更为有力的财力支撑。

---

① 刘尚希，张学诞，等. 地方税与地方治理 [M]. 北京：经济科学出版社，2019.
② 《内蒙古自治区党委关于认真学习宣传贯彻党的十九大精神决胜全面建成小康社会加快建设亮丽内蒙古的决定 》提出，"到 2035 年，基本实现社会主义现代化，全区经济实力、科技实力大幅跃升，发展质量和效益显著提升，民主法治更加健全，社会文明程度显著提高，人民生活更为宽裕，社会充满活力又和谐有序，生态环境更加优美，美丽内蒙古建设目标基本实现，祖国北部边疆这道风景线更加亮丽。到 21 世纪中叶，全面实现现代化，建成拥有高度的物质文明、政治文明、精神文明、社会文明、生态文明的现代化内蒙古，与全国各族人民一道共圆中华民族伟大复兴的中国梦"。

2. 民意表达机制

治理的一个重要特征是多元参与，纳税人是参与治理的重要主体，可以通过税收政策的制定及征收过程参与到政府治理中来。资源税扩围与我国税法体系的其他税种类似，在设立时须通过网络调查、座谈会等形式征集民众意见，践行"无同意不纳税"原则；在税款进入财政账户进行支出用于提供公共产品时，须通过财政预算程序，由人大代表及其组成的专业委员会进行审查方能通过；当资源税扩围纳税人对税收执法和司法中产生争议时，政府又提供了行政复议和行政诉讼等方式为纳税人提供诉求表达和救济渠道。以上各种资源税扩围的民意表达方式能够推动地方治理的完善与优化。

3. 利益激励机制

一个税种主要通过税制要素的设计，激励和约束纳税人的行为选择，例如，通过征收范围设定来确定对什么征税，通过税率设定来明确是高税率还是低税率，通过税收优惠设计来对某些经济行为进行减免税等。资源税扩围的主要对象是水、森林、草原等自然资源，通过税制的设计可以激励纳税人节约资源、提高资源的利用效率。

4. 税收征管机制

资源税扩围的税收征管与企业和家庭的活动及利益紧密相连，税务机关的征管直接或间接影响纳税人的税收负担，进而改变纳税人取用资源行为，并传导至生态环境领域，对生态环境产生影响，这使资源税扩围成为地方政府治理的重要内容和手段。

二、地方治理视域下自治区资源税扩围的治理目标

多元参与、良性互动、共治共享是国家治理的鲜明特征，从国家管理到国家治理，是政府管控经济社会理念的进步和能力的提升。治理能力是一个国家的核心竞争力，政府将提供优质公共产品、改善人民生活水平、促进社会和谐稳定、实现可持续发展作为治理的共同目标，也是内蒙古自治区地方治理的目标。资源税扩围覆盖和渗透到了内蒙古自治区经济社会生活的多个方面，成为影响内蒙古自治区地方治理的重要因素。新时代，内蒙古自治区面临着"国家治理体系和治理能力现代化"所赋予的重要使命，既要培育负责任的政府，也要培育负责任的公民，既要提升政府的治理能力，也要提高公众素养和参与的能力，资源税扩围则要回应内蒙古自治区地方治理所提出的各种要求，通过扩

围改革不断提升税收服务地方治理的能力。

（一）资源税扩围要能促进经济适度增长

经济新常态下内蒙古自治区的经济由高速增长转为中高速增长，同时要求增长动力更为多元，如新型工业化、信息化、城镇化、农业现代化等。因此，经济新常态下的经济适度增长要求下的资源税扩围应既能促进经济增长，又能促进经济增长新动力提升。

1. 资源税扩围应能促进实体经济增长

经济发展是其他社会发展目标的基础，经济增长为其他发展目标提供支撑。资源税扩围应能促进自治区实体经济增长，形成税收与实体经济的良性互动与发展。

2. 资源税扩围应能促进经济增长新动力的提升

税收作为调节经济的重要杠杆，有着无可替代的作用。资源税扩围作为自治区当前及未来一段时间内税收调节工具的重要组成部分，就应该在经济动能转换的过程中，通过资源税扩围各种政策的引导，淘汰落后产能和技术，引导新技术、新产业的发展壮大，以优质、高效的税收服务为经济增长新动力的提升提供有力的支撑。

（二）资源税扩围应能促进经济结构优化

所谓经济结构优化升级，即在现有技术基础上实现的经济结构之间协调发展，以及产业结构根据经济发展的历史和逻辑序列从低级水平向高级水平的发展。资源税扩围是自治区政府优化经济结构的重要工具，通过其在相关行业进行资源优化配置和产业结构调整，能够发挥自治区在稀土、风电、光伏、新型煤化工、羊绒制品、蒙药等相关产业在国内、国际经济中的比较优势，加快建立多元发展、多级支撑现代产业体系。

1. 资源税扩围应能促进资源优化配置

发展不平衡、不充分是当前及今后相当长一段时间内自治区需要解决的主要矛盾。自治区前期经济的较快发展是以高耗能、高污染、低效率为特征的，新时代要求绿色经济、绿色发展，优化各类资源配置，就需要以技术的进步提升各项要素的使用效率，就要以科技投入推动经济结构转变来突破发展的瓶颈。因此，资源税扩围要能促进自治区各类资源配置的优化，提升资源的利用效率，进而提升全要素生产力。

2. 资源税扩围应能促进产业结构优化

税收在调节产业结构中具有不可替代的作用，行业税负水平较低就会刺激相关产业的投资，反之亦然。世界各国特别是经济发达国家通常将税收作为引导、调整经济发展的重要手段。一个明显的例子就是我国对高科技产业园区及企业技术研发都给予了大量的税收政策支持。资源税扩围将对与农林、水利、畜牧相关的行业产生较强的正激励作用，对一些资源开发、使用大户企业产生抑制作用。应在税制设计中实行轻重有别的产业税收政策和灵活的税收激励政策以深化产业结构调整；同时配合国家产业政策进行税收政策设计，通过资源税扩围制度设计将国家产业结构调整政策落到实处，同时增强地方税收执法的透明度，创造公平竞争的税收环境。

(三) 资源税扩围应能促进自治区创新发展

创新发展在"十三五"规划纲要所提出的五大发展理念中居于核心地位，特别是在解决发展不平衡、不充分矛盾，促进经济结构转型升级中将发挥关键作用。内蒙古自治区摆脱资源依赖、形成绿色发展模式亟须制度创新、体制创新、管理创新和技术创新，只有创新发展才能推动自治区经济增长由要素驱动、投资驱动开始转向创新驱动，政府需转变传统管理模式，致力于营造有利于创新、有利于激发市场活力的体制与政策环境。资源税扩围作为直接面向企业和个人的税收制度设计，能够激发企业和社会活力，培育经济发展的内生动力，促进自治区在经济新常态下的创新发展。

1. 资源税扩围应能激发市场活力

改革开放以来自治区经济、社会得到快速发展，人民生活水平得到提高的同时，经济发展不平衡、收入分配不公平等问题也日益凸显，不利于市场活力的发挥。这些问题的出现在本质上是由于不同市场主体自然资源禀赋和机会的不均等，进而造成发展和分配的差距。新时代资源税扩围应在促进资源配置均衡、市场机会公平方面发挥积极作用，以制度设计消除市场主体发展的起点不同和发展机会不等的弊端，引导所有经济主体发挥共同参与经济建设的市场活力。一方面，通过资源税扩围消除外部效应所引致的行业间不公平竞争，为资源行业与其他行业提供公平竞争的市场环境，从而发挥市场在资源配置中的决定性作用；另一方面，发挥资源税扩围的引导作用，鼓励企业通过技改提升市场竞争力，并刺激其他替代行业的发展，促进更多企业高质量发展。

2. 资源税扩围应能促进培育创新动力

使企业成为自主创新的主体，必须完善自治区目前的税收激励政策，形成制度性的地方税激励，构建推动企业自主创新的激励机制，使企业既有能力又有动力。资源税扩围作为内蒙古自治区重要的税收制度，应通过建立起科学、规范的制度性的税收激励，构建具有普惠性质的资源税扩围创新激励机制，健全推动科技创新的税收激励机制推动企业自主创新。

第四节　内蒙古自治区资源税扩围目标体系框架内容

　　构建内蒙古自治区资源税扩围目标体系是一个庞杂的、具有重要战略意义的、集税收理论与实践于一体的创造性工程。为构建内蒙古自治区资源税扩围目标体系，首先须明晰什么是目标体系，进而在分析构建原则的基础上形成目标框架。

　　一般认为，目标管理是由世界著名管理专家彼得·杜拉克首先于1954年在其名著《管理实践》中提出的。目标管理作为一种科学的、优秀的管理模式，在不同行业、不同领域得到广泛的应用与推广。在一个组织的运行过程中，首先由最高管理者提出该组织的发展总目标，其次将总目标分解至组织内各个子系统或者子部门，并给予各个子系统或子部门资源支持和适度权限，使各个子系统或子部门能够实现各个子目标，进而使组织的总目标得以实现。企业管理的目标一般具有愿景性、层次性、多样性、网络性和可考核性。税收作为调节国家与民众的一种经济关系，参与主体众多，核心主体是国家。国家作为政治实体在构建一个税种的目标时，有别于企业管理目标的制定过程。企业的管理目标由企业管理者提出，而对于资源税扩围这类具有探索性的税收改革的目标，则应由理论界的不同学者提出各自观点，本书则包含了这一内容。首先确定目标体系的构建原则，其次在构建原则指导下，搭建目标体系框架并分析其各子目标应包括的内容，以为后续章节展开论述各子目标内容奠定基础。

一、目标体系的构建原则

（一）加强党的领导原则

　　中国共产党领导是中国特色社会主义最本质的特征，[①] 国家治理体系是在党领导下管理国家的制度体系。党的领导是国家治理结构的有机组成部分，是

---

① 《中华人民共和国宪法》（2018年修正）第一条。

中国特色社会主义最本质的特征。从理论的逻辑和实践的逻辑来看，坚持和加强党的全面领导是建设新时代中国特色社会主义的必然要求。① 党的十九大报告对加快生态文明体制改革、建设美丽中国、推进绿色发展、实施国家节水行动等作出了一系列战略部署。内蒙古自治区等十个省市开展水资源费改税试点，就是贯彻落实党的十九大精神、践行绿色发展理念的一项重大改革举措。为保证改革的顺利推进，国家税务总局强调"要加强组织领导，在地方党委政府的统一领导下，建立多部门密切配合协作的工作机制"②。因此，不论是在水资源费改税改革中，还是在未来的森林资源税、草原资源税扩围改革中，都必须将加强党的领导作为税收工作开展的首要原则，这样才能为资源税扩围把握好方向，调动各级税务干部及其他政府部门党员干部的积极性和协作性，才能保证扩围目标的实现。

（二）系统性原则

资源税扩围作为我国深化财税体制的重要改革，既是构建我国绿色税收体系的重要组成部分，也是完善地方税体系的重要一环，还关系到不同部门管理职能与利益的变化，其实施关系到国家多重目标能否顺利达成。因此，要全面、系统、多层次地综合考虑各个目标之间的平衡与实现路径。如前所述，对内蒙古自治区资源税扩围在理论上、时代性上、治理上提出了不同的要求，这些要求既相互关联又有所不同，须运用系统论的方法统筹考虑各个子目标所要达成的愿景，并有步骤、有层次地稳步推进各项改革目标的实现。将单个扩围资源税试点办法与资源税法同步完善，资源税法体系与资源法体系（水法、森林法、草原法等）同步优化，资源税扩围税收治理能力提升与提高地方治理能力统筹考虑。在多主体、多目标、多层次的良性互动中实现资源税扩围的目标。

（三）法治原则

资源税扩围作为我国税收制度体系的一部分，应在制度建设中体现法治的精神。法治原则是实现"良法善治"的有效保障，应将税收法定精神贯穿到内蒙古自治区资源税扩围税收制度的制定与征管实践之中。其要点是在梳理资源租、税、费的本质与现实存在基础上，系统地依照规定程序立法，不仅要制定完善资源税法，也要在法治原则下明确国家对各类资源的所有权，并制定基于

---

① 王建平. 强化国家治理能力：税收不负使命 [J]. 税务研究，2019（3）：105-109.
② 税务总局：精心准备 精细施策 坚决做好水资源税改革试点扩围工作 [EB/OL]. http://www.gov.cn/xinwen/2017-12/01/content_5243696. htm.

国家所有权的资源租金制度。同时在充分体现契约精神的前提下，实现资源税纳税人、缴费人对资源税法和非税法律法规的自愿遵从，税务机关在严格征管的同时提供优质的纳税服务，实现税收管理向治理的转变。

（四）协同性原则

内蒙古自治区资源税扩围在理论上、时代性上、治理上的要求与目标应有机地结合，实现同频共振，相向而行，形成强大的目标体系推进合力。例如，在理论上要求资源租税费各归其位，就应在资源税扩围现代化的税收制度建设上体现出来；要求资源税扩围推动地方治理在激励相关企业进行创新上有所作为，就应在税收制度的税率、税收优惠等方面做出相应规定。总之，资源税扩围的子目标不是孤立的，是相互联系的，应最大限度地消除各子目标之间的矛盾，实现各子目标之间的协同性，方能推动整体目标的实现。

（五）民族共容利益原则

内蒙古自治区水、森林、草场等资源丰富，当地人民在长期生产生活中形成了典型的草原文化，形成了人与自然和谐共处、人与人规范共容的思想。然而在现代化的冲击下，原本草原上传统的林业、渔业、草原畜牧业所占份额下降到不到自治区 GDP 的 9%，资源的涓涓细流都出自内蒙古大草原这个生态系统母体，而社会对草原的反馈却远远不足，内蒙古草原处于困境之中①。在内蒙古经济社会发展中，既存在农耕系统向草原畜牧系统的强力入侵，又忽视了社会发展中的非主要受益方（林业、渔业、畜牧业等第一产业）或受害方的生存权益。内蒙古自治区资源税扩围要充分考虑对内蒙古草原生态和文化的保护，其政策制定要充分尊重当地民族人民的利益，吸收当地民众的意见建议，寻求不同利益主体的共容利益②。内蒙古自治区资源税扩围改革的共容利益是动态均衡的过程和结果，是利益相关者当前的共同利益及长期趋向于共同的动态利益。利益相关者参与的协商治理模式是实现内蒙古自治区资源税扩围改革共容利益的有效机制。资源税扩围改革应充分考虑利益相关者、内蒙古自治区特殊的自然资源禀赋、时空分布和社会经济发展水平等因素，细致研究并系统性设计，达成相关利益者的利益共容与增进，确保资源税扩围改革顺利进行，实现

---

① 韩念勇. 草原的逻辑 [M]. 北京：民族出版社，2018.

② 赵晓明在其博士学位论文《基于共容利益的民族地区水资源税改革研究》认为，"共容利益，即其相关利益中当前的共同利益及长期趋于共同的动态利益。共容利益从性质上说是一种公共利益，从量上来看，是基于共同利益又广于共同利益。共容利益是一种动态调整的利益范畴，这种动态体现不仅在当代利益相关者的协同，也体现在代际间的动态演变，其大小和持久性取决于利益共容机制和税制的有效建立"。

内蒙古自治区自然资源的可持续发展与利用。

二、资源税扩围目标体系框架

通过上文分析在法理、时代性、治理等方面对内蒙古自治区资源税扩围提出的要求，按照加强党的领导、系统性、法治性、协同性、民族共容利益的原则，构建自治区资源税扩围目标体系框架，如图 3-2 所示。

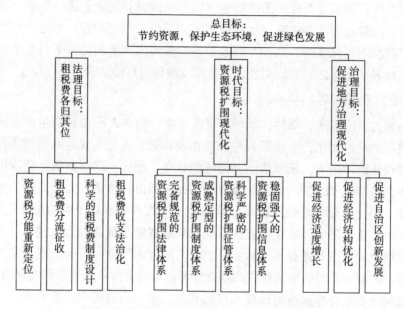

图 3-2　内蒙古自治区资源税扩围目标体系框架

内蒙古自治区资源税扩围的总目标是节约资源、保护生态环境、促进绿色发展，总目标分解为三个子目标：法理目标要实现资源租税费各归其位，时代目标要实现资源税扩围的现代化，治理目标要实现促进地方治理的现代化。三个子目标相互独立又互为支撑，法理目标为资源税扩围制度构建的理论基础，时代目标为制度构建的具体实践，治理目标为资源税制度构建的外化成果。其中，最具备可观察性、可操作性、可实践性的是时代目标，因为法理目标所要体现的内涵、治理目标所要实现的功能最终要通过税收制度的构建得以展现，也即资源税扩围目标体系得以实现的核心是构建科学合理的资源税税收制度及相关配套法规，这对资源税扩围的制度设计提出了非常高的要求。因为既要通过制度设计使资源租税费各归其位、各司其职，也要充分考虑资源税治理功能的发挥；既体现税收法定原则，也能够形成多主体充分参与资源税治理的局面；既完成资源税内部系统的税收治理，也能对自治区的地方治理产生积极的影响，形成税收治理与地方治理互为促进的局面。

| 第四章 |

内蒙古自治区资源税扩围制度体系构建

内蒙古自治区资源税扩围目标的实现，核心是科学合理的资源税扩围制度。税收制度简称"税制"，在概念上有广义与狭义之分，其广义是指国家以法律或法令形式确定的各种课税办法的总和，反映国家与纳税人之间的经济关系；其狭义是指各种税的基本法规，是国家向纳税人征税，纳税人向国家交税的法律依据。[①] 本章研究使用税收制度的狭义范畴，首先确定自治区资源税扩围的指导思想，其次针对不同扩围资源进行税收制度的设计。

第一节 内蒙古自治区资源税扩围 制度设计的指导思想

一、以民族地区资源社会综合效用最大化为目标

资源税是内蒙古自治区重要的地方税源，是自治区地方税体系建设的重要组成部分，资源税扩围作为内蒙古自治区当前和未来一段时间地方税改革的重要工作，其制度设计要能与自治区地方税体系的整体改革相适应、相协调。

自1994年分税制改革后，学界对于"地方税体系建设"的研究热度一直延续至今，每一次或大或小的税制改革都会引发学界对于"地方税体系建设"的研究兴趣，究其根本原因在于与国外一些国家相比，我国地方税体系的不健全

---

① 杜峻峰. 税收制度的构成要素 [J]. 中国税务, 1985 (5): 25-27.

及其引发的地方财权与事权不匹配问题。研究重点集中于"税种及其收入如何在中央与地方以及地方各级政府之间配置"和"构建地方税主体税种"等方面。随着党的十八届三中全会、党的十九大对深化财税体制改革、建立现代财政制度的推进及国地税机构合并，研究重点转向为在把共享税作为健全地方税体系主力的基础上，把合理划分中央地方事权与支出责任、适度扩大地方税收管理权限和完善政府转移支付制度上来。这种转变不仅是理论理想到现实选择的必然，也是符合中国特有国情的理论创新。

由于内蒙古自治区具有特有的资源禀赋，特别重视资源税的建设，尽管不少学者探讨了资源税作为自治区主体地方税种的可行性，但资源税扩围研究及其制度设计绝不能局限于资源税作为地方税主体税种的研究藩篱，因为资源税扩围的主要目的本来就不在于筹集财政收入。

以往关于资源税及地方税体系的研究往往局限于"主体税种研究"，源于地方税与地方政府支出责任的密切关系，但将两者关系等同于地方公共产品供给的投入与产出是不精确、不严谨的。因为支撑地方政府提供公共产品财力的不仅包括地方税收入，也有来自中央的以各类专项资金名目出现的转移支付收入。前者强调激励，后者强调保障公平。地方税仅仅是财政管理体制的内容之一，不能脱离转移支付等因素片面理解"事权与支出责任相匹配"。地方税体系的建设应在国家统一的税制框架下进行，地方税的税收收入与地方政府公共服务间不一定具备成本收益的一一对应关系。因此，资源税扩围的制度设计必须摆脱"主体税种""提供足量财政收入"的限制，而应建立在有利于经济社会健康发展、促进社会公平与市场统一、维护生态平衡与生态正义、构建现代税收治理体系的顶层框架内，依据资源税扩围的经济属性，围绕着其改革目的进行研究设计。

如第三章所指出的，内蒙古自治区资源税扩围在法理上要求资源税的职能要重新定位为"促进资源合理利用、保护生态环境"，弱化原来矿产资源税"筹集财政收入"的职能，而资源税扩围则应更加弱化"筹集财政收入"的功能，更强调其保护生态环境、促进资源合理利用职能的发挥。"保护生态环境"容易理解，资源税扩围必须以实现扩围资源节约和生态保护为目标。资源税扩围制度设计应通过经济因素对纳税人利益进行引导和调整，进而影响扩围资源开发利用者的动机和行为模式，实现对扩围资源的节约利用和保护。但如何才算"合理利用"？对于中国这样一个超大规模国家，各地资源禀赋不同，对某一地方"合理利用"的衡量标准和制度设计放到另一地方就未必合理。即使对于内蒙古自治区内部来说，其东西直线距离超过 2400 千米，南北直线距离超过

1700 千米，全区面积超过 118 万平方千米，比三个日本面积还要大，自治区内部各地区的水、森林、草原资源分布也非常不均衡。这就要求自治区在进行资源税扩围制度设计时，要充分考虑区内各地区间的差异，并将"合理利用"这一目标具体化为"资源社会综合效用最大化"。

经济资源配置将效率视为核心，研究一种经济资源如何配置和利用主要因为其稀缺性，不能完全满足人们对其所有需要，所以才有分析如何配置和利用该资源以尽可能实现其利益最大化的必要。传统经济学分析将生态资源忽视或排除在外，是因为彼时生态资源还不稀缺。当前，因生态性服务损失导致的效用损失，在边界上可能远远超过由其物质性生产要素利用给社会带来的物质效用增加，总体来看，是降低了生态资源利用的社会总效用水平。① 水、森林、草场等资源是具有物质性产品和生态性服务双重用途的重要生态资源，在其生态性服务效用稀缺性日益增强的今天，如果仅仅着眼于物质性效用产出最大化绝非理性的选择。不考虑生态性服务价值的重要性，那么最终会带来生态性服务价值的最小化甚至丧失，导致社会总效用的巨大损失和物质性产品增长本身的不可持续。因此，资源税扩围社会调节目标应该通过其在两种用途间的配置，实现包括其物质性产品效用和生态性服务效用在内的社会综合效用最大化。

新的历史时期，扩围资源的财政收入形式是由"费"向"税"的转变，既是对资源税职能重新定位的呼应，又契合了生态文明建设赋予税收的使命。水、森林、草场等扩围资源不仅具有产生经济效应的实物价值，也具有维持生态平衡的生态价值。资源税扩围改革作用于扩围资源，对其实物价值和生态价值同时进行调整并侧重于后者，并可根据经济社会发展条件变化调整其职能重点，体现税收政策工具灵活性的优势。任何忽视生态环境和破坏自然资源的经济发展模式都是不可持续的。可持续发展体现在资源政策上，是以政策措施调节自然资源分配中的公平问题，针对资源配置中的代内公平和代际公平，需要促进公平的制度与法规予以调节和保障。资源税扩围的职能分为收入职能和纠正外部性职能：收入职能一方面通过收入职能的履行筹集财政收入，对应扩围资源的实物价值；另一方面，通过纠正外部性职能的行使，对不科学、不合理的资源开发利用行为进行干预纠正，对应扩围资源的生态价值。

纠正外部性职能一方面体现为对扩围资源开发利用主体产生的代内、代际负外部性征税，对应扩围资源的生态价值；另一方面，体现财政收入，对应扩围资源的实物价值。

---

① 杨汉兵. 生态资源利用的利益相关者行为分析 [M]. 北京：经济科学出版社，2016：29.

二、以"适度分权"促进利益共容为原则

一种改革的顺利推进须得到利益相关者的理解与认同。改革必然会面临旧有因素的制约、旧势力的阻碍，同时也培育新因素、进步势力的成长、壮大。资源税扩围改革作为符合人类发展趋势的积极性变革，需要在改革进程中规定矛盾的性质、导引矛盾的发展，其关键在于能否实现资源税扩围改革共容利益的实现与增进，而"适度分权"为资源税扩围改革共容利益的实现与增进提供了可能。

资源税扩围改革的利益共容与利益增进在于生态利益与经济利益的同源同质性。同源性体现为生态利益和经济利益均来自人这个主体对扩围资源的需求，同质性是从利益的性质来看，表明生态利益和经济利益都是根源于人生存和发展的正当合理需要。因此，该正当合理性不仅体现在道德层面，还可以上升到法律层面。两种利益都从根本上反映人类需求的多样性，属于非对抗性冲突。只是由于人对利益的看法和欲求产生了偏差而导致生态环境恶化。但是，随着人对生活质量更高的需要和追求，生态利益又成为追逐经济利益之后新的热点。从近几年的《可再生能源法》及《循环经济促进法》等环境立法实践看，经济利益与生态利益的双重目标已经得以共容并实现，[1] 生态利益与经济利益完全能够在对立中实现统一和共赢。

内蒙古自治区资源税扩围改革的共容利益成果，取决于其利益相关者各方的"共容性"。对其共容性的保障和促进是资源税扩围改革顺利推进的关键，即资源税扩围制度设计上要以利益相关者的利益共容与增进为原则，具体表现在两个层面：一是以利益相关者参与框架制定资源税扩围改革制度的参与机制，影响制度成果；二是在税制要素设计中权衡利益相关者短期及中长期利益，促进制度实施。

资源税扩围改革的"适度分权"原则是在《关于全面推进资源税改革的通知》（财税〔2016〕53号）中提出的，其目的为解决"我国资源分布不均衡、地域差异较大等实际情况"所带来的税制设计困境，提出"在不影响全国统一市场秩序前提下，赋予地方适当的税政管理权"。省级政府在"适度分权"原则下，对资源税的征收范围、计税依据、税目税率和税收优惠等要素具有资源税权，如表4-1所示。

---

① 穆治霖. 环境立法利益论 [M]. 武汉：武汉大学出版社，2017：172.

表 4-1 "适度分权"原则下的地方资源税权

税制要素	执行主体	内容	监督	税权性质
征收范围	省级人民政府	对扩围提出具体方案建议	报国务院批准后实施	税收立法权
计税依据	省级人民政府	对未列举名称的其他非金属矿产品，按照从价计证为主、从量计证为辅原则，确定计征方式	—	税收管理权
税目和税率	省级人民政府	对列举名称的资源品目，在规定的税率幅度内提出具体适用税率建议	报财政部、国家税务总局确定核准	税收立法权
		对未列举名称的其他金属和非金属矿产品，确定具体税目和适用税率	报财政部、国家税务总局备案	
税收优惠	省级人民政府	对低品位矿、尾矿等，确定是否减免税，制定具体办法	—	税收收益权

从水资源税试点的情况来看，试点地区对"适度分权"原则的应用主要体现在各地区在《财政部税务总局水利部关于印发〈扩大水资源税改革试点实施办法〉的通知》的基础上，结合各地区实际情况出台了各自的水资源税试点改革实施办法，在适用税率、优惠条款等方面体现了"地方适当的税政管理权"。相对于其他税种的税权高度集中于中央，水资源税改革对"适度分权"原则的运用是一种理论与实践上的突破，在未来森林、草原资源税扩围改革中必将更多地运用这一原则。

"适度分权"原则的实施有助于资源税扩围改革利益共容与利益增进。对于地方性公共事务，地方政府显然要比上级政府更具有信息比较优势。具体到资源税扩围这一具有明显地方税属性的税种改革时，将除税收立法权以外的更多权力下放给内蒙古自治区政府，由内蒙古自治区政府根据其对辖区内资源税扩围所涉及利益相关者情况的掌握，让更多的利益相关者参与到制度的制定过程中，从而设计出更符合大多数利益相关者利益的制度，更能够循序渐进而非"一刀切"式地稳步推进改革，从而实现资源税扩围改革利益共容与利益增进，保障资源税扩围改革的顺利实施。

三、以因地制宜为税制设计导向

通过第一章描述可知，虽然内蒙古自治区总体上在水、森林、草场资源上比较丰富，但分布非常不均衡。作为我国干湿度分异最明显的省份，内蒙古自治区横跨我国东北、华北和西北地区，从东经97°起至东经126°，横跨近29个经度，是我国跨度最广的省份之一。同时又地处中纬度地区，地形上以高原地形为主，使干湿度地带分异表现得很明显，水资源分布极度不均，森林、草原和荒漠并存。

例如，在水资源分布上表现为"东富西贫"，东部的呼伦贝尔市水资源总量占全区的55.45%，而位于自治区西南部的乌海市属于严重缺水区域，水资源总量仅为0.29亿立方米，占全区水资源量的0.06%；森林资源主要集中在呼伦贝尔市的大兴安岭原始林区，其他地区有少量的次生林区；呼伦贝尔草原、科尔沁草原、锡林郭勒草原、乌兰察布草原以及鄂尔多斯半荒漠草原和阿拉善的荒漠草原自东向西依次分布；在自治区西部则集中了巴丹吉林沙漠、腾格里沙漠、乌兰布和沙漠、巴音温都尔沙漠和库布其沙漠。

"适度分权"原则对内蒙古自治区实施资源税扩围改革具有重要意义。面对区域如此广阔、资源分布差异如此巨大的区域，由中央政府全面细致作出适合所有地区的税制设计显然是不合理的。根据财政学理论中关于公共产品供给的"受益原则"，区域公共产品应由其产品辐射范围内的地方政府提供。

公共产品提供的"受益原则"，既反映了公共产品的信息成本，又反映了公共产品给付义务的履行成本，特定公共产品应由耗费信息成本和控制成本最小的层级政府提供。涉及资源税扩围，由于资源的特定性、区域性、直接受益范围的局限性，不同省份的税制设计必然存在差异性，由中央政府来调整、弥合这类差异显然成本高昂，而由地方政府来行使这类事权则成本花费相对较低；因此，对于扩围资源跨区域的情况，则应由高一级的政府来进行制度设计，因为不同区域地方政府会从各自利益出发提出制度设计要求，这种利益纠纷只有上级政府才能较为客观地处理。因此，资源税扩围制度设计权力应在不同级别政府间合理配置，既不能过度集中于中央，也不应完全分散于地方。①

在"适度分权"原则下，内蒙古自治区可根据区内不同地区资源分布情况、开发情况及其他影响因素在中央税制相关规定的范围内制定适合自身的具体资源税扩围征收办法。例如，《内蒙古自治区水资源税改革试点实施办法》（内政发〔2017〕157号）和《内蒙古自治区水资源税征收管理办法（试行）》就是在《财政部税务总局水利部关于印发〈扩大水资源税改革试点实施办法〉

① 陈少英，王一骁.论水资源税生态价值之优化——以央地收益权分配为视角［J］.晋阳学刊，2016（2）：130-138.

的通知》文件基础上及规定内，结合自治区自身的实际情况而制定的。相较于其他 9 个省份水资源税试点实施办法，《内蒙古自治区水资源税改革试点实施办法》条款更多，更加细化，指导性、可操作性更强。例如，在条款上有 48 条，远超其他省份水资源税试点实施办法的条款数量（见表 4-2），字数为 6720 字，是河北省试点办法的 2644 字的两倍还多。

表 4-2　水资源税试点地区《试点实施办法》条款数量　　　　单位：条

试点省份	河北	北京	天津	山西	内蒙古	山东	河南	四川	山西	宁夏
条款数量	24	26	27	25	48	24	28	26	24	30

资料来源：根据 10 个水资源税试点地区相关办法整理得出。

这一方面体现出内蒙古自治区相关部门在制定试点实施办法过程中进行了大量调研，考虑到了各种不同情形税制的适用情况，同时也反映出自治区内部扩围资源情况的复杂性。例如，第二十六条对跨省（区、市）的万家寨水利工程（跨内蒙古自治区和山西省）、尼尔基水利工程（跨内蒙古自治区和黑龙江省）水力发电取用水的水资源税的征收进行规定；第二十七条对自治区内跨盟市的海勃湾（跨乌兰布与乌海市）、三盛公（跨巴彦淖尔市磴口县、鄂尔多斯市杭锦旗、阿拉善盟阿左旗）等综合水利枢纽工程水力发电取用水的水资源税在相关盟市之间的分配进行了规定。

由于我国的税法体系普遍存在正规税法规定不够详细，因此，存在大量通过各种形式的税法解释来指导实践的情况。税法解释权通常以"税总发""税总函""财税字"等文件，针对基层税务机关反映的税收实践问题以一案一议的形式进行解答，由此形成的税收构成要件认定规则显然是不符合税收法定原则的。在我国税法解释中，立法解释虚置，司法解释弱化，而行政解释一枝独秀，并处于垄断的地位。税法解释可有效弥补税法规范缺陷，但也可对以税收法定为基本原则的税法运行构成威胁，并直接影响纳税人的权益。

因此，税制设计只有精细化才能更好地适应不同情况，才能降低税务基层部门在税收征纳过程中的困惑和与纳税人在税法理解上的分歧，才能更好地维护税收法定原则在实践中的落实。"适度分权"原则赋予了内蒙古自治区在资源税扩围税制设计上的主动权，自治区级的财税立法部门应在不违背中央政策的前提下，针对区内各种不同情况，因地制宜细化资源税扩围的税制设计。例如，前文提到的"疏干排水"导致呼伦贝尔市房地产成本增加较多的问题，需要在政策细节上结合实际进一步完善。

对于还未实施的森林和草原资源税扩围，内蒙古自治区财税立法部门应该提前开展大量调研，与林业部门、草原管理部门共同研讨资源税扩围的可行性与具体制度设计；对于当前资源费征收存在的问题是否会移植到扩围的资源税中，是否存在跨区、跨部门征管等问题要提前调查研究做出预案，以科学合理的税制推动资源税扩围在自治区的顺利实施。

第二节　内蒙古自治区资源税扩围税制要素设计

内蒙古自治区已于 2017 年 12 月 1 日开始进行了水资源税的试点，通过试点摸索了经验，将在未来继续完善试点办法；而对森林和草场资源目前仍沿用了收费的方式进行管理，未来资源税在这两种生态资源的扩围大体上将沿用水资源税改革的思路，即采用"费改税"的方式推进资源税扩围改革。本部分将针对水资源税试点办法中存在的问题进行分析、优化以形成税制；对于森林资源税和草原资源税，借鉴已有研究及国际经验仅从税制上进行初步的设计；而对资源税扩围后未来税收立法的可能路径，尝试从法理和现实的角度进行探讨。

一、水资源税税制要素设计

（一）纳税人

纳税人即纳税义务人，是税收制度的基本要素，是指在税法中规定的负有直接纳税义务的单位与个人，在有些表述中也称纳税主体。与此概念相关的是负税人，是指实际承担税收负担的单位和个人。

水资源税的纳税人是在水资源开采、使用过程中的直接受益者，在纳税人的确定上，可供选择的方案有两个：一是对所有取用水企业和居民都征税；二是只对直接开采水资源的企业和个人征税。

《内蒙古自治区水资源税改革试点实施办法》（内政发〔2017〕157 号）第三条将水资源税的纳税人规定为"其他直接取用地表水、地下水的单位和个人，为水资源税纳税人"，第四条规定"城镇公共供水的纳税人为城镇公共供水企业"，《内蒙古自治区水资源税征收管理办法（试行）》第五条进一步补充"农牧业生产取用水量超过农牧业生产取用水限额的部分（不含购买水权部分），由取用水单位和个人缴纳水资源税"。该规定遵循了《扩大水资源税改革试点实施办法》中的相关规定，将纳税人限定在"直接取用地表水、地下水的单位和个人"，而将通过城镇公共供水管网"间接"取水的企业和个人不作为水资源税的纳税人，第四十二条又规定"水资源税改革试点期间，按照税费平移原则对城镇公共供水企业征收的水资源税纳入用水户的综合水费，实行价税分离，不计入自来水价格，不作为增值税计税依据，不增加居民用水负担和城镇公共供水企业负担"。也就是说，虽然城镇公共供水管网的企业和个人用户不是水资源税的纳税人，但在所交水费中依然承担了水资源税，这与原来的水资源费相比有所变化。《内蒙古自治区人民政府关于印发自治区水资源费征收标准及相关规定的通知》（内政发〔2014〕127号）中将所有用水户作为水资源费的缴费人，其中，规定"水资源费实行供水水价价外征收""城镇公共供水企业水资源费应当按照售水量和有管理权限的水行政主管部门核定的缴费额度由供水单位代为征收"。对比后可以看出，虽然内蒙古水资源税改革整体上按照"税费平移"的方式实施，但是原有的通过供水管网取水的水资源费缴纳人并没有"平移"为水资源税的纳税人，这不能不说是一种遗憾。

合理确定纳税人的范围，对合理纳税、公平税负至关重要。而从内蒙古水资源税的规定来看，虽然供水管网用户没有成为税法意义上的纳税人，但却通过税负转嫁机制成为水资源税的负税人，按照权利与义务对等的原则来看，显然供水管网用户没有享受纳税人的权利，却实质上承担了纳税人的税收负担。

关于"纳税人"著名财政学者李炜光教授有精辟的论述："因为仅仅指出'纳税人'是税款的实际缴纳者，还远远没有把握'纳税人'的准确含义。纳税人除了履行税款缴纳义务之外，还必须享有权利。只有缴纳义务而没有享受相应的权利，那就只是个'税款的缴纳者'，而不是'纳税人'。"[1] 内蒙古水资源税关于纳税人规定的现实既有损于税收法定的精神，也削弱了水资源税纠正外部性作用的发挥。因为资源税扩围的最主要目的是"促进资源合理利用、保护生态环境"，这需要通过税收机制施加于最广大的扩围资源使用者，通过让最广大的扩围资源使用者成为纳税人，切实感受水资源税带来的"痛苦"，加上社会舆论对节约资源的宣教，方能起到引导纳税人树立节约用水的观念，改进生产工艺和生活方式，当最广大的水资源管网用户不能成为水资源税的纳税人时，原本水资源税开征时所设置的效果目标当然要大打折扣。

另外《内蒙古自治区水资源税征收管理办法（试行）》要求纳税人应按规定申领取水许可证。在呼伦贝尔的调研发现，畸高的取水许可证办理费用与较

---

[1] 李炜光. 写给中国的纳税人 [J]. 书屋, 2006 (12)：4-12.

低的办理效率成为制约中小型企业主动转变为水资源税正常纳税人主要障碍，而对"无证"取水企业施以3倍惩罚性征收则给企业带来巨大的经济负担，更成为当前税企矛盾整体缓和态势下新的风险点。针对这一情况，可考虑对"3倍征收"政策暂缓执行，设置合理过渡期，并由政府相关部门共同解决这一矛盾。可由水利、税务主管部门组织，联合无证的中小取水用户和取水许可证第三方勘测机构进行协商，尝试采用同一区域中小企业共享水资源论证报告书等做法，合理降低取水许可证办理费用。同时提高办理审核效率，既能推动更多中小企业主动转变为合规水资源税纳税人，又是税务机关主动提供纳税服务的一种创新，有利于构建和谐的税企关系。

综上分析，应将先行水资源税试点办法的纳税人扩展，将供水管网用户作为水资源税的纳税人，由供水企业作为扣缴义务人统一扣缴，并且在自来水缴费票据上明确标注水资源税税额。同时简化中小企业取水许可证获取手续，使更多有合理取水需求的中小企业成为水资源税的合法纳税人，提高水资源税的应收尽收比率。

（二）征税对象

征税对象，也即纳税客体，是税法要素的重要组成部分，表现为对什么征税的质的规定①，主要是指税收法规中征纳双方权利和义务所共同指向的对象。

《内蒙古自治区水资源税改革试点实施办法》主要在第七条对水资源税的征税对象做出了规定，"水资源税的征税对象为地表水和地下水""地表水是陆地表面上动态水和静态水的总称，包括江、河、湖泊（含水库）等水资源""地下水是埋藏在地表以下各种形式的水资源"，对于水气矿产则在第二十九条做了除外规定："对地下热水、矿泉水征收矿产资源税，不征收水资源税"。这一规定暂时维持了原有的矿产资源税法对水汽矿产进行征税，水资源税（试点）对其他水资源征税的局面，但却在一定程度上割裂了水资源征税的统一管理。因此，地热水、矿泉水也应纳入水资源税征收范围，应从国家层面对此类行为涉及的征税规则做出修正。这样既可以实现水资源统一管理、统一征税，降低管理成本，加强对国家资源保护和合理利用的效果，又是对该类企业利益的明确和保障。可将涉及地下水资源的开发、保护、管理相关内容交由《中华人民共和国水法》及相关法规进行规定和执行，《中华人民共和国矿产资源法》仅负责对地下水资源勘查的规定，划清不同法律法规对地下水资源的管理界限，以避免重复管理和征收，消除因地下水资源双重属性引发的不同法律法规的立

---

① 刘剑文. 财政税收法 [M]. 北京：法律出版社，2003：203.

法冲突问题。①

办法第六条对不缴纳水资源税的情形采用了列举法进行规定，列举了六类不缴纳水资源税的情形，其中，第一款针对"农村牧区集体经济组织及其成员从本集体经济组织的水塘、水库中取用水的"，第二款针对"家庭生活和零星散养、圈养畜禽饮用等少量取用水的"，该两款规定考虑到了内蒙古农牧区的实际情况，此种规定值得肯定。但从长远来看，公共供水管网会逐渐覆盖到更大范围，包括近郊农村。在此前提下，对公共供水管网覆盖到的农村集体经济组织的水资源，也应该考虑为其办理取水许可证并征收水资源税，以实现水资源税的调控目的。有学者认为，根据集体水资源目前的使用情况，可以简化办理取水许可办的手续并延长取水许可的年限。② 将农牧业取用水行为逐步纳入水资源税征税对象，体现收益原则，是理顺整体利益关系及水资源可持续发展的必要选择。

（三）税率

税率作为衡量税收负担的重要标准，最主要的形式是比例税率，此外还有定额税率、超额累进税率、超率累进税率三种。在征税对象及其他条件既定的前提下，税率设置的高低对纳税人税收负担的轻重和政府财政收入有直接影响，是影响水资源税能否顺利推进的重要因素。税率应保持适度，过高的税率调控效果明显，但同时也会打击纳税人的积极性，从而产生负面影响；由于税率过低不足以显示水资源税改革对水资源保护的效果。因此，应在综合考量内蒙古自治区内不同类别纳税人的税负承受能力、税负公平性及调控效果的基础上，制定与当地经济社会发展相适应的税率标准。

与全国其他地区类似，在水资源税改革前，内蒙古自治区水资源费额标准较低（见表4-3），不能达到有效水资源保护的目的。

表4-3　内蒙古自治区水资源费征收标准简况　　单位：元/立方米

地表水			地下水		特业	发电
生活	工业	农业	工业	生活		
0.08~0.1	0.4~0.5	0.03	1.5~5.0	0.08~0.1	3.0~4.0	0.003~0.006

资料来源：根据《内蒙古自治区水资源费征收标准及相关规定》（内政发〔2014〕127号）整理。

---

① 冯铁栓，熊伟.资源税扩围语境下立法模式论析 [J].江西财经大学学报，2018（5）：114.
② 柳长顺.关于创新"集体水资源"管理制度的初步思考 [J].中国水利，2012（19）：24.

内蒙古水资源税改革试点的税额设计按照不同的用水行为、用水主体进行了区分,《内蒙古自治区水资源税改革试点实施办法》第十六条明确了水资源税税额标准设定的原则,归纳如表4-4所示。

表4-4　内蒙古自治区水资源税率设计原则

原　则	适用情形	税额
限制不合理 用水行为	①取用地下水; ②特种行业取用水; ③超计划(定额)取用水	从高
照顾农牧业和 循环用水行为	①超过规定限额的农牧业生产取用水; ②主要供农村牧区人口生活用水的集中式饮水工程取用水; ③回收利用的疏干排水; ④地源热泵取用水	从低
严格控制地下水 过量开采行为	①同一类型取用水,地下水税额高于地表水; ②水资源紧缺地区的地下水税额大幅高于地表水; ③区分严重超采地区、超采地区和非超采地区,设置差别税额; ④严重超采地区、超采地区取用地下水的税额标准,分别按照非超采地区税额标准的3倍和2倍执行	差别设置
限制非公共 管网供水	在城镇公共供水管网覆盖地区取用地下水的,其税额高于城镇公共供水管网未覆盖地区,高于内蒙古自治区同类用途的城镇公共供水价格	从高

资料来源:根据《内蒙古自治区水资源税改革试点实施办法》整理。

对于城镇公共供水,按照税费平移原则,不增加居民生活用水和城镇公共供水企业负担;对于取用水户为居民的,只按照0.1元/立方米收取。

相较于水资源费较为简单的费率设计,内蒙古自治区在保持水资源税在城镇公共供水用户负担基本不变的基础上,较大幅度提升了特种行业、超计划用水、超采地区取水的税额。在取水地区划分上更加细化,由原来水资源费规定中的"一类地区""二类地区"之分,细化为水资源税规定中的"非超采地区""超采地区""严重超采地区"。但在用水行业划分上则由原来水资源费规定中的"居民生活、行政事业单位、非经营性服务业""供热制冷""绿化""景观""特种行业""农副食品加工业、食品与饮料制造业""火力发电等其他工业、建筑业""水产养殖"等十余种分类,简化为水资源税规定中的"特种行业""其他行业""城镇公共供水企业"等简单几种。虽然这种设计固然使水资源税在征收时简便易行，但不符合因地制宜、细化税率的原则，因此，应根据各地区不同情况，针对不同用户企业制定不同的税率，以宣示水资源税节约资源的目的。

内蒙古自治区内河流众多，可开发的水电资源潜力很大，要合理制定针对水能资源利用的水资源税率。我国水电资源相对丰富，经过多年的科技攻关与开发实践，技术比较成熟，并且积累了大量的经验，形成了以阶梯级水电站等多种方式充分利用水能资源的模式。为鼓励水电资源梯级开发，我国一些水电资源丰富的省份出台了水资源费优惠政策，① 内蒙古自治区的水资源税改革可借鉴其他省份的水资源费差别费率设计经验，针对自治区内的不同类别水电站制定差别化的税率。

此外，内蒙古自治区应探索建立多方参与的水资源税税率标准的动态调整机制。内蒙古自治区地域范围广阔，区内不同区域差异巨大，而且具体到某一区域内的水资源与经济社会发展情况都是动态变化的，因此，水资源税的征收标准也应适时进行动态调整。应建立由税务、水利、发改等政府部门与用水企业代表共同组成的水资源税协调委员会，将利益相关者参与机制常态化，通过定期收集反馈信息，根据自治区经济、资源等各种现实形势变化，及时对水资源税率进行调整，充分发挥水资源税纠正负外部性的功能，促进水资源社会综合效用最大化。标准调整的总体原则应是缺水区应高于丰水区，枯水期应高于丰水期，超额取水应高于计划内取水等。②

(四) 计征方式

资源税的计征方式一般有从量定额计征、从价定率计征、从价定率和从量定额相结合三种方式。其中，从量定额征收是以资源开采量或销售量为计税依据，实行定额征收的方式，这是我国资源税从 1994~2010 年采用的征收方式。尽管从量定额征收优势在于征管简易、成本低，但不能实现税收与资源价格联动。从价定率征收是以资源的销售价格作为计税依据，并设定相应税率以计算应缴纳税额的计征方式，目前普遍应用于对矿产资源税征收。从价计征实现税

---

① 如贵州省 2007 年发布的《关于调整水资源费征收标准的通知》中规定：对同一业主在同一条河流（干流）上的各梯级水电站，水资源费缴纳标准按 1~0.08N（N 为梯级序列数）递减计算；2007 年海南省发布《关于调整水资源费收费标准的通知》中规定：梯级水电站中复用上级水电站发电尾水发电的，减半征收。

② 王敏. 中国水资源费征收标准现状问题分析与对策建议 [J]. 中央财经大学学报，2012（11）：19~24.

收与资源价格联动，可充分发挥税收的经济杠杆作用，缺点是征管工作较复杂、成本高。同时，从价计征针对的仅是已售出资源，已开采而未出售的资源则因尚无成交价格而并不需要纳税，这一点将可能导致资源盲目开采和浪费。

从价定率计征和从量定额计征两种方式的调节作用与目的不同。在从价定率计征方式下，所征收税款随着资源企业销售资源产品的价格水平变化而相应变化，国家税收能够获得资源产品价格上涨带来的收益；从量定额计征方式则不论资源产品价格涨跌，所征收税款只与企业销售的资源品数量相挂钩，税收只能对资源企业基于产品开采数量进行政策引导与宏观调控。

水资源是人类生产、生活不可或缺的资源，从总体上来讲，由于大部分水资源可通过自然界循环再生，因此，可归为可再生的非耗竭性资源，这与矿产品的不可再生性有较大的差异。加上目前人类对水资源的使用量相对稳定，水资源价格相对平稳，在水资源费征收及费改税试点中，都采用了从量定额的计征方式，不同于大部分矿产资源的从价定率计征。

《内蒙古自治区水资源税改革试点实施办法》规定水资源税实行从量计征，但是涉及"水力发电"与"火力发电贯流式取用水量"的不是按照取水量进行计征，而是将实际发电量作为计税依据据以征税，其他取用水则按实际取用水量确定，计征方式与其他实施水资源税试点的9个省份的规定相同。对于当前水资源税改革采取的从量计征方式，很多学者有不同观点，主要是认为从量计征不能发挥价格机制调节水资源利用效率的作用，在资源税改革由从量计征向从价计征转变的大方向下，水资源税作为资源税下的税目，也应实施或逐步转为从价计征。

（五）纳税环节、地点和期限

1. 纳税环节

纳税环节，是指对水资源从初期开采、抽取到最终消耗利用过程中的某个环节征收税款，一般来说，水资源税可选择的征税环节包括五个：开采抽取—用于生产生活—生产水资源相关产品（如矿泉水、纯净水）—水资源产品消费—废水排放处置（如表4-5所示）。

表4-5　水资源税纳税环节

纳税环节	1	2	3	4	5
环节名称	抽取	生活和生产	产品	消费	处置

内蒙古自治区水资源税改革试点方案将征税环节设置为直接取用水的"抽取"环节，调控结果主要表现为对直接开采水资源的企业及个人的约束。普通居民不属于水资源税的纳税人，导致原来水资源费的"转嫁"再无依据，而且降低对诸如居民生活用水等间接用水行为的制约程度。仅对开采者征税不能体现税收公平，应将水资源使用者也纳入水资源税纳税义务人的范围。因此，有必要对课税环节、纳税人及扣缴义务人等相关规定进行完善，使居民对水资源税感同身受，提高节水意识。可以将课税环节设置为"包含所有的取水和用水环节"，并进而将纳税人规定为"所有取、用水的单位和个人"。在居民用水部分，考虑到降低征管成本的因素，可以将供水企业设定为居民用水的水资源税扣缴义务人。① 目前我国的环境保护税已经针对"废水排放处置"环节征税，因此，该环节不适合征收水资源税。

2. 纳税地点

《内蒙古自治区水资源税改革试点实施办法》第二十三、二十四条对水资源税的纳税地点做了规定。② 从理论上来看，水资源纳税地点应为取水口所在地税务机关，既体现对资源征税的属地原则，也方便税款征纳。但实际中情况比较复杂，涉及利益相关者矛盾也较多。内蒙古自治区内跨省的水利枢纽工程包括万家寨、尼尔基等综合水利枢纽工程，在自治区内跨盟市水力发电取水的包括海勃湾、三盛公等综合水利枢纽工程，《内蒙古自治区水资源税改革试点实施办法》对这两类跨省和跨盟市取水的水资源税征收办法都做出了相应规定，但对于具体向哪一地的税务局缴纳税款没有明确，有待于自治区与其他省、区内相关盟市间协商后制定具体的征收方法，待确定下来后将纳税地点加进实施办法中。此外，随着国地税合并，实施办法中关于"地税部门"的表述应全部改为"税务部门"。

3. 纳税期限

关于水资源税纳税期限的设计在《内蒙古自治区水资源税改革试点实施办

---

① 陈少克，王银迪. 水资源税的性质与我国水资源税制的发展与完善［J］. 税务与经济，2018（4）：98-105.

② 《内蒙古自治区水资源税改革试点实施办法》第二十三规定，"纳税人应当向生产经营所在地的税务机关申报缴纳水资源税""在自治区行政区域内取用水，其纳税地点需要调整的，由自治区财政、地税部门决定"；第二十四条规定，"按照自治区人民政府或其授权部门批准的跨盟市、旗县（市、区）水量分配方案调度的水资源，由调入区域所在地的税务机关征收水资源税"。

法》第二十一条进行了规定，① 这一规定与资源税法关于纳税期限的规定基本一致。《内蒙古自治区水资源税征收管理办法（试行）》进一步明确为"除农牧业生产取用水外，水资源税按季征收""纳税人应当自纳税期满或者纳税义务发生之日起 15 日内申报纳税"。实际征收中按季缴税而不是按月缴税，简化了基层税务部门和企业税务征纳工作，也反映出水资源税税额较小，计征相对简便的特点。

在纳税义务发生时间上，《内蒙古自治区水资源税改革试点实施办法》第二十条规定"除城镇公共供水企业外，水资源税的纳税义务发生时间为纳税人取用水资源的当日""城镇公共供水企业水资源税的纳税义务发生时间为纳税人销售水资源的当日"。相较于资源税法关于纳税义务发生时间的规定"纳税人销售应税产品，纳税义务发生时间为收讫销售款或取得索取销售款凭据的当日；自用应税产品的，纳税义务发生时间为移送应税产品的当日"，体现水资源税针对的是"取用水"和"销售水"行为征税，有别于资源税法针对"矿产品销售"行为征税，也反映矿产资源税全面转向从价计征而水资源税仍然是从量计征的现实。

（六）税收优惠

税收优惠是均衡税收调节作用的关键要素之一，但同时又是对税收普遍征收原则和税收中性原则的一种违背。由于水资源税开征的目的在于通过税收手段达到保护水资源的作用，因此，税收优惠应尽可能减少，但必要的、体现差别化的税收优惠恰恰能够强化税收手段对不同水资源使用行为的差别调节作用。既要严格限制减免税范围以保证水资源税的调控作用和效果，又要通过合理设计税收优惠条款发挥水资源税的正面引导作用。

《内蒙古自治区水资源税改革试点实施办法》第十八条做出了水资源税减免的规定，主要针对以下六种情况：一是针对农牧业生产取用水，只要取用水量在规定限额之内就免征水资源税；二是对通过污水处理生产再生水的，对取用污水行为免征水资源税；三是对军队、武警部队在城镇公共供水管网以外采用其他方式取水的，免征水资源税；四是鼓励抽水蓄能发电，对此类情况取用水资源的免征水资源税；五是针对油井采油作业产生的排水，经过分离净化后通过封闭管道进行回注的，免征水资源税；六是除外规定，将上述五条没有包

---

① 《内蒙古自治区水资源税改革试点实施办法》第二十一条规定，"除农牧业生产取用水外，水资源税按季或者按月征收，由主管税务机关根据实际情况确定。不能按固定期限计算纳税的，可以按次申报纳税""对超过规定限额的农牧业生产取用水水资源税按年征收"。

括，但财政部和国家税务总局作出规定的情形，可以免征或减征水资源税。

内蒙古自治区在国家指导意见基础上对水资源税优惠范围进行了细化，强化了指引性和针对性，但总体上，试点方案在税收优惠方面的规定还存在一定缺陷。从长期来看，水资源税需要适度提高税负以实现调控作用，但统一的高税负必须照顾到居民的税收负担差异。内蒙古自治区现行水资源税试点方案并没有考虑将居民用水纳入税收优惠条款中，一个重要原因在于绝大部分居民通过管网取水，只有自来水公司或水厂才是法律意义上的纳税人，居民用户不是水资源税的纳税人，如何又能成为税收优惠的对象？也正因如此，试点办法在考虑税费平移不增加纳税人负担原则的指导下，为照顾居民用户只能设计较低的税率标准，但这在整体上却弱化了水资源税的调节能力。

水资源税改革应结合水资源价格体系配套改革，与其他税种一同形成鼓励资源节约的税收优惠政策体系。可在保持原有零税率和税收优惠条款的基础上，吸收借鉴国际通行的税收优惠条款，将再投资退税、加速折旧、技术费用加计扣除、税收抵免、延期纳税等条款纳入进来，将税收优惠范围拓宽至各类提高水资源利用效率的行为，更好地发挥水资源税的引导作用。例如，对于企业购置污水处理设备的允许采用加速折旧，且采购设备款可在税前抵扣；对于循环使用污水及利用废水生产产品的企业，可以减免企业所得税或给予税收返还；对于从事城市绿化、污水治理、环境治理、城市供热等公益性事业的企业，在一定额度内减免水资源税；对企业为降低用水量通过采购设备改进工艺的，对于采购设备发生的投资可适用再投资退税；对科研院所涉及节水新技术的专利转让收入，在一定时期内可以减免企业所得税；等等。

二、森林资源税税制要素设计

内蒙古自治区森林资源丰富，在 2000 年前曾是我国最主要的木材生产基地，但随着经济快速发展对森林资源的索取过度，滥采乱伐、利用率低下等现象普遍存在，森林生态环境承载能力急剧下降，经济发展与资源保护的矛盾越来越尖锐。

将森林纳入资源税征税范围，是引导企业提高资源使用效率、转变经济发展方式、改善自然生态环境的必然要求。本书研究按照"税费平移、平稳过渡"的原则，以原有的森林植被恢复费和育林基金等相关规定为基础，借鉴国内相关研究成果，结合自治区林业发展实际对森林资源税进行初步的设计。

（一）纳税人

为达到保护森林资源、维护森林资源的生态功能、减少对森林生态系统的破坏的目的，森林资源税制具体体现在以下两点：一是应体现对破坏森林而产生的负外部效应的惩罚，二是应体现对森林生态正外部效应的补偿，即按照"谁破坏，谁付费"的原则对森林资源消耗、破坏的主体征税，按照"谁受益，谁付费"的原则对从森林生态效益中获益的主体征税。森林资源税的纳税人分为以下两大类：

1. 森林资源消耗纳税人

这类纳税人又分为两类：一类是在我国林地以及人工植林区采伐的用材林、经济林、薪炭林等的林木使用者；另一类是占用、征用或荒废林业用地的单位和个人。需要注意的是，对此类纳税人的确定强调的是"破坏"森林资源的行为，而非"生产""拥有"森林资源的行为，因此，纳税人并非林地的拥有者，而应以进行森林破坏的单位和个人为纳税人。在实践中，森林的"生产"与"破坏"可能由同一主体完成，但森林资源税针对的是"破坏"森林的行为，以实施"破坏"行为的主体作为纳税人，只不过由于森林的"生产"主体与"破坏"主体重合，所以才可能造成将森林"生产"主体作为纳税人的假象。当森林的"生产"主体与"破坏"主体发生分离时，就只对森林的"破坏"主体征税，而森林的"生产"主体不缴纳森林资源税。

2. 森林资源环境受益纳税人

由于森林具有保持水土、涵养水源的作用，能够防止泥沙淤积，延长堤坝的使用寿命，降低水库、水电站的维护成本、提高发电量，因此，河道管理、运输部门以及水库、水电站部门从森林的正外部效应中获益，应为森林资源税的纳税人。

又由于森林具有净化空气、美化环境的作用，能够提升旅游景区的美学价值与游憩价值，许多的旅游景区依托国家级、省级森林公园进行开发运营，因此，作为受益方的旅游部门应为森林资源税的纳税人。

（二）征税对象

在征税对象规定上，森林资源税不同于一般的税种。我国的商品流转税和所得税的税种名称往往指明了这一税种的征税对象，纳税人即为生产或者拥有征税对象的单位和个人，例如，增值税、所得税，包括传统的矿产资源税都是如此。通过上述对纳税人的分析，森林资源税并非针对天然林地或人工林地的木材征税，而是对从破坏森林的行为或从森林生态效益中获益的行为征税，从这层意义上来说，森林资源税是一种行为税。两类不同的纳税人分别对应不同的征税对象，森林资源税的征税对象也分为两类。

1. 森林资源破坏行为

森林资源税的一部分由森林植被恢复费转化而来，其必然带有森林植被恢复费的一些特点。以"恢复费"冠名就指明了这一收费的目的，是以收费筹集到的资金支持森林资源恢复的，[①] 森林资源税的征税目的也应该包含这一内容。所以森林资源税的征税对象之一为在我国林地及人工植林区采伐的用材林、经济林、薪炭林等木材的行为，以及占用、征用或荒废林业用地的行为。

2. 森林资源环境受益行为

（1）河道经过林区或在林区附近，以机动船舶或非机动船舶等运输工具在河道内从事运输的。

（2）水库、水电站上游有林区覆盖，相关企业依托水库水电站从事发电、旅游活动的。

（3）以林区为旅游区主要景区，从事旅游业经营活动的。

（三）计税依据

由于森林资源税实行从量定额与从价定率相结合的征收方式，因此，其计税依据为：砍伐的林木数量，单位为立方米；占用、征用或荒废林业用地的面积，单位为平方米；受益于森林生态效益从事运营活动的以经营额为计税依据，单位为元。

（四）税率

森林资源税根据征税对象的不同设置不同的计征方式，主要分为三类。

1. 采伐森林行为的税率

由于不同地区和不同树种的质量各异，市场价格差异较大，因此采伐林木的资源税视树种和地区区别对待。

内蒙古自治区林木根据不同树种经济价值可以划分为四大类见表4-6，参照《中华人民共和国森林法》的规定：持有采伐许可证采伐林木，集体个人部分按出材10元/立方米收取育林基金；国有部分按出材25元/立方米收取，因此，采伐森林资源行为的税率可比照育林基金标准设计。

---

① 《森林植被恢复费征收使用管理暂行办法》（财综〔2002〕73号）第十二条规定，"森林植被恢复费实行专款专用，专项用于林业主管部门组织的植树造林、恢复森林植被，包括调查规划设计、整地、造林、抚育、护林防火、病虫害防治、资源管护等开支，不得平调、截留或挪作他用"。

表4-6 分树种采伐林木资源税率 单位：元/立方米

类别	代表树种	不同类别森林资源税率	
		国有部分	集体个人部分
一类	黄菠萝、核桃揪、红松、水曲柳、黄桶、银杏、黄杨、核桃木	30	14
二类	鱼鳞松、沙松、樟子松、极木、作木、杉木	28	12
三类	落叶松、臭松、色木、榆木、冷杉、械木、马尾松	25	10
四类	杨木、桦木、柳木、梧桐	25	10

2. 占用、征用或临时占用林地行为的税率

《内蒙古自治区财政厅 林业厅关于调整森林植被恢复费征收标准引导节约利用林地的通知》（内财非税〔2016〕375号）对占用、征用或临时占用林地行为的征收标准做出了规定，① 森林资源税可以此为参考制定"占用、征用或临时占用林地行为"的征收标准，一旦征收资源税后，森林植被恢复费就不再征收。

3. 森林资源环境受益行为的税率

如表4-7所示，根据从森林资源环境受益的行为不同，主要以从森林生态资源受益的相关活动的经营性收入为计税依据，设置1%～3%的税率，水电站发电的按照发电量按照0.005～0.01元/千瓦时进行征收，具体执行税率可由市县级政府根据当地实际情况进行确定。

表4-7 森林资源环境受益行为税率

类别	从森林资源受益的行为	计税依据	税率（%）
Ⅰ	河道经过林区或在林区附近，以机动船舶或非机动船舶等运输工具在河道内从事运输的	运输活动的经营额	1%～3%

---

① 《内蒙古自治区财政厅 林业厅关于调整森林植被恢复费征收标准引导节约利用林地的通知》（内财非税〔2016〕375号）规定："（一）郁闭度0.2以上的乔木林地、竹林地、苗圃地，每平方米10元；灌木林地、疏林地、未成林造林地，每平方米6元；宜林地，每平方米3元。其中：采伐迹地、火烧迹地按前地类标准征收；辅助生产林地、其他无立木林地按宜林地标准征收。（二）国家级公益林地和自治区地方公益林林地，按照第（一）款规定征收标准2倍征收。（三）城市规划区的林地，按照第（一）（二）款规定征收标准2倍征收。（四）城市规划区外的林地，按占用征收林地建设项目性质实行不同征收标准。属于公共基础设施、公共事业和国防建设项目的，按照第（一）（二）款规定征收标准征收；属于经营性建设项目的，按照第（一）（二）款规定征收标准2倍征收。"

续表

类别	从森林资源受益的行为	计税依据	税率（%）
Ⅱ	水库、水电站上游有林区覆盖，相关企业依托水库水电站从事发电、旅游活动的	水库发电量	0.005~0.01 元/千瓦时
		旅游收入	1%~3%
Ⅲ	以林区为旅游区主要景区，从事旅游业经营活动的	旅游收入	1%~3%

（五）税收优惠

（1）对于小土地造林者免交森林资源税。

（2）农村居民采伐自留地和房前屋后个人所有的零星林木免税。

（3）对于长期经营和培育林木者实行税额减半征收。减半的税额用于林木维护和培育。

（4）购置并实际使用于林木维护的设备，可按设备购买金额的10%抵免税额。

（5）水电站发电取得收入的前两年，减半征收。

（6）依托森林公园建设的景区，运营的前两年减半征收。

（六）征税环节

森林资源税可采用单环节纳税，分别为采伐林木用于销售或自用环节、占用林地环节以及船舶运输、景区经营、发电站发电取得收入的环节缴纳资源税。

（七）纳税期限

森林资源税的纳税期限可采用按月、按季度或按年纳税。其中，从事船舶运输、景区经营、发电站发电的按月纳税；采伐林木的按季度纳税；占用、征用或荒废林业用地的按年度纳税。如果持伐木许可证提前结束森林采伐时，森林使用者须在结束采伐后的5日内向所在税务局提前缴纳税款。

三、草原资源税税制要素设计

内蒙古草场资源在全国独一无二，草原管理部门在多年征收草原植被恢复费的过程中积累了丰富的经验，未来资源税扩围至草场资源，由税务部门征收草原资源税也要按照"税费平移"的原则，以草原植被恢复费征收制度为基础设计草原资源税制度。按照这一设计思路，内蒙古自治区草原资源税的各类税制要素设计如下。

（一）征税对象

关于草场的概念，国内不同领域学者给出了不同的定义，一般是指大面积生长饲用植物的土地，按类别分为天然草场和人工草场，在大多数情况下与"草原""草地"所指概念相同，通常将三者视为同义词。随着家庭联产承包责任制的推行，出现了"草场承包权""草场流转"等概念，"草场"在这一语境下专指按照《土地承包法》规定通过签订承包合同而确权的草地或草原。经确权后的"草场"为国家所有或集体所有，签订合同的牧民拥有该块"草场"的使用权、承包权和经营转让权，因此，也就衍生出了"草场流转"的概念。

《关于全面推进资源税改革的通知》（财税〔2016〕53号）中提出，要将资源税扩围至"草场"等资源，这里的"草场"不应狭隘地指土地承包中经过确权后的草场，而是泛指我国境内能够生长饲用植物的土地，其含义等于草原和草地。在本书研究中，为保持与国家关于资源税扩围指导性文件（财税〔2016〕53号等文件）的一致，在意指资源时使用"草场资源"一词，而在意指资源税时为避免狭义理解用"草原资源税"一词。

草原资源税以"草原"冠名是否就意味着其征税对象是草场呢？显然不是的，草原资源税与森林资源税类似，其征税对象也应为破坏草原的各类行为，根据破坏草原行为的不同，参考《内蒙古自治区草原植被恢复费征收使用管理办法》相关规定，其征税对象包括以下三类行为：

（1）工程建设和矿藏开采征用或使用草原的。

（2）在草原上进行勘探、钻井、修筑地上地下工程、采土、采砂、采石、开采矿产资源、开展经营性旅游活动、车辆行驶、影视拍摄等临时占用草原占用期已满，且未按要求履行草原植被恢复义务的。

（3）其他破坏草原植被活动的。

值得探讨的是《内蒙古自治区草原植被恢复费征收使用管理办法》将"采集（收购）草原野生植物的"行为也作为征收对象，从目前草原管理的现实来看，这一条款已不适合吸纳进草原资源税法中，因为这一规定不利于对草原的保护，并且与其他草原保护法律法规形成了冲突。

内蒙古草原上生长着较丰富的柴胡、防风等野生草药，在利益驱使下，有很多当地牧民及外地农民到草原上来盗采野生草药，肆意盗采草药的活动严重破坏了草原的生态环境。当地的农牧业局、草原公安等部门依据《中华人民共和国草原法》《中华人民共和国野生植物保护条例》等法律规定对这类盗采野生草药行为进行了打击,① 对盗采、盗挖人采取罚款、拘留等措施进行惩治。如果对"采集（收购）草原野生植物的"这类行为征收资源税,那么表示国家在法律上对这一行为合法性的认可,会对这类严重破坏草原行为起到鼓励的作用。而罚款、拘留等惩罚性措施是强于征税或征费效果的,也就意味着在当前大力进行草原生态保护的大趋势下,"采集（收购）草原野生植物的"这类行为失去了经济和法律上的合理性与合法性,也就不具备作为草原资源税的征税对象的合理性与合法性,不应纳入草原资源税的征税范围。

（二）纳税人

草原资源税的纳税人为在内蒙古自治区行政区域内权属明确的草原上进行占用、征用草场资源及各类破坏草原植被活动的单位和个人。草原等一切自然资源的所有权本质上都归国家所有,在具体的所有制上草原分为国家所有和集体所有,因此,企业和个人不论是破坏牧民承包的草场、国有牧场经营的草场,抑或是未承包、未划归国有农场管理的草原,其行为都属于草原资源税的征税范围,相应地,实施草原破坏行为的单位和个人也就成为草原资源税的纳税人。

（三）计税依据

草原资源税实行从量定额的征收方式,对征用或使用草原的,其计税依据为征用或使用的草原面积,单位为亩;临时占用草原的,其计税依据为临时占用的草原面积,单位为平方米。

（四）税率

在草原资源费改税初期,按照"税费平移"方式其税率设计以不增加纳税人负担为原则,参考现行《内蒙古自治区草原植被恢复费征收使用管理办法》相关规定进行设计,待未来平稳运行后再适时调整。自治区草原资源税的征收标准设计如表4-8所示。

表4-8　草原资源税税率

类别	征收内容	计税单位	税额/税率	备注
征用或使用草原	基本草原	亩	3000元	
	其他草原	亩	2000元	

---

① 《中华人民共和国野生植物保护条例》第二十三条规定:"未取得采集证或者未按照采集证的规定采集国家重点保护野生植物的,由野生植物行政主管部门没收所采集的野生植物和违法所得,可以并处违法所得10倍以下的罚款;有采集证的,并可以吊销采集证。"

续表

类别	征收内容	计税单位	税额/税率	备注
临时占用草原	勘测、钻井、修筑地上地下工程	平方米	4 元	依规定在批准的时限内，一次性收取
	采土、采砂、采石、开采矿产资源等	平方米	10 元	
	经营性旅游活动区	平方米	0.1 元	
	临时作业生活区、物资堆放场等	平方米	2 元	
	车辆临时行驶道路	平方米	0.6 元	
	影视拍摄等	平方米	0.5 元	

（五）税收优惠

原有的草原植被恢复费管理办法规定了两种免缴植被恢复费的情形：一类是在草原上修建直接为草原保护和畜牧业生产服务的工程设施的，另一类是农牧民按规定标准建设住宅使用草原的。从近些年涉及草原经济发展的经济活动来看，有一些破坏草原植被的经济行为比较特殊，需要特别关注并应在税收优惠条款上给予优待。

近些年这类经济活动集中在内蒙古自治区利用广袤草原的天然优势而发展的新能源产业，主要是风电产业和光电产业。风电场和光伏发电站都要占用大量的山地或草原，按照草原植被恢复费管理办法需缴纳草原植被恢复费。截至2019年6月底的统计数据显示，内蒙古风电装机容量2896万千瓦，光伏发电装机容量962万千瓦，分别居全国的第一名和第三名。根据乌兰察布风电基地示范项目披露的数据来看，其规划风电装机容量为600万千瓦，规划面积3800平方千米，单位占地相当于6.33平方千米/万千瓦或9500亩/万千瓦，按此数据推算内蒙古自治区现有风电场占地面积约为2751.2万亩。根据国土资源部发布的《光伏发电站工程项目用地控制指标》（国土资规〔2015〕11号），1万千瓦（10兆瓦）光伏项目，当采用固定式、使用260瓦的光伏组件、在北纬45°时，占地面积为29.95公顷，单位占地面积约为450亩/万千瓦，按此数据推算自治区962万千瓦的光伏装机容量占地约为43.22万亩。如果对风电场和光伏电站征收草原资源税，按2000元/亩税率计算则应征收约560亿元草原资源税，将会给自治区财政提供一笔不菲的收入，但同时会大大增加风电、光电投资企业的成本压力。

从当前内蒙古自治区在发展新能源产业时对涉及占用草原应征收植被恢复费执行的情况来看，笔者没有查到内蒙古自治区关于此类收费的专门规定，从对地方部门的调研情况来看，并没有提到对风电、光伏产业的收费。从国家鼓励风电投资的财税政策来看，各地都执行了企业所得税"三免两减半"及增值税优惠政策，因此，各地方政府为吸引风电、光伏发电等大额投资，将地方性收费项目给予减免是一种常用的手段。这也是收费刚性不强的一种体现。

将风电、光伏产业占用草原行为纳入草原资源税征税范围是完全合理的，但在政策制定上也需考虑实际情况，既体现税收的刚性，又切实体现对此类产业的鼓励。虽然风电场占地面积广阔，但实际占用的草原面积并不大，其建设的永久用地（机位、建筑物、输变电设施等）只占风电场建设范围的不到5%，在不同风电设备的机位之间从事放牧、耕种等活动并不影响风电场正常运行，为此，应根据风电场建设实际对草原造成破坏的面积据以征税，以税收优惠的方式体现出来。可针对风电场规定按照其审批面积的4%~5%征收草原资源税，这样有利于促进风电企业对草原资源的集约化利用，遏制"宽打窄用"等大肆不合理占用草原行为的发生。对于光伏发电则可借鉴青海省草原植被恢复费收费标准的相关规定，对光伏板等不属于永久性建设用地的免征草原资源税，对光伏电站建设永久性用地减按70%征收草原资源税。

（六）征税环节

草原资源税可采用单环节纳税，分别为征用或使用草原环节以及临时占用草原环节缴纳资源税。

（七）纳税期限

由于草原植被破坏行为一般发生为一次性行为，因此，草原资源税的纳税期限主要采用按次缴纳，纳税人应该在得到具有审核审批权限的草原行政主管部门的审批后，于占用、征用草原行为发生后5日内在所在地的税务局提前缴纳税款。

第三节　内蒙古自治区资源税扩围路径探究

当前，内蒙古自治区正在稳步推进水资源税试点改革，未来资源税还将扩围至森林资源和草场资源，届时资源税的征收范围将涵盖矿产资源、水资源、森林资源和草场资源。资源税扩围作为一项系统工程，其改革关涉众多纳税人和当地居民利益，应在科学设计税制基础上稳步推进各类资源税的改革，对不同类别资源税收改革的顺序、路径进行理论研究与科学规划，指导自治区资源税扩围实践。"可税性"作为税法理论的重要范畴，是衡量一个税种开征合理性的重要指标，资源税扩围至水、森林、草场三类资源的可行性可通过这一指标进行衡量，并可根据比较结果对三类资源改革的顺序进行设计。

一、可税性理论

可税性理论由张守文（2000）提出，它的提出具有重要的理论和现实意义。可税性理论是指导税收立法和税法解释的理论，该理论为某税种的开征从学理上提供理论支撑，通过分析该税种的纳税义务关系能否成立，探讨涉税征纳活动能否正常开展，最终对该税种是否应该设立给出判断。做出判断的两个关键理论标准是经济上的可税性与法律上的可税性。

经济上的可税性要求征税要考虑经济上的可能性与可行性。某种产品或经济行为能够成为某种税的课税对象，征税主体与征税客体形成双方都接受的税收征纳关系，代表这种税具备了经济上的可能性与可行性，即经济上的可税性。法律上的可税性要求考虑法律上的合理性和合法性。即"征税是否合理，不应仅看经济上的承受力，还应看征税是否平等，是否普遍等方面；征税是否合法，不应仅看是否符合狭义上的制定法，而且更应看是否合宪，是否符合民意，是否符合公平正义的法律精神"。[①] 因此，经济上的可税性与法律上的可税性两者之间是递进关系，前者首先为税种成立提供经济合理性的依据，后者重点研究如何在立法上有效界定征收范围、制定税收规则。[②] 通过税收制度的建立明确税收征纳主客体的权利义务界限与关系，为某种税通过立法提供法律合法性依据。

可税性可以看作是某种产品或经济行为具备成为某种税的征税对象的性质，经济上可行性与法律上公平正义是可税性的重要内容。某种产品或经济行为具备"可税性"，是在融合了其在经济上的可能、可行及法律上的合法、合理特性后，并在考虑了其他多种综合因素后作出的判定。某一税种潜在的征税对象首先在经济上具有可行性，进一步考虑其在法律上的可税性，进而可将理论论证提交立法实践，通过民主立法程序由法律赋予其强制性，完成某种税的税收立法。

一种税要符合经济上的可税性，在征税范围的确定上要考虑三个要素：收

---

① 张守文.论税法上的"可税性"[J].法学家，2000（5）：12-19+129.

② 张守文.收益的可税性[J].法学评论，2001（6）：18-25.

益性、公益性和营利性。

收益性是确定可否征税的最基础性因素。只有当某种产品或经济行为存在收益时，才能探讨进行收益的分配，纳税人才具有理论上的纳税能力。根据通行的量能负担原则，只有对有纳税能力的人课税，其课税行为才符合经济理性，才具备法律正义，从而具备"可税性"。

公益性是对上述"有收益即可征税"的一种否定。如果当某类纳税主体的行为或因行业特性而具有突出公益性时，即使其所售产品或者经济行为带来了一定收益，政府出于对公益事业的鼓励对其也不征税或给予税收减免。比较明显的例子是承担民生领域公共产品提供的事业单位，虽有经济收益但因其不以营利为目的，其收益也用于提供公共产品，因此，政府对此类单位并不征税。

营利性是对"有公益性即可不征税"的再次否定。如果国家机关等主要靠财政供养的部门存在营利性活动，虽然其为社会提供了公共物品，但因其有营业收益并且是营利性的，因此，也应对此进行征税。

在税法制定的实践中，由于综合考虑经济效率、社会公平、政治稳定等因素，在某一税种的立法中会通过税收优惠而否定一般可税性。税收优惠条款的制定除了考虑经济因素之外，最重要的影响因素是某些纳税主体的经济行为是否具有营利性，是否具备符合大众利益的公益性。某类具有公益性、非营利性的经济主体，其经济行为有利于促进经济和社会发展，国家通常通过税收优惠予以鼓励，从而有了在税法上适用税收优惠的特殊主体。

需要注意的是，"可税性"的"可"字体现的是一种可能性，而非必然性。对一种税进行可税性分析其实质就是对某一税种的经济效果与法律效果、实质意义与形式意义进行分析，进而判断这一税种开征的必要性与可行性，是对某一税种的开征前的理论预判和开征后的理论验证。一个税种的开征与否面临着各种经济、法律、政治方面的制约，而非仅仅通过可税性分析就能决定的。

二、三类扩围资源的可税性比较

如上所述，可税性主要考虑征税对象的收益性、公益性和营利性三个要素，其中，营利性是对"有公益性即可不征税"的再次否定，对三类扩围资源可税性的探讨暂时不涉及这一层面问题，因此主要从几类资源课税的收益性和公益性进行分析。

资源税扩围对象的收益性取决于某一资源的经济价值，公益性则主要体现为资源的生态价值，扩围资源的经济价值与生态价值成为衡量其可税性的最重要因素。

森林资源与草场资源通常被认为是可再生资源，水资源属性较为复杂，其中，矿泉水、地下水被认为是不可再生资源，地表水被认为是可再生资源。三类资源兼具经济价值和生态价值，随着经济社会的发展和自然资源的破坏，其生态价值越来越突出。就每种自然资源的单位生态价值与经济价值的配置来看，水资源的生态价值与经济价值基本持平，其生态服务价值是其经济服务价值的1.61倍[1]，森林资源和草原资源的生态价值则远超其经济价值，其中，森林资源的生态价值约是其直接经济价值的2.01倍[2]，草场资源的生态价值则更为明显，至少是其经济价值的7倍以上[3]。如果再考虑到三类资源税扩围的具体征税范围和税源，则其经济价值或者收益性的差别就更加明显：水资源税是面向所有取用水行为征税，其税源来自水资源蕴含的价值；森林资源税对经济林采伐与其他破坏林地行为征税，其中，对经济林采伐征税的税源来自森林资源的价值，对其他破坏林地行为征税的税源来自采取破坏林地行为纳税人的其他经济收入，而非来自森林资源的价值；草原资源税则只对破坏草场植被的行为征税，其税源自然也不是来自草场资源的价值。

通过以上比较可以明显看出水资源的收益性最高，而草场资源的经济性最差；在公益性方面，三类资源都有比较强的公益性，其中，草场资源公益性最强，森林资源次之，水资源最弱。因此，综合考量，水资源的可税性最强，森林资源次之，草场资源最弱。再考虑三类资源的分布特点，即资源分布越广泛越易于从中央立法统一开征新税，则可以部分解释率先在全国试点水资源税的原因。

三、三类资源的资源税扩围路径

(一) 三类资源的资源税扩围基本思路

通过上文对三类扩围资源的可税性比较，验证了当前先行推进水资源税试点改革的合理性和科学性；森林和草场资源的可税性较弱，资源税向森林、草

---

① 李友辉，董增川，孔琼菊. 江西省水资源生态系统服务功能价值评价 [J]. 江西农业学报，2007 (1)：95-98.

② 陈江生，王斌，王彩绒，蔡大浩. 天津市森林资源生态服务价值评估 [J]. 西北农林科技大学学报 (自然科学版)，2006 (10)：123-127.

③ 辛玉春，杜铁瑛，辛有俊. 青海天然草地生态系统服务功能价值评价 [J]. 中国草地学报，2012 (5)：5-9.

场等资源扩围还有很多问题需要研究，纳税人和公众也需要时间来适应税制的变化，资源税向森林、草场等资源扩围尚需时日。基于以上对资源税扩围的认识，结合内蒙古自治区的实际可进一步对自治区资源税扩围的路径展开探讨。

首先，稳步推进水资源税试点在全区的实施，根据试点情况改进水资源税征收管理办法，并择机推动水资源税在全国人大的立法。

其次，内蒙古自治区可依据《关于全面推进资源税改革的通知》（财税〔2016〕53号）文件没有对资源税扩围至森林、草场和滩涂资源做出统一规定，但明确各地方政府可根据本地相关资源实际开发利用情况制订具体方案，报中央批准后实施。① 内蒙古自治区可在水资源税运行平稳、积累了相关经验之后，由自治区政府向国务院提出在自治区内实施森林、草原资源税试点的方案，经国务院批准后率先在自治区内进行试点。

以上两点比较明确，问题是内蒙古自治区制定实施的森林、草原资源税试点办法在试点成熟后，究竟应该单独立法成为与原资源税法并行的水（森林、草原）资源税法？还是作为资源税的税目并入资源税法中？是否有其他合理的税收立法设计方案？对于森林、草场这类地域特点突出的资源是由全国人大立法还是由全国人大授权自治区人大立法？这些问题都需要进一步讨论。

（二）资源税综合立法与分散立法的矛盾分析

1. 资源税综合立法的矛盾

资源税扩围更加突出了资源税"资源节约和生态保护"这一目的与属性，甚至跃居主导地位，虽然符合时代发展的要求，但与原矿产资源税法的收入职能差别较大，造成其立法模式选择较之于传统税法更为特殊。如果采用综合立法模式，将水、森林、草场都作为资源税的一个税目进行立法，那么面临着立法目的以及税制要素提取技术障碍：一是原矿产资源税"筹集财政收入"的职能较强，而资源税扩围"资源节约和生态保护"职能突出，两个征收目的难以在一个税法条款中进行统一表述，因为对森林、草场等资源征税只能以生态保护为终极目的的，一旦对其征税的终极目的与现行资源税一般坠入敛财的泥潭，资源税扩围的法治危机即会凸显②。这也是目前《资源税法（征求意见稿）》

---

① 《关于全面推进资源税改革的通知》（财税〔2016〕53号）规定，"鉴于森林、草场、滩涂等资源在各地区的市场开发利用情况不尽相同，对其全面开征资源税条件尚不成熟，此次改革不在全国范围统一规定对森林、草场、滩涂等资源征税。各省、自治区、直辖市（以下统称省级）人民政府可以结合本地实际，根据森林、草场、滩涂等资源开发利用情况提出征收资源税的具体方案建议，报国务院批准后实施"。

② 冯铁拴，熊伟. 资源税扩围语境下立法模式论析 [J]. 江西财经大学学报，2018（5）：106-119.

缺少立法目的条款的重要原因。二是在条款表达上既难以提炼资源税纳税主体，也难以提炼资源税的税率。矿产资源与水资源、森林资源、草场资源及滩涂资源的异质性远大于其同质性，甚至水、森林、草场等扩围资源对象之间的异质性也非常明显，不同资源属性的异质性导致与其对应的纳税人的异质性。例如，矿产资源税的纳税人为"开采矿产品或者生产盐的单位和个人"，水资源税的纳税人为"直接取用地表水、地下水的单位和个人"，森林资源税的纳税人为"在我国林地以及人工植林区采伐的用材林、经济林、薪炭林等的林木使用者，以及占用、征用或荒废林业用地的单位和个人"，草原资源税的纳税人为"在自治区行政区域内权属明确的草原上进行各类破坏草原植被活动的单位和个人"。四类迥然不同的纳税人表述，难以提炼成税法精练的关于"纳税人"的表达方式，如果采用列举法分成 4 条进行表达则明显不符合税法的表达方式，更说明对这四类资源所征的税不应归入同一税法。在税率提炼上，矿产资源税在经过全面从价计征改革后，采用的是从价定率征收，而水资源、森林资源、草场资源不论在收费管理办法中，还是在资源税扩围试点办法及本书研究设计的征收制度中，都采用了从量定额征收方式。如果将两类税率合并，那么将会颠覆资源税一般从价计征这一总则性要求。因此无论是从征税目的考虑，还是从税法条款表达上都难以协调矿产资源税与扩围资源税之间的矛盾，资源税综合立法存在巨大的障碍。

2. 资源税分散立法的矛盾

综合立法存在障碍并不意味着分散立法或单行立法就科学可行，所谓分散立法就是将水资源税、森林资源税、草原资源税都进行单独立法，使之成为与（矿产）资源税法并列的税法。分散立法仍然面临着诸多的困境，主要体现在以下两个方面：一是可能引发税法与资源法、矿产资源税法与水资源税法的冲突，例如，《矿产资源法实施细则》规定地下水资源系水气矿产资源，而水资源税试点办法将地下水列为其征收范围；二是分散立法缺乏政治上的可行性，因为任何新税法的开征都会受到民众的抵触，何况水、森林、草场资源各自单独新设一个税法。从立法者的角度来看，新设一个税法要比修改税法投入多得多的人力物力，且不受民众欢迎，导致立法者对分散立法持消极态度。

（三）"二元并立+法定授权"的资源税扩围立法路径

面对资源税扩围改革，如何破解因水、森林、草场等资源与矿产资源间的异质性而导致的综合立法困境，以及分散立法导致的法律冲突与民众反对的矛盾？冯铁拴、熊伟（2018）提出了"二元并立"的资源税扩围立法模式，[①] 本书在借鉴该模式的基础上，结合内蒙古自治区的实际提出"二元并立+法定授权"的资源税扩围立法模式。

"二元并立"是指引入生态税法与资源税法并立，共同组成我国的环境与资源保护税费体系。我国于 2018 年 1 月 1 日才正式实施环境保护税法，其目的在于"保护和改善环境，减少污染物排放，推进生态文明建设"[②]；实施了 30 多年的资源税法经过多次改革，其主要目的在于节约资源、保护环境；从整体上来看，在税法体系上缺乏以维护生态正义、保持生态平衡为根本宗旨的生态保护税，在此背景下基于生态补偿原则建立以森林、草场等具有显著生态价值资源为征税对象的生态保护税法正当其时。

如前所述，森林、草场等资源的生态服务功能远超其经济服务功能，如果与矿产资源合并综合立法则面临征税目的不统一、税制要素难以提炼等诸多问题，而将森林、草场等资源归入生态保护税法征收范围则正好避免了这一矛盾。至于水资源其兼具经济服务功能与生态服务功能，如果归入生态保护税法则仍将面临生态保护税法与矿产资源法的冲突（地下水为水气矿产），因此其作为一个税目并入资源税法较为妥当。至此，"二元并立"立法模式避免了综合立法与分散立法的弊端，但其真正实施则还需较长时间，因为按照我国税法改革的一般路径，必须先由某一省（自治区、直辖市）进行水、森林、草原资源税扩围试点、运行平稳之后才能提上立法日程。

目前内蒙古自治区正在实施水资源税改革试点，基于自治区自身资源禀赋特点，在全国先行先试森林、草原资源税符合自治区自身发展的要求，更能够为全国推广森林、草原资源税积累经验。内蒙古自治区可采用"法定授权"的方式推进森林、草原资源税改革。所谓"法定"是指由国家最高权力机关制定法律，或者由地方国家权力机关制定地方性法规。自 1994 年分税制改革以来，由于我国地方政府地方税权缺失，难以构建健全的地方税体系，财政自给率低下而过多依靠中央转移支付，并衍生出土地财政等众多问题。因此，为扭转这一局面，在资源税扩围改革坚持"适度分权"原则的基础上，可将改革的步子迈得更大一点，采用全国人大对地方人大"授权"的方式，将资源税扩围的立法权进一步下放给地方政府，使地方政府拥有相对完整的地方税权。这一改革设想是完善地方税体系、理顺央地财政关系、破解地方财政困局的现实选择，

---

① 冯铁拴，熊伟.资源税扩围语境下立法模式论析 [J]. 江西财经大学学报，2018（5）：106-119.

② 《中华人民共和国环境保护税法》第一章第一条。

具备法理上的正当性，在逻辑上也能形成自洽。①

　　内蒙古自治区扩围资源富集，可以资源税扩围为契机，以"适度分权"为原则，采取"法定+授权"的立法路径，由全国人大对内蒙古自治区人大进行授权，赋予自治区扩围资源税立法权，在不影响全国统一市场的前提下，由自治区人大结合本区实际制定符合本地特点的森林资源税法、草原资源税法以及未来的生态保护税法。更具体地，资源税立法可以参照《中华人民共和国环境保护税法》第一章第六条的相关规定，由中央授权省级地方政府在《资源税税目税率表》规定的幅度内自主决定具体适用税率；生态保护税立法可以再进一步，允许自治区拥有一定的税目选择权和调整权。即在各类资源税扩围逐步试点初期，由内蒙古自治区人大制定《内蒙古自治区水资源税法》《内蒙古自治区森林资源税法》《内蒙古自治区草场资源税法》等，待时机成熟将水资源作为一个税目并入资源税，在全国人大修订《中华人民共和国资源税法》基础上，由内蒙古自治区人大制定《内蒙古自治区资源税法》；待未来全国人大制定《中华人民共和国生态税法》之时，自治区人大在全国《中华人民共和国生态税法》基础上，通过制定《内蒙古自治区生态税法》，从而将《内蒙古自治区森林资源税法》《内蒙古自治区草原资源税法》并入其中，最终形成资源税法与生态税法的"二元并立"的模式。

---

① 王玉玲，雷光宇．税收法定原则的民族自治地方资源税扩围 [J]．西南民族大学学报，2019（1）：117-122.

| 第五章 |

内蒙古自治区资源税扩围
现代化管理体系构建

税收管理是指主管税收工作的职能部门，代表国家对税收分配的全过程所进行的计划、组织、协调和监督工作。从宏观角度分析，税收管理涉及国家与企业、中央与地方等的分配关系；从微观角度分析，税收管理是指各级税务机关与纳税人之间的征纳关系。与前一章节资源税扩围制度设计的研究类似，本章研究内蒙古自治区资源税扩围的现代化税收管理问题是从微观角度分析，即研究如何构建税务机关与扩围资源税纳税人之间的现代化税收征纳关系。这一现代化税收管理关系又包括征管体系、信息体系和服务体系。资源税作为众多税种之一，由于资源税扩围相关税收工作也必然包含于税务机关总体的税收工作之中，因此，自治区资源税扩围的税收征管机制、税收信息机制、纳税服务机制等不能孤立于税务管理的总体而存在，必然依托于自治区的税收征管系统、税收信息系统和纳税服务系统的发展与改革，只不过由于资源税扩围的特性而在操作环节有其具体的特点。

第一节　内蒙古自治区资源税扩围征管体系构建

近些年来，我国的经济增速逐步放缓，我国财政收支的矛盾也越来越严峻。税收征管体系的高效运转是财政收入的重要保障，内蒙古作为我国北部边疆少数民族地区，构建科学严密的资源税扩围征管体系是保证自治区资源税扩围顺利推进的关键，进而为自治区民族经济社会发展提供强有力的财力支撑。

一、税收征管现代化的理论与实践

税收征管体系是税收征收管理活动各要素相互联系和制约所形成的整体系统。构成税收征收管理活动的基本要素有征管法规、征管制度、征管规程、征管手段、征管机构、征管队伍、监控网络七个方面。各要素的质量水平，规范化和科学化程度及其相互间的结合状态，决定着税收征管体系的科学完备程度，是税收征管能否有效进行的必要条件。

从1949年中华人民共和国成立至今，为适应经济社会形势的转变，我国的税制已历经了五次较大的税制改革。同时，如果以实行的征收管理方式或模式来划分，税收征管也相应发生了变化。从总体上来看，可划分为四个阶段。

（一）实行传统管理模式的阶段

在中华人民共和国成立后到20世纪80年代中期的很长一段时间内，我国在税收管理上实行的都是一种专管员管理模式。所谓专管员管理模式，是指在税收管理中设立税务专管员一职，由专管员固定对其所属的纳税人进行管理，并负责所有税种征收和管理中的所有事务。其特点是"一人进户，各税统管，征管查集于一身，上门收税"。这种传统的保姆式的管理模式是我国长期实行计划经济体制下国家直接管理企业的产物，它与传统计划经济下的所有制形式单一、经济规模较小、纳税人较少的情况相适应，具有便于分工、职责明确、管理简便、联系群众，推动税务人员深入到户，掌握规律、控制税源防止偷漏等优点，在加强企业经济核算、促进经济发展、保证财政收入等方面发挥了积极的作用。

（二）税收征管改革的探索阶段

在我国实行改革开放政策以后，随着经济体制的转型和经济的发展以及税收制度的改革，传统专管员的管理模式已经越来越不适应新的经济形势发展对税收工作的要求。为了使管理上与变化了的经济和税制相适应，各地在1985~1994年先后试行了税收征管、税务检查相分离与纳税申报、税务代理、税务稽查"三位一体"征管模式，在时间的推移中，逐步实现了"专管员"从管户制向管事制的转变，从而解决了税务机关体制内员工合理分工和制约机制的诸多问题。1990年年初，国家税务局在工作会议中指出：纳税人纳税需要主动去税务机关申报纳税，转变以往税务人员上门对纳税人进行征税的方式，这种纳税方式从1991年开始在全国开始推行。

（三）向现代税收征管转型的阶段

从 1992 年开始实行市场经济体制改革以来，我国初步确立了社会主义市场经济体制，并且分税制改革也取得了阶段性的胜利。为了顺应时代的发展，国家通过推出新的税收征管模式来匹配新的经济体制和经济运作的新模式。"以纳税申报和优化服务为基础，以计算机网络为依托，集中征收，重点稽查"的税收征管模式也在 1995 年被国家税务总局明确提出。在 1997 年，全国推行了国务院转批国家税务总局发布的《关于深化税收征管改革的方案》。建立一个制度、四个体系是这一模式的高度概括，具体内容是建立纳税人自行申报纳税制度、税务机关和社会中介组织相结合的服务体系、以计算机网络为依托的管理监控体系、人工与计算机结合的稽查体系、以征管功能为主的机构设置体系。

（四）逐步建立现代税收征管的阶段

2004 年为了解决"淡化责任、疏于管理"等问题，国税总局在"30 字"模式的基础上补充了"强化管理"四个字，并在扬弃的基础上建立税收管理员制度以替代原来的专管员制度，同时开始推行纳税评估办法。2008 年国税总局机构调整，为吸收借鉴国际先进税收管理经验、与通行做法接轨，成立纳税服务司、大企业管理司、征管科技司和督察内审司四个机构。新机构的成立标志着国家对税收工作认识的转变，主要体现在以下四个方面：一是对征税机关与纳税人法律地位平等的理念进行重点突出，并强调核心业务是纳税服务和税收征管；二是将风险管理理念引入税收管理；三是将征管业务和信息技术高度融合，打破"信息孤岛"局面；四是强化内部管理督察。2009 年国税总局提出税源专业化管理，并在 2010 年下发了全国税源专业化管理的指导意见，2011 年开展试点工作并推广。2013 年 12 月国税总局在全国税务工作会议上提出税收发展改革的总目标是到 2020 年基本实现税收现代化，其中，对税收征管现代化的目标定位为"构建科学严密的征管体系"，此后的税收征管改革围绕此目标不断开展。

总体来看，目前我国税收管理的改革开始遵循税收管理的发展规律，并正在逐步与市场经济相适应。这代表了我国税收管理改革和发展的方向，并为今后的进一步改革打下了坚实的基础。

二、资源税扩围构建科学严密税收征管体系的现实紧迫性

2012 年全国税务系统深化征管改革工作会议就提出了"两提高、两降低"

的改革目标，即提高税法遵从度和纳税人满意度、降低税收流失率和征纳成本。虽然资源税扩围作为我国税收改革的新生事物，仍应将"两提高、两降低"作为其征管体系建设的目标。资源税扩围征管的提升有赖于税务整体征管水平的进步，近些年，内蒙古自治区的税务征管改革在"两提高、两降低"方面有了较大的提升，但仍面临诸多矛盾和问题，仍需通过不断改革创新加以解决。

（一）传统税源管理模式落后于时代发展的要求

从宏观上来看，由于现代信息技术和电子商务迅速发展，信息化技术在纳税人与税务机关普遍运用，使传统的税源概念发生了深刻的改变。在目前"国家税务总局—省局—地（市）局—区（县）局—分局（税务所）"五个层级税收管理格局下，全能型的机关设置模式导致行政管理占比过大，基层直接从事一线税收管理人员不足。分类分级税源管理要求合理配置税源与人力资源，与税收征管力量资源不足产生矛盾，税收管理员制度平面安排人力的做法，则进一步分散了征管力量。内蒙古自治区在税源管理上呈现出对重点大税源监管能力低、对分散个体税源监管难度大的特点。

具体到资源税扩围的征管上，相较于一般的纳税人，扩围资源税的纳税人更为分散，特别是涉及人烟稀少地区发生的取水、伐木、占用草场行为更加难以监控，在将取水、森工、牧场等企业作为重点税源监管时，也面临着很多纳税行为通过会计账簿、库存无法直接反映，必须借助于其他资源部门提供数据支持的局面。因此，资源税扩围必须在税源管理上采用更加先进的组织模式和应用先进的技术手段，才能保证改革的顺利进行。

（二）税收风险管理机制有待进一步优化

税收征管的风险管理虽然已经提出很多年，但征纳双方对税收风险的认识还停留在比较低的水平。纳税人认为自己履行好纳税义务就是税收风险控制，部分基层税务机关则将税收风险管理等同于纳税评估、税收稽查与审计，没有从税收全流程考虑风险管理。一方面，建立了税收风险监控团队、专业评估团队、专业化反避税团队和税务稽查团队来专门处理税收风险管理相关工作，形成了较系统的税收风险管理链条；另一方面，基础性税源管理服务团队的风险管理职能被相对弱化，应提高这一环节的风险管理意识，促进整个税收征管水平的提高。

尽管内蒙古自治区资源税扩围势在必行，但水资源税正处于试点中，森林资源税、草原资源税还在理论探讨阶段，因此其风险管理又不同于其他税种。在水资源税试点阶段的实践中，更多注重的是税制设计和费税转换的衔接，对风险关注得不够；对森林资源税、草原资源税的研究基本上还未涉及税收风险管理，资源税扩围需加强对税收风险的研究。

（三）税收执法水平有待于进一步提升

税收执法是税款征收的最后一道保障。当前的税收执法中既存在"依法治税"与税收计划管理的矛盾，导致"任务治税"思想指导下的乱执法；也存在纳税人纳税意识薄弱，偷逃税款现象屡禁不止的现象。既存在税收执法依据不完备，税务司法保障体系不健全，难以为税务执法提供强有力的后盾的问题；也存在"地方政策"代替税收法律，政府以收定支，违法征税的现象；既存在税收执法内控奖惩机制不健全，考核体制缺乏科学性导致工作效率低下现象；也存在税收执法人员素质业务技能不高，廉洁自律意识有待加强的情况。

《内蒙古自治区水资源税征收管理办法（试行）》只在第三十一条对税收征税工作人员作出了限制性规定，"纳税人和地税机关、水行政主管部门及其工作人员违反《财政部税务总局水利部关于印发〈扩大水资源税改革试点实施办法〉的通知》（财税〔2017〕80号）及本办法规定，且《中华人民共和国税收征收管理法》《中华人民共和国水法》等有关法律法规有处罚规定的，依照其规定进行处罚"，并未对纳税人违法作出具体规定，而交由《中华人民共和国税收征收管理法》相关条款进行规范。在第二十一条规定"建立地税机关与水行政主管部门协作征税机制"，但并未涉及税收执法与水行政执法如何协调配合的问题。而且作为一个试点税种，相关法规对各种出现的情况必定考虑不全，会在试点中出现较多的税收争议，并可能引发税收执法争议。以上问题也可能会在森林资源税和草原资源税试点中出现，需加强相关税收执法建设与管理。

三、资源税扩围征管机制构建——科学严密的征管体系

资源税扩围征管机制的构建与完善依托于内蒙古自治区税务整体征管体系的优化，总体上应遵循国家税务总局提出的要求进行改革，即"构建税收征管新格局。以实行分类分级管理为基础，以加强税收风险管理为导向，以实施信息管税为依托，以核查申报纳税真实性、合法性为重点，以规范税收征管程序和完善运行机制为保障，大力推进税源专业化管理完善创新税收征管模式"。在此基础上，根据资源税扩围的特点应着重从以下三个方面进行税收征管机制的构建。

（一）优化税源管理运行机制

税源管理专业化是指对税源进行分类，以纳税人规模、行业为核心，再配

以税务机关的专业人才，以及现代的信息化技术，完善税源管理体系，税收征管部门也可以实现更好的管控税源。虽然资源税扩围的纳税人较为分散，但仍然遵循"二八定律"，即较少数的纳税人缴纳了大部分的税收，因此只有将纳税人进行科学分类，才能优化税收管理资源的配置。

第一，创新税源管理专业化的组织架构。将取用水大户（例如，自来水厂、电厂、矿井等）、森林采伐大企业（以国有森工企业为主）、国有牧场等作为重点税源实行个性化服务与管理；将其他中小企业作为一般税源进行管理，实行行业性风险监控与管理，并制定分类税收管理指南。在税源分类基础上进行统筹协调，建立健全各部门之间纵横结合、内外协作的税源管理运行机制。

第二，创新税收管理员制度。对税收管理员进行专业化管理的培训，特别是根据资源税扩围的特点对其进行知识扩充，从而创新性建设税收管理员制度。面对资源税扩围这一新鲜事物，应尽快在自治区税务系统内培养一批专门的资源税扩围税收管理员，专门负责资源税扩围的征管与调查，并按照税源分类分层管理。对资源税扩围重点的税源实行"专业化团队"管户，一般性税源实行"管户不定户"；零散税源则实行社会综合治税，借助外部力量提升征管效率。

（二）建立全覆盖的资源税扩围风险管理机制

目前税务机关都以建立全链条的风险管理体系作为税收征管风险管理的方向。资源税扩围作为一种正在探讨与试点的新税，还应将税制设计等风险考虑进去，实现覆盖"税制设计—实施细则—税款征收"全过程的税收风险管理机制。

在税制设计阶段，要充分调研不同地区资源禀赋与利用的差异，尽量考虑全中国不同地区、不同资源、不同纳税人的具体使用情况，避免征税范围过宽或过窄、税率过高或过低、税收优惠过少或过多等风险，并按适度原则赋予地方政府一定的调整权，避免将风险集中于中央层面。地方政府在制定当地的实施细则或实施办法时，既要严格遵守中央规定，又要充分考虑本省实际和多种具体情况，使实施细则尽量符合当地经济社会发展的要求与资源可持续利用原则，避免法律制定不适用风险。

在资源税扩围税款征收实践中，将风险管理理念贯穿于税收征管全过程，建立以风险管理为导向的税源管理专业化岗责体系，将税源管理也纳入税收风险管理链条中。以税源分布的特点为导向，建立更加完备的风险预警模型，优化税收征管流程。培训专门资源税扩围人才，逐步建立资源税扩围纳税评估模型，对各级纳税评估部门的工作进行严格监管，并且对纳税人纳税申报情况的真实性进行系统性的审核评估，从而使纳税人可以降低税收风险，并提高税法遵从度。

（三）健全税收执法流程，改善税收执法环境

第一，依法完善资源税扩围纳税人自主申报纳税、代扣（收）代缴以及税务机关核定纳税制度，使资源税扩围纳税人成为自主遵从税法的主体。在对征税主体与纳税主体权利义务进行明确的基础上，对资源税扩围的各个环节进行完善，规范化税收征管程序。

第二，规范税收执法流程。基层税务部门要深入理解资源税扩围的主要功能在于提高资源利用效率，改变以往以税收收入为导向的税收管理模式，以纳税人为中心构造税务机关工作流程；加强培训提高执法人员业务素质和廉洁自律意识，科学设计税收执法绩效考核，规范执法自由裁量权；利用好税收执法综合管理平台和税收执法公示系统，规范税收执法行为。

第三，建立税收执法、扩围资源（水/森林/草原）行政执法与刑事司法衔接工作机制，建立健全联勤联动办案制度，对不同程度破坏扩围资源行为适用不同的法律条款，据以征税、罚款，涉嫌犯罪的，应及时移送公安机关。

第四，改善资源税扩围税收稽查法治环境，基于执法与服务并重的态度，以查处税收违法案件作为重心，展开资源税扩围税收专项检查以及资源税扩围重点税源企业检查工作，不断强化稽查打击税收违法行为的职能，增强稽查威慑力。

第五，探索在内蒙古自治区设立扩围资源行业办公室。办公室直属国家税务总局，专司负责在内蒙古及其他地方推进资源税扩围工作。由于内蒙古自治区特有的资源禀赋，森林资源税、草原资源税都可首先在自治区先行试点，因此，将办公室设在内蒙古自治区便于由扩围资源行业办公室直接指导自治区试点工作的开展，能够及时发现问题，畅通税收争议的解决渠道，并及时总结经验，有利于将森林资源税、草原资源税试点更快推向全国。

第二节　内蒙古自治区资源税扩围信息体系构建

稳固强大的信息体系，不仅是实现内蒙古自治区资源税扩围现代化的重要基础与保障，也是推进资源税扩围顺利实施的强大动力。税收信息系统是由信息化基础平台、信息安全防范、征纳一体的信息系统构成的有机整体，征纳一体的税收信息系统是信息体系的核心要素。对涉税信息进行分析、应用，实现

对资源税扩围税源的有效监控，也是社会信用体系逐步健全、纳税人数量增加、权利意识和纳税意识不断提高对资源税扩围管理的必然要求。

一、资源税扩围信息化发展现状

（一）我国税收信息化发展历程

税收信息化是指在税务管理的过程中运用先进的信息技术，并且对信息资源进行更深层次的开发，从而推动了税务部门在服务水平、税收监管以及业务重组等流程的创新，也标志着税务管理现代化建设迈上了一个新的台阶。自20世纪80年代以来，我国税务部门就开始了打造信息体系的探索。事实上，税收信息体系的从无到有、不断完善，就是税收信息化不断演进的过程，税收信息化建设的过程是被包含在我国税收体系建设的过程中的。正是由于税务管理改革与先进的信息技术相结合并且在互相促进的过程中产生了税收信息化，其核心在于有效利用信息资源，通过信息资源开发提高管理、监控和服务效能，通过信息技术创新引发税收管理变革，进而推动管理方式、组织模式、业务流程乃至税收文化的变革。

我国税收信息化的发展起步于1983年的个人计算机应用，到目前为止大致可以划分为四个阶段。

1. 第一阶段为应用起步期（1983~1989年）

这一阶段税收信息化建设的基本思路是将计算机作为应用平台，将原来手工处理的会计、统计报表、税收电月报等报表业务转移到计算机上来，很少涉及征管及其他业务。由于各级单位应税水平和普及度不高，因此，到1989年年底，整个税务系统计算机实际装备数量仅有5300多台。

2. 第二阶段为初步应用期（1990~1993年）

随着1990年全面推广征、管、查"三分离"征管改革与纳税人主动申报纳税模式征管，国家税务总局提出要将征管改革、会计改革与应用计算机结合起来，并陆续制定了《税收业务分类代码》《税收征管软件业务规范》《税务系统计算机应用软件评测标准》等一系列规范，取得了一系列成果，我国税收信息化工作进入了一个新的发展时期。

3. 第三阶段为应用发展期（1994~2000年）

随着1994年分税制改革，税收征管业务发生了较大变化。1995年年底国家税务总局提出了"以纳税申报和优化服务为基础，以计算机网络为依托，集中征收，重点稽查"新征管模式，将所有征管环节全部纳入计算机及网络信息技术的应用系统中。这一阶段开发推广了诸如中国税收征管信息系统（China Tex Adminstration Information System，CTAIS）、金税工程系统、金关工程系统以及税收稽查、个人所得税、税法查询以及办公自动化等一些独立应用系统。

4. 第四阶段为应用整合集成期（2001 年至今）

我国的税务信息化建设在取得优异成绩的同时，随之也产生了许多问题：重复开发与功能交叉等。在 2001 年，国家税务总局提出了统一建设"一个网络、一个平台、四个系统"的新方案来解决这些问题，后续又发布了一系列关于推进建设税收征管信息化建设的通知。国家税务总局出台的一系列文件以及措施都标志着我国税务信息化建设正式进入了应用整合集成时期。随着金税三期的实施，国家税务总局实现了对全国各个省区的税收数据的进一步掌控。2015 年 1 月 8 日，内蒙古地区在全国率先上线金税三期税收征管系统，从省一级税务机关可随时调取全区各盟市的税收数据，实现了税收征管数据的省级集中。目前，税务系统正在努力推进税收大数据平台建设，在全社会建立涉税信息共建共享机制，全面提升信息管税能力，以此构建现代化的税收征管体系，为税收治理能力现代化提供重要支撑。

（二）资源税扩围信息化面临的问题

1. 信息收集和数据采集准确性欠佳

数据质量是后续税收信息处理与应用的基础。由于现存税务系统比较突出的问题仍然是数据质量较差，因此，提高数据的准确性是税收信息化建设的主要内容，确保在"采集—传递—分析"过程中数据的准确性。在这一过程中，首先是征纳双方、管理层级之间信息不对称，其次是基层信息数据的采集修改的随意性较大，信息伴随传递的过程逐步衰减、失真，最终导致大量可用信息游离于信息化监控之外。水资源税试点中也存在这一问题，而且据以征税的基础数据还要经过水利部门传递给税务部门，增加了数据失真的可能性，不利于后期的数据分析与应用。

2. 税收信息化应用水平有待提升

近些年，为应对经济形态的复杂化和税收征管难度加大的挑战，尽管我国的税务系统采用了较多的信息化手段，投入了大量的财力、人力，但从运行效果来看，仍存在信息整合、分析能力不足的问题。究其根源，在于税务局内部信息化系统不够优化，外部则是与其他部门的合作不够深入。

从税务机关内部信息化来看，当前的税收信息化大部分还停留在将原来的手工操作流程电子化，并未通过征管流程改造优化提升整体能力。而且各级税务部门开发的信息软件五花八门，后台数据互不共享，形成新的信息鸿沟，国税、地税合并后仍面临这一问题。在进行税务决策时，数据分析与应用计划性和协调性不高，难以形成有力支撑。从税务机关获取外部信息来看，政府各职能部门没有形成良好的合作机制，在信息提供和共享上存在抵触心理，存在不同程度的信息屏障，导致征纳信息不对称的矛盾越发突出，进而影响征税的效率。

内蒙古自治区资源税扩围对其他部门的信息依赖较高，不论是水资源税、森林资源税还是草原资源税都要靠其他资源管理部门提供基础数据，据以征税。而从目前水资源税试点的情况来看，税务局与水利部门的信息沟通仍然不够畅通，在税务局内部还未开发出收集水资源税纳税人其他税务信息为水资源税征收提供支持的机制。

在内蒙古资源税的扩围过程中，水资源税与当前现行的税种存在很多的不同，所以想确定税基也不能仅仅使用之前查账的方法，这都是由于水资源税专业性、技术性强所导致的，因此，征收管理方式需要创新，不能再使用之前的老方法。现行的水资源税的征收方式是水行政主管部门核定纳税企业的数据，企业再自行进行申报缴纳税款，缴纳之后，税务主管部门与水行政部门再通过信息共享的平台审核确定缴纳的税款是否正确。但由于两部门软件系统还不能很好地兼容，《中华人民共和国取水许可证》《核定用水通知书》数据与企业申报税款的数据进行实时传递与对比分析还未实现，同时税务部门由于还没有掌握取水核准的专业技术，因此，对于计税依据的确定也面临着很大的困境。例如，关于如何核定取水用户的适用税额就很困难，供水主管部门对于涉税取水口的位置并不会明确规定其位置，但税务机关却需要根据取水位置不同征收不同的税额，这就对水资源税征收带来了巨大障碍。

3. 信息化人才素质与数据分析技术尚需进一步提高

税收现代化对信息化人员的综合素质提出了较高要求，既要精通各项涉税业务，具备政策解读与需求分析能力，又要了解信息技术，能够熟练操作信息系统并具有基本系统运维的能力。当前税务系统内部人员年龄结构偏高，部分税务干部信息化建设思想理念落后，学习能力不强，运用税收信息系统能力较差。

在税务数据分析方面，大部分仍停留在简单的查询和比对层面，缺乏合适的数据分析工具，使大量数据沉积在业务操作层面，未能有效转换为管理决策层所需要的信息，例如，纳税人网上申报的财务报表数据信息未能实现对其全面读取以及进行进一步的分类加工，所以税务机关要想从这些数据获得更有价值的信息也是相当困难。

资源税扩围的税收信息化除了面临上述问题之外，还存在信息化人员对资源税扩围政策不熟悉，未能形成有效的数据分析模型等短板，即使能够获取相关数据，也难以通过数据分析为管理者提供有效的决策参考。

二、资源税扩围行业数据信息化基础

资源税扩围需要水务、森林、草原等管理部门提供基础数据作为征税的依据，目前这三个行业在相关资源监测上也都采取了先进技术，为资源税扩围提供了较好的基础。

（一）水资源监测信息化现状

内蒙古自治区水务部门将信息化作为推进水资源管理的重要手段，正在逐步开展智慧水务的信息化建设。为减少传统人工抄读机械水表采集数据的高成本，获取更多精确数据，鼓励取用水企业安装具备远程传输功能的智慧水表。并将水资源监测点的远传数据整合到信息平台，供进一步分析、决策。当内蒙古自治区开展水资源费改税试点后，2018 年 1 月 29 日，内蒙古自治区水利厅和地税局联合印发《内蒙古自治区水资源费改税取用水户数据信息移交工作方案》，要求各级水行政主管部门将各自管理的取用水户数据信息移交到同级税务部门，为税务部门征收水资源税提供数据支持。

（二）森林资源勘测信息化现状

由于森林资源占地面积大、山深林密，使调查工作开展非常受限，而且调查要求的时效性、精确性都较高，况且有时还会遇到不可抗力的灾害性天气，调查人员就更难在规定的时间内完成调查任务。近些年，无人机等新型技术的应用为林业的监测提供了强有力的支撑，与人工相比，具有拍照方便、角度全面、巡视灵活的优点。而且无人机遥感系统由于不会受到地形和不可抗力糟糕天气的影响，能够以最快的速度到达作业区域，从而获取的调查数据也具有实效性，调查人员不需要实地勘测，就可以获得高质量的数据，不仅劳动强度极大降低，也提高了办公效率。

（三）草原资源勘测信息化现状

在调查草原生态领域的数据过程中，由于草原生态领域规模大，数据结构较为复杂、对其空间数据挖掘能力不足等一系列问题，因此，蒙草的科研团队对内蒙古自治区的草原生态系统进行摸底调查，整合了数十年影响生态环境的核心数据指标以及关于生态学、草原科学的科研成果，从而研发出了一个草原生态大数据平台。草原生态大数据平台充分借助于互联网、云计算以及"3S"技术（GIS、GPS、RS)，使各种生态基础数据，植物种质资源和生态修复技术等信息实现了信息共享。在全面应用 GPS 技术和 GIS 技术的基础上，再引进先进的 GIS 技术，并且利用掌上电脑 PDA 进行野外数据的采集，采用超声波或红外线测距仪、激光测高器等先进的调查工具，不仅减少了外业工作人员的工作强度，而且也提高了外业调查的工作质量。

三、资源税扩围信息机制构建——稳固强大的信息体系

（一）完善信息获取与数据处理机制

首先，提升税收数据的质量从破解征纳双方信息不对称入手，应在《税收征管法》中明确纳税人及其他单位和个人关于涉税信息、配合协税护税的责任与义务，建立一个共享机制，这个机制采取政府主导、多部门、企业协作配合的方式，并且利用先进的信息技术，建立一个大数据平台，从而实行信息共享，税务机关也可以通过这个平台了解到纳税人所有的涉税信息，从而解决征纳双方信息不对称的问题；其次，建立信息管税工作机制，通过相关税收信息的采集、分析、利用，更好地实现对资源税扩围日常的监控、税务稽查与纳税服务等；最后，在规范信息采集标准的基础上，建立完善的信息审核、录入、整合机制，确保资源税扩围的每一笔税收数据从采集到整合分析的准确性，为税收分析和税收征管提供丰富有效的信息资源。

（二）通过部门合作推动信息化水平提升

税务部门应尽快建立并优化与其他资源管理部门协作配合机制，通过信息共享提升征管效率。为了及时对资源税征管过程中遇到的许多重难点问题进行解决，必须要及时建立政府领导下的多部门征管协作的机制。全面推动信息共享平台的建设，积极争取将水行政主管部门、森林行政主管部门、草原行政主管部门的数据资料嵌入人工智能大数据的征管系统，从而实现数据的实时更新，构建符合绿色税制特点的现代化信息管理体系。

当前在内蒙古自治区水资源税试点期间，可借鉴河北省水资源税试点的成功经验，逐步构建起"专业部门核准、税务部门征收、联合监管、信息共享"的征税模式，破除体制困境，形成"联合共治"征收模式，探索符合当地地方特色的"内蒙古模式"。建立信息共享平台，使税务部门与水利部门、森林主

管部门、草原主管部门实现信息共享，不仅能够使税务部门及时获取关于资源税的相关信息，而且使各部门之间可以及时协调沟通，进而提高监管水平。

（三）加强信息化人才队伍建设

第一，建立信息化培训和岗位交流机制。通过外部聘请、内部选拔确定一批高质量师资，定期开展信息化短期培训，根据内蒙古自治区各级税务机关人员素质情况，分层次、分类别、有针对性地开展技能培训（包括资源税扩围的相关培训），提高受训人员应用信息技术的综合水平。

第二，通过"以练促学"提升能力。将培训与日常业务紧密结合，对于资源税扩围等新上系统，及时安排培训并尽快通过业务操作熟悉新系统，并在此基础上进行数据分析的深度思考，反向推动信息系统的升级换代。

第三，构建税收信息化人才库，培养储备信息化骨干人员。通过岗位大练兵、业务大比武等方式选拔高素质的税务干部，并通过更高阶的系统性培训，全方位提升业务能力和信息化应用能力，使这批人成为自治区税务系统信息化工作的领军人物。

（四）提升数据分析与应用能力

第一，要提升数据集中处理、综合分析和辅助决策的能力，尽快实现自治区各级税务机关征管信息系统操作流程标准和口径的规范与统一，提高对资源税扩围等各类税收数据加工应用的深度和广度。探索将"云"技术、"大数据"等高科技成果和理念运用到资源税扩围等税收工作中去，推动数据转化为税源。

第二，应对信息分析应用方法进行创新。通过对资源税扩围税源的分布、质量状况进行全面的了解，并对资源税扩围的纳税人情况、税负高低、纳税人遵从度、满意度等进行一系列宏观、微观分析，及时掌握当地经济发展与资源税扩围的关系。在此基础上建立纳税预警评估体系，从而提升对资源税扩围重点税源的管理。

第三，进一步加强对数据分析结果的运用。按照"人机结合"的方式，科学分析相关数据对资源税扩围的影响与相互关系，探索建立数据模型用于纳税评估与税收稽查等相关工作，通过合理设定预警指标，强化风险等级管理。

第三节　内蒙古自治区资源税扩围服务体系构建

优质便捷的服务体系是现代税收工作的重要特征，不仅是实现税收现代化的重要平台，也是自治区资源税扩围建设的重要方面。建设服务型政府是当今各级政府加强国家治理的重要举措，税务机关作为政府组成部门之一，建设服务型纳税理所当然成为其自身建设目标之一。国家税务总局明确提出"优化以满足纳税人正当需求和维护合法权益为重心的纳税服务"，将纳税服务现代化作为建立现代税收征管新格局的首要内容，推动税务机关管理理念的根本转变。内蒙古自治区资源税扩围工作的开展离不开纳税服务体系的支撑，优质便捷的纳税服务体系是资源税扩围的重要建设内容。

一、税收服务现代化在内蒙古自治区的发展

纳税服务是指在纳税人根据法律规定在行使纳税权利与履行义务的过程中，政府和社会组织依法为纳税人提供的便利、规范的各种服务的总称。纳税服务不仅是税务机关职责的体现，也反映了税收的本质属性。

现代纳税服务体系是针对传统纳税服务体系提出的新概念，是指为了顺应现代社会的发展需求，税务机关以先进的服务方式、低廉的征纳成本给纳税人在纳税的全过程中提供全方位、便捷高效的服务，对纳税人的合法权益给予充分尊重的服务系统。纳税服务现代化不仅是现代管理理念催生现代化服务根本转变的产物，也是当今面对经济全球化和社会主义市场经济深入发展，税务部门以纳税服务推动纳税人主动缴税、提高纳税遵从度从而降低征管成本的现实选择，更是时代发展要求下建设服务型政府的必然要求与对广大纳税人利益诉求的积极回应。

纵观我国纳税服务的发展，直到 20 世纪 90 年代中后期我国才开始重视在税务机关中开展纳税服务，经历了萌芽（1994 年前）、起步（1994～1996 年）、发展（1997～2001 年）、完善（2001～2008 年）、改革（2008～2012 年）、现代纳税服务建设（2013 年至今）六个阶段，纳税服务理念逐步深入税务机关与纳税人的意识，纳税服务的内容与形式越来越多样化，纳税人对纳税服务的满意度也逐渐提高。

近些年来，内蒙古自治区税务部门按照 2014 年国家税务总局下发的《全国县级税务机关纳税服务规范》持续改进纳税服务，主要在纳税信息咨询、办税大厅、电子申报缴税等纳税服务方面进行了改革。

在纳税信息咨询服务上，以网站、12366 热线和现场咨询相结合的方式为纳税人提供最权威的纳税信息咨询。每年 4 月为法定税法宣传月，向纳税人集中宣传最新的税收政策及法规。在办税大厅服务方面，各盟、市、旗、县税务

部门通过建设具有综合功能的办税服务大厅，为纳税人提供税务登记、发售发票、税法咨询、申报受理、税款征收等多项服务。仅国税系统（机构合并前）就在全区设有239个办税服务厅，服务辖区内27.5万多户纳税人。办税服务厅现代化功能日益丰富，使纳税人享受到的纳税服务水平有了较大提升。在电子申报缴税服务方面，由传统的上门申报逐步发展到网上、IC卡、软盘介质、电话申报等形式，纳税方式的电子化、网络化使纳税人今后申报纳税将会变得越来越便利，并且还降低了纳税成本。随着内蒙古纳税服务综合管理平台的建成，形成了覆盖14个盟市、441个办税服务厅、办税室及办税延伸点的信息网络，能够辅助税局处理涉税业务70余项，将进一步促进自治区的纳税服务体系的建设。

二、构建资源税扩围现代化纳税服务体系的目的与要求

（一）构建现代纳税服务体系的目的

经济合作与发展组织（OECD）认为，纳税人可以分为四大类，具体包括纳税人完全不遵从、纳税人可能不遵从、纳税人想遵从但实现难度较大以及纳税人遵从。对于前两类纳税人，由于其自身缺乏纳税意识，因此，税务机关应对其加强管理，杜绝这类纳税人逃避纳税的侥幸心理；税务机关应当采取教育、辅导以及帮助等形式对第三类纳税人加以引导，使其慢慢具有自觉纳税的意识；税务机关对于第四类纳税人，就是要为其提供更优质的纳税服务，让纳税人自觉做到更好。现代国际税收管理的潮流就是指税务机关要给纳税人提供更加便利、优质的纳税服务，同时这也是我国《税收征管法》对税务机关提出的新要求。服务也是管理，通过把服务寓于管理之中，税务机关通过优化服务与严格管理，构建现代化纳税服务体系，使税务机关和纳税人的关系更加和谐，提高税法的遵从度。

（二）资源税扩围现代化对纳税服务体系的要求

1. 现代化纳税服务要以法律规定为依据

一指有法可依。对于资源税扩围纳税人的权利义务，国家层面的法律规定要明确对纳税人权利义务的规定，也要规定税务机关和相关部门的权利义务。二指依法行政。坚持征纳双方的法律地位平等，税务机关在征税过程中，对资源税扩围纳税人的权益也要进行合法保障，当然纳税人在履行纳税义务的同时，也应当享有自己的权利。

2. 现代化纳税服务要以纳税人正当需求为导向

推进纳税服务现代化，必须将满足纳税人正当需求作为出发点和落脚点，对资源税扩围纳税人需求进行调查分析、调整税收业务流程、配置机构设置及人员等工作，并汇总后上报法规制定部门，适时调整资源税扩围试点办法。

3. 现代化纳税服务要以提高纳税人税法遵从为目标

从税源管理和纳税服务的本质来看，纳税服务是指通过一系列辅导、激励的手段，对纳税人加以引导，引导其自觉纳税，诚信纳税。

4. 现代化纳税服务要以追求效率为基础

纳税服务旨在于帮助纳税人降低税收遵从成本。推进资源税扩围纳税服务现代化，就必须树立起成本理念，注重合理利用资源，讲求效率、效益、经济的原则。

5. 纳税服务现代化要以社会协同参与为保障

从某种意义上来说，纳税人是国家的"顾客"，国家作为供应商提供公共产品。也因此，现代化纳税服务不应局限于税务机关提供的服务，而应当包括全社会提供的各式各样的公共服务以及各种社会组织的积极参与。这一点在资源税扩围上表现得更为明显，水利、森林、草原、国土等相关部门都与资源税扩围纳税人密切相关，都应该成为纳税服务的提供者。

三、资源税扩围服务机制构建——优质便捷的服务体系

内蒙古自治区资源税扩围服务机制以构建优质便捷的服务体系为目标，内容是将现代服务理念和先进信息技术广泛应用于资源税扩围税收服务，建立与现代税收征管体系相融合的，以理论科学化、法制系统化、平台品牌化、业务标准化、保障健全化、考评规范化为主要特征，始于纳税人需求、基于纳税人满意、终于纳税人遵从的现代服务体系。

（一）明确服务体系建设的关键原则

现代、便捷、高效和统一的纳税服务体系以纳税人为中心进行构建，这一体系的构建是全方位的、多层次的和开放式的，各个维度的建设应在明确五个关键原则的前提下开展。

1. 依法行政原则

法治社会下的征纳关系摆脱了冲突关系和维系关系，而是建设型的互动关系。为了进一步健全纳税服务制度，税务机关应当以各种税收法律、法规作

为依据，将"依法征税、依法服务"作为税务机关开展纳税服务的灵魂和基本原则，切勿将纳税服务等同于混淆双方法律责任的"保姆式"。

2. 公平公正原则

纳税服务要秉持对所有纳税人一视同仁的理念，在此基础上根据不同纳税人的需求提供个性化服务；将严格执法、规范执法贯彻于税收执法过程，以公平、公正的税收环境提升纳税人的遵从度。

3. 透明便捷原则

只有增强执法的透明度，将办税程序、政策法规和税收服务内容公开公布，才能消除征纳双方的信息不对称，才能便于纳税人办税和监督。

4. 效率节约原则

纳税服务的一个重要目标是提升效率、降低成本，必须将提高征管质量和效率作为纳税服务的宗旨。绝不能不求质量和效率地就服务搞服务，切勿把纳税服务搞成"面子工程"。

5. 需求导向原则

纳税服务的内容、形式要能以纳税人的需求为导向。在实际工作中可将纳税人通过分类，按不同标准区分不同类别纳税人的需求，例如，行业需求、大企业需求、个体纳税人需求等，还可兼顾一些特殊纳税人的个性化需求，从而以高质量的服务提升纳税人的满意度。

（二）完善纳税服务基本制度

制度建设是纳税服务体系的基础，内蒙古自治区资源税扩围纳税服务体系建设也必须立足于纳税服务基本制度的制定与贯彻实施，只有基本制度落实到位，才能推动纳税服务工作的深化。

1. 拓展税收宣传渠道

建立健全税收政策（包括资源税扩围政策）的宣传、辅导、培训和咨询制度，实现税法宣传的经常化、机制化。通过编印各类报税手册、利用报纸、网络、电视等多种媒体宣传税法，举办各类税收研究论坛、税收常识比赛等，使纳税人获得良好的税收信息服务，为不断提高纳税人依法、及时、足额纳税的自觉性创造条件。

2. 优化办税服务

明确纳税人依法应享有的各项权利和应履行的义务，增强税务执法透明度，方便纳税人办税和对税务机关的监督。此外，完善税收相关权益告知制度，规范税务行政处罚程序，告知纳税人提请听证、行政复议、行政诉讼等的权利与程序，保障纳税人合法权益。

3. 完善考核监督制度

完善税务机关内部、纳税人以及社会各界对纳税服务相关的考核监督制度，督促内蒙古自治区税务服务不断改进提升。在税务机关内部建立纳税服务体系以及激励机制，并且对内部员工进行绩效考评，对纳税服务的考核制度不断进行完善。在税务机关外部，建立纳税人对纳税服务质量的反馈考核评价制度，通过办税场所意见反馈簿、纳税服务情况问卷调查、12366 热线回访等渠道了解纳税人对纳税服务的满意度，并根据反馈意见及时改进工作。

(三) 建立纳税服务保障机制

纳税服务保障机制既包括良好的征管环境、高素质的纳税服务队伍，也需要充足的资金、完善的信息技术提供支撑，还包括纳税人监督制约机制的完善。

1. 良好的征管环境需要不同的部门配合，形成服务合力

首先是税务机关要与其他部门合作，营造关心、支持纳税服务工作的社会环境；其次是努力争取政府部门的支持，加强与公检法、工商、水利、森林、草原管理等相关部门的信息共享，从而为纳税人提供更为优质的服务；最后加强服务培训，帮助广大税务干部掌握包括资源税扩围等新知识、新技能，以适应资源税扩围纳税服务的需要。

2. 充足的经费投入是优化纳税服务的资金保障

应确保税务行政事业经费中划出专项资金用于纳税服务，以充足的经费来支持资源税扩围等纳税服务的设备可以及时更新，为纳税服务提供坚实的资金支撑。

3. 将纳税服务置于有效的监督之下，能促进服务质量的提升

主要采取以下四项措施：一是各级税务机关要在公开场合公布各自的服务承诺内容，既使税务人员增强自律意识，也为纳税人开展监督提供有效依据；二是可建立社会各界组成的特邀监察员队伍，督促税务机关改进服务；三是在税务网站上设立监督专栏，及时收集纳税人和社会各界的意见和建议，畅通互动沟通渠道；四是通过在征税大厅、税务机关大门等地设立投诉箱，由纪检监察部门定期开箱整理，交由纪检、纳税服务中心等部门处理，并公示处理结果，以透明的信息、及时的处理、服务的提升回应纳税人的合理诉求。

(四) 以纳税人为中心创新纳税服务模式

提升纳税服务水平是顺应全球化发展和信息化革命而做出税务管理变革，

在这一趋势推动下，我国的纳税服务取得了长足的进展。"服务永无止境，改革未有穷期"，纳税服务要想进一步深化，必须以"为纳税人服务"为中心，实现纳税服务的全方位突破，以更加全方位的纳税服务推动自治区资源税扩围工作的顺利开展。

1. 拓宽服务内涵

以"放管服"改革为契机，在办税大厅推广"一站式"办税模式。当前"首问负责制""一站式"成为服务行业和政府"放管服"改革的重要模式。纳税服务也应借鉴其他行业的经验，通过改革行政审批方式，整合征管流程，解决纳税人在不同部门多头跑、多次跑的问题，使纳税人办税由"多方审批""多窗办理"向"一窗式"受理、"一站式"办结转变。目前内蒙古自治区税务局已经开始推行"一站式"服务，应加强前台税务服务人员业务素质，熟练掌握资源税扩围的相关政策，使资源税扩围纳税人能享受到"一站式"便捷的纳税服务。

2. 积极探索个性化纳税服务

个性化服务是人性化原则在税收征管中的具体体现，是纳税服务内容的深化。个性化服务是各类企业争取客户的重要手段，能给顾客带来自豪感和满足感，增加客户的忠诚度。同理，个性化的纳税服务能够提升纳税人的纳税遵从度，提升征税效率。税务机关可根据不同纳税人的特点和需求主动提供个性化服务，如办税预约、办税绿色通道、缴纳提醒等，还可通过各种方式帮助企业解决一些实际生产经营困难，多渠道收集纳税人意见，增进征纳双方的沟通和互动。

3. 努力提高服务的科技含量

信息化建设是提升纳税服务体系的助推器，"互联网+税收"已经成为税收事业发展的大趋势。鄂尔多斯市税务局建成了自治区首家无人工柜台、24 小时值守的"智慧办税服务厅"，能够实现 31 项税收业务全区通办，7 项业务全国通办，是科技提升纳税服务能力的鲜活例子。在资源税扩围中，针对税种征收特点，借助无人机、大数据等科技提升纳税服务水平，是未来提升资源税扩围效率的重要手段。

第六章

内蒙古自治区资源税扩围治理体系构建

税收制度是税收治理体系的基础，税收管理是将税收制度所内含的治理精神贯彻到税收征纳的过程。治理是权利的重新配置，有效的市场经济一定是权利开放的市场经济，权利开放既包括中央向地方开放权利，也包括政府向社会开放权利，①"适度分权"原则指导下的资源税扩围在制度设计与实施上较充分地体现了中央对地方的权利开放，也应进一步在实施中推进政府向社会开放权利，税务部门向其他部门开放权利。内蒙古自治区资源税扩围应在税制设计与税收管理体系建设的基础上，通过资源税扩围利益相关方之间的权利配置与治理博弈，最终实施于自治区内的纳税人，进而影响内蒙古自治区的经济与生态建设，达到资源税扩围内部治理与地方治理的互促共进，形成"税地共治"的良好局面。

第一节　资源税扩围税收治理关系分析

资源税扩围从传统的税收管理向税收治理的转变就是要重构资源税扩围中利益相关方的关系，其核心是吸收更多主体参与到资源税扩围的实施之中，体现税收治理的"多中心"内涵。同时各主体在参与资源税扩围实施的过程中，通过民主参与、反馈回应机制明确各主体的权利，以此增加各主体的权利意识，增加对资源税扩围目的的理解，更加有利于形成良好的治理效果。因此，构建资源税扩围治理体系首先应对资源税扩围中相关利益主体的地位、诉求与关系进行分析。

"利益相关者"一词源于管理学概念，于 1963 年由斯坦福研究院的学者首

---

① 吕冰洋，台航. 国家能力与政府间财政关系 [J]. 政治学研究，2019 (3).

次提出。Freeman 在 1984 年下的定义被广为接受：利益相关者是指那些能影响组织目标的实现或被组织目标的实现所影响的个人或群体。资源税扩围改革是关涉相关利益群体所支配资源和获取利益的重新分配过程，在这一过程中，利益相关者将围绕着扩围资源管控、分配、权力交接与责任分担而进行各种博弈，最终构建起科学合理的税收体制。对资源税扩围改革所涉及的利益相关者进行分析，全面、客观地了解其在税制改革中的权力、立场和认知等方面的信息，在此基础上制定的资源税扩围改革政策就可减少实施阻力，提高税收治理效果。处理好资源税扩围利益相关者的关系，是扩围改革顺利实施的关键。因此，对自治区资源税扩围中的利益相关者关系进行分析，对于有效推进资源税扩围改革、增进治理效果具有重要意义。从市场主体的角度去考察，在社会主义市场经济条件下建设资源节约型、环境友好型社会需要政府、市场和家庭三方面的共同努力。资源税扩围改革作为重要的政策工具，必然会触及政府、企业和家庭的实际利益，因此，从这个意义上来说，资源税扩围改革中的利益相关者就是政府、企业和家庭。如果再做详细划分，资源税扩围改革中的利益相关者主要包括中央政府、中央相关部委、地方政府、扩围资源企业和社会公众①。

一、中央政府在资源税扩围改革中的定位分析

中央政府是管理一个国家全国事务的国家机构的总称，在联邦制国家，称为"联邦政府"。具有中国特色的社会主义是在中国共产党的领导下进行建设的，全国经济社会发展的重大决策都是由党领导下的中央政府作出并推动的。我国是公有制为主体的社会主义国家，中央政府代表国家拥有全国自然资源的所有权，并且对境内自然资源进行管理与开发。作为自然资源的所有者，中央政府可以直接行使所有权，通过资源有偿使用制度，向开发企业收取资源租，即自然资源占有权转让收益；作为自然资源的最高管理者，中央政府从国家发展战略高度，通过建立资源税制度，统筹资源开发、资源供给与资源安全、生态保障等目标的平衡，调节国家、资源企业、资源地居民等相关利益主体之间的关系；作为自然资源的开发者，通过水厂、林场、牧场等国有资源类企业投资获取经济利益。中央政府在资源税扩围改革的实际运作中通过制定和监督实施资源税收法律法规和政策，维护国家作为国有资源所有者和国家社会管理者

---

① 马衍伟. 中国资源税制改革的理论与政策研究 [M]. 北京：人民出版社，2009. 该著作的第三章详细探讨了中央政府、政府部门、地方政府、社会公众和资源企业在资源税改革中的利益诉求，为本部分写作提供了较多借鉴。

的利益。中央政府在资源税扩围改革进程中居于主导地位，不仅如此它还在资源税扩围改革而导致的社会利益格局变动中发挥主导作用。

西方经济学制度学派认为，政府通过制度创新使其获取的统治租金最大化，同时实现社会稳定及政治支持最大化。即以制度创新降低市场交易费用推动经济产出最大，随着经济规模"蛋糕"的做大，政府从经济中获得的税收也越多，实现国家统治租金的最大化。作为制度的供给者，中央政府在资源税扩围中需建立有效的产权制度、降低交易费用以推动相关产业发展壮大，并充分考虑对资源地居民利益的维护，以制度创新使资源税扩围相关利益主体的共同性利益大于冲突性利益，即达到"共容性利益"，从而使资源税扩围改革进程中相关利益主体之间的博弈成为一种合作博弈，促进社会福利水平最大化。在我国的资源税扩围改革中，党中央、国务院希望资源税扩围改革能够坚持节约资源和保护环境的基本国策，建立完善节约能源资源和保护生态环境的法律制度，实行有利于科学发展的财税制度，建立健全资源有偿使用制度和多元化生态补偿机制，努力开创生产发展、生活富裕和生态良好的发展局面，为建设资源节约型、环境友好型社会提供支撑。

综观十多年来中央政府在资源税制改革方面的一系列指示精神，不难发现，中央政府把资源税制看作是建设资源节约型、环境友好型社会的一个重要政策工具，通过改革旨在建立一个能充分考虑资源稀缺性和环境成本的资源税收价格机制，从而为推动科学发展和社会和谐提供税收体制机制保障。与此同时，中央政府还希望改革后的资源税制能够满足以下六个目标：一是资源税制可以通过提供可预见和稳定的税收收入流，支持宏观经济的稳定；二是资源税制可以允许政府在资源产品利润高的时期获得更高份额的收入；三是资源税制可以得到有效的管理，从而降低征收成本，减少避税可能性；四是资源税制可以通过规定早期生产阶段征税，使税收收入的现值最大化；五是资源税制可以从成本极低、利润极高的项目中获取意外收入；六是资源税制是中立的，有利于提高经济效率。

二、中央各部委在资源税扩围改革中的定位分析

中央各部委是公共财政支持的公共服务部门，是作为党的政策的具体贯彻者和国家的意志在某个领域的代表者出现的，它除了党和国家的利益（也即是人民的利益）之外，没有任何特殊的利益，理应以公共利益为其一切行为的目标和准则。但在现实生活中政府部门除了代表党、国家和人民的利益之外，还

不同程度地从部门利益出发，在政策制定和行政过程中凭借经济资源的巨大配置权力必然表现出利己偏好。一个政府部门在履行职能时至少有三种角色：一是作为公共权力机构为全社会提供公共产品；二是作为经济发展的组织者和获益者，对经济进行管理和干预；三是作为"部门利益"或"部门权力"的所有者，保证本部门的利益或权力。在这三种角色定位中，各部门存在越来越追求"部门利益"的趋向，而将"部门利益"或明或暗地加入提供公共产品的决策之中。加之，中央政府在对资源税扩围改革做决策、定方案时往往涉及多个政府部门，这些政府部门在职能上都具有一定的直接或间接管理权，从机构级别设定上不存在"谁高谁低"的问题，从管理权限设置上也没有"谁大谁小"的问题，这样各有关部门在资源税扩围政策的处理上，谁都可以管，谁的意见都重要，难免会出现"多龙治水"，相互扯皮，容易使各政府部门在实际的资源税扩围改革决策和政策管理活动中从各自的利益出发，有选择性地进行管理，最终导致科学的决策不能实施，最优的方案不能实行，而只能选择次优的方案，使政府决策科学性大打折扣，影响行政管理的效果。

目前，在资源税扩围改革决策中涉及的中央部委主要有财政部、国家税务总局、水利部、自然资源部、国土资源部以及生态环境部六个部委，各部委职责各不相同，其在资源税扩围改革中的功能以及对改革的期许也各不相同。其中，水利部希望通过资源税扩围能够配合实施最严格水资源管理制度，实施水资源的统一监督管理，指导开展水资源有偿使用，指导地下水开发利用和地下水资源管理保护。自然资源部希望资源税扩围改革进一步明确国家对自然资源的所有权，合理配置全民所有自然资源资产，促进自然资源合理开发利用。国土资源管理部希望资源税扩围改革能够处理好经济发展与保护资源的关系，坚持开源与节流并举，走出一条节约集约利用资源的新路子，完善资源开发收益分配机制的作用程度，建立健全国土资源政策管理体制，提高国土资源对经济社会全面协调可持续发展的保障能力。生态环境部则希望资源税扩围改革能促进对资源节约和环境保护，体现"谁开发、谁保护，谁破坏、谁恢复，谁受益、谁补偿，谁污染、谁付费"的原则，同时，通过改革使扩围资源的开发者能够真正承担由于开发所造成的生态损失，通过缴纳税款的方式来支付占用环境容量的费用。财政部和国家税务总局注重改革对财政收支总量的影响，逐步建立有利于科学发展的资源税扩围机制。

三、地方政府在资源税扩围改革中的定位分析

地方政府是指在中央政府指导下负责某一具体行政区域管理事务的政府组

织。政治体制的差别使不同国度的地方政府拥有不同的权力和承担不同的责任，一般来说，与中央政府相比，地方政府具有有限的权力，例如，制定地方税收政策、实行有限的立法等。除特别行政区以外，中国的地方政府一般分为四级，省级、市级、县级和乡级。各级地方政府作为国务院统一领导下的国家行政机关，都在中央的指导下开展各项管理工作，地方各级人民政府必须依法行使行政职权。

政府本应超然于经济利益之上来行使其社会管理者职责，但无数的历史经验和实践表明，在政府"经济人"特性驱使下，政府行为方式会有悖于其作为社会全体利益管理者的角色。如果这种影响放到资源税扩围改革过程中，那么可能导致政府的政策取向偏离全社会公共利益的价值取向，产生政府行为的异化并传染到经济领域，导致企业经济行为和社区居民行为的异化。在资源一级所有二级开采体制下，地方政府不仅通过收取资源税费来增强地方财力，也能通过开发自然资源来促进当地产业、投资和区域经济的发展，在"经济人"特性驱使下地方政府有忽视生态环境恶化而增大自然资源开发力度的倾向，这也是产生中央政府与地方政府利益冲突的主要根源。

从国家赋予地方政府在资源管理方面的职责来看，其应对当地自然资源的开发利用与保护、经济利益与生态利益、当前利益与长远利益进行统筹规划，寻求当地经济、社会、生态、文化的和谐发展。受"GDP 主义"的驱使，首先是我国各地方政府通常将经济增长作为首要目标，其次才是社会秩序与生态效益，虽然近些年有所改善，但仍受"GDP 主义"的较强影响。在各地区的经济发展中，很多资源富集地区的地方政府官员仍将资源的经济效益产出作为自己的政绩，而将对资源和生态的保护作为不得已而为之的政治表态。因此，地方政府特别希望通过资源税扩围改革培育地方骨干财源和主体税种，增加地方财政收入，增加就业机会。

总之，地方政府在资源税扩围改革过程中有扩大资源税税基、提高资源税率，以增强地方财力、缓解地方财政困境的要求。此外，地方政府还有要求拥有灵活调整资源税扩围税率标准、税收优惠等相关规定的权力，甚至要求拥有根据本地区资源禀赋拓宽税目的权力。

四、社会公众在资源税扩围改革中的定位分析

社会公众作为政策实施的最直接关系方，有权利以个体或者组成社会团体通过一定程序与方式参与社会公共决策，表达自身的利益诉求和意愿。在这一过程中，社会公众既是公共决策制定的参与者，也是公共决策的受影响者，在

国家治理中占有重要的地位。我国《宪法》（2018 年修正）规定"中华人民共和国的一切权力属于人民"，人民有通过各种途径参与国家经济、文化、社会事务的权利。《国务院工作规则》（2018 年修订）也要求不论是起草法律草案，还是制定行政法规和部门规章，都要充分反映人民意愿，在法律法规制定的过程中都要扩大公众的参与度。由此可见，社会公众参与资源税扩围改革等国家公共决策是实现人民民主的重要途径，同时，公民参与可以更好地发挥社会公众对资源税扩围改革的决策者及其实施机构的监督作用，增强政府税收政策制定及实施的可接受性和可操作性，使税收政策的执行更加顺畅、更深得民心，从而有助于政府公信力的提高。

资源税扩围改革中涉及的社会大众主要有两类：一是资源地区居民，二是资源消费者。作为资源开发地居民，他们既享受资源开发带来的积极效应，也要承担因资源开发而产生的负外部效应。积极效应主要是指由于资源开发促进当地经济发展，改善就业和提高居民生活水平，同时也促进了当地与外部的交流，居民的视野与素质得到提升。负外部效应则会带来消极影响，例如，生活环境的污染、自然环境的破坏、生活空间的拥挤等问题，资源地居民会对这类消极影响做出反应，有的甚至比较激烈，产生影响社会稳定的事件。因此，资源税扩围改革要重点关注其社会效益，以维护和提高当地居民生活环境为基本，兼顾当地经济发展与居民经济利益。只有当扩围资源开发地居民的利益得到保证，改革才能得到当地居民的支持。因此，重视和聆听当地社区居民的利益诉求，接受其观点并采纳到资源税扩围改革方案中，很有现实意义。资源税扩围改革就是要千方百计放大资源开发给社会公众特别是资源开发区居民带来的积极影响，减小资源开发给社会公众特别是资源开发区居民带来的消极影响，尽量满足社会公众特别是资源开发区居民、社区居民期望呼吸更清新的空气、喝更清洁的水、吃更加绿色的食品、挣更丰裕的票子、享更快乐人生的利益需求。

五、资源企业在资源税扩围改革中的定位分析

企业是现代经济运行的基本单元，只有企业正常的经营运转并盈利，才能提高国民收入水平，并为国家贡献税收。从企业长期发展的角度来看，企业追求经济利润与承担社会责任并不矛盾，一个企业长期生存并获得公众认可的条件就是主动承担相应的社会责任。企业以盈利为最终目标，在现代产权制度下，企业在运营过程中向环境排放各种污染物而不承担治理成本，给资源开采地居民带来负面影响，产生环境的外部性。人类不能生活在一个充满垃圾的环境里，

这时政府必须担当起治理污染的责任：一方面，政府通过各种手段迫使企业减轻污染；另一方面，对已造成污染的地区进行污染修复。从表面上来看，政府的行为是不理智的，没有企业就没有税收，没有税收政府就无法实现它的各种职能。但是，将这种行为放在一个较长的时间里观察，政府的行为却是明智的。政府通过对企业征收资源税费等行为，能够诱导企业考虑清洁的生产工艺、节约资源和环境保护，从而实现整个社会的可持续发展。人类生产生活必须依赖自然生态系统的支持，我们需要洁净的水源、无污染的空气和各种各样的生物资源，当自然资源的供给无法满足人类需要、当生态系统由于过度干扰而无法完成自身循环时，人类的生产和生活也无法继续，企业的利益更加无从保障。

由于我国实行自然资源的所有权归国家，导致农民、牧民对自己生活的周边的水、森林、草场资源都没有所有权，当资源开发涉及土地出让时，当地居民得到的补偿很少，却要承受资源开采所带来的生态环境恶化的后果，进而有可能形成资源开发企业与当地居民的对立。虽然资源开采企业都以营利为目标，但这并不是说它们不愿承担社会责任或不愿承担风险，而是因为它们非常重视现金的流入、成本的降低以及风险的减少与补偿。资源开采企业对资源法规的总体要求一般包括资源开采权保障，即明确规定投资者投入资金进行开发要能够按照所签订协议履行；整体政策环境透明、可预测、稳定，并基于"法治"标准，从而使投资者能够合理制定有充分把握的决策；政策应允许投资者实现与他们设想的风险相一致的投资回报率，能够最大限度地减少决策被扭曲的现象，并保持对管理效率的鼓励。资源开采企业要研究投资所在地的资源税收制度，并将税收当作它们开展业务的成本。根据它们的总体要求，企业会进一步对税收政策的内容和设计进行参数选择。参数选择的重要原则包括资源税扩围改革应该主要针对已实现的利润；资源税扩围制度应该允许并鼓励投资者尽早收回投资；税制应能反映出公司收入的多变性，在生产产品价格低时能及时减轻公司的财税负担；税制应该稳定、可预见和透明，以减少风险；税收应该只针对项目开发产生的现金流；应该最大限度地减少歪曲成本和回采率或削弱管理效率的税收；税制应该鼓励资源节约，以促进企业采用新技术降低能耗；资源税扩围制度应该鼓励企业不断投资于项目的改进。

第二节 资源税扩围税收治理机制构建

税收治理是国家治理体系的重要组成部分，在国家治理总体框架与要求下，以多元参与、协作共赢为特征，以实现税收现代化为目标，通过税收权利在中央政府与地方政府、中央部委与地方政府、地方政府与地方政府以及政府与社会组织及公民之间的多维度、多层次配置和运用，最终提升税收管理绩效的一系列过程。① 通过上文对我国资源税扩围相关利益主体的分析，资源税扩围在"适度分权"原则的指导下完成了中央与内蒙古自治区政府在税收权利上的重新配置，为下一步构建政府、社会、公民共同参与、互动，形成多中心协同治理的局面打下了良好的基础，需要进一步在理论上对资源税扩围中涉及中央、民族自治地方、社会组织、资源地公民之间的税收权利关系进行构建，指导民族自治地方资源税扩围的多中心治理的实践。

一、资源税扩围的多中心治理框架

承继上文资源税扩围相关利益主体利益诉求的分析思路，以奥斯特罗姆多中心治理理论"宪法—集体选择—操作"三层治理框架为基础②，以分级别、分层次、分阶段的多样性制度设置为目标，构建内蒙古自治区资源税扩围的多中心治理框架（见图6-1），其三层分别是：

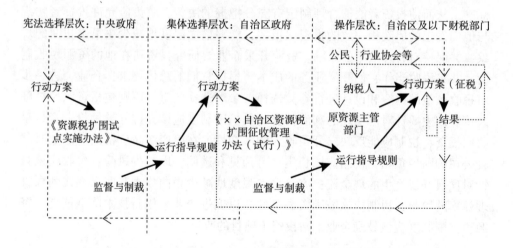

图6-1 内蒙古自治区资源税扩围多中心治理框架

① 张雷宝. 税收治理现代化：从现实到实现 [J]. 税务研究, 2015 (10)：70-74

② [美] 埃莉诺·奥斯特罗姆. 公共事务的治理之道——集体行动制度的演进 [M]. 余逊达，陈旭译. 上海：上海译文出版社, 2012：59-63.

（一）"宪法"层次

中华人民共和国国务院，即中央人民政府。作为最高国家行政机关，其发布的与资源税扩围相关的法规由财政部、税务总局、资源主管部委及相关部门共同制定，由国务院授权财政部、税务总局等部门对外进行发布。

（二）"集体选择"层次

这一层次主要包括内蒙古自治区政府。内蒙古自治区政府根据中央政府要求，制定本自治区资源税扩围的具体税收政策，并以民族自治区政府名义发布地方性法规，要求民族自治区以下财政、税收、原主管部门及其他相关部门执行政策。同时内蒙古自治区政府也能够向上级反馈资源税扩围执行中存在的问题并提出改进建议。此外，自治区政府也能够在中央政府确定扩围试点前在征询各民族自治地方意见时，向中央政府反馈本地区实际情况，提出本自治区是否参与资源税的扩围试点。

（三）"操作"层次

主体包括两类：一类是各类政府部门，主要包括内蒙古自治区及以下各级政府的财政、税收、资源费原主管部门以及其他相关部门；另一类则是包括资源地居民、纳税人、行业协会、第三方机构等相关利益者。操作层次的第一类政府部门主要根据自治区政府发布的资源税扩围的各种规定贯彻执行政策。主要涉及税款的征收、管理以及各个部门间的合作、工作的衔接。其中，基层税务部门主要根据资源税扩围政策要求执行政策，完成税收征收任务，根据执行过程中出现的疑问向自治区相关部门反映，并提出建议。操作层次第二类的主体则根据其对资源税扩围的认识、在资源税扩围征收过程中的感受通过各类渠道和机制向上层反馈，影响资源税扩围的政策。

可见，在内蒙古自治区资源税扩围治理中的多中心除了中央政府和自治区政府以外，还有普通公民、纳税人、行业协会、第三方机构以及原资源主管部门，而这些主体一般都处在操作层次，依照原有的税收管理逻辑，从这些中心所处的层次来看，似乎在资源税扩围中发挥不了什么作用，而税收治理的要义恰恰是要打破原有的"国家单独治理"模式，摒弃传统税收领域中存在的管制思维和控权论思想，弥合管制逻辑下国家与社会的对立关系，通过多中心主体的合作治理，真正发挥公民和社会其他主体参与税收治理的主动性和积极作用，推动税收真正回归"取之于民、用之于民"的公共性的逻辑起点。

二、资源税扩围的多中心治理机制分析

资源税扩围的多中心治理机制在设计上延续了传统税收管理中的层级划分，因为清晰的层级有利于划分不同治理主体的权责边界，同时在较低层级的多中心主体发生意见不统一而在本层级协商机制无效时，能够在较高层级寻求最后的解决办法。而资源税扩围向多中心治理演进的一个重要方面是要在制度上正式确立并保证市场主体、社会主体在治理中能够充分发挥应有的作用，在多中心治理框架中表现为反馈机制的建立与顺畅运行。如图 6-1 所示，在"宪法—集体选择—操作"三层治理框架图中，实线箭头描述了自上而下的税收管理机制，虚线箭头则表示上下互动的反馈协商机制。进一步地可以将框架分为脱胎于传统税收管理系统并进行改进的财税系统内部"管理—反馈"机制部分与按照多中心治理理念引入市场、社会主体形成的财税系统外部"反馈—协商"机制。

（一）财税系统内部"管理—反馈"机制

1. 自上而下的税收管理机制

如图 6-1 所示，每一治理层次都有其各自的行动方案，行动方案通过制定法律法规文件下发作为下一层次行动方案的运行指导规则，为使上层的政策意图在下层得到贯彻，同时还有监督和制裁机制。在"宪法层次"，中央政府的行动方案主要受"政党与意识形态"和"公共舆论"影响①，制定出《资源税扩围试点实施办法》下发给自治区政府，同时对自治区政府的贯彻执行情况进行监督与制裁，进而形成"集体选择层次"的运行指导规则；在"集体选择层次"，内蒙古自治区政府根据中央下达文件结合本自治区实际情况制定《××自治区资源税扩围征收管理办法（试行）》并下发，同时对自治区以下政府和财税部门的贯彻执行情况进行监督与制裁，进而形成"操作层次"的运行指导规则。需注意的是中央政府下发的《资源税扩围试点实施办法》在征税范围、税率、税收优惠等方面为自治区政府预留了较大的空间，体现了"适度分权"的原则；在"操作层次"，内蒙古自治区及以下财税部门贯彻执行《××自治区资源税扩围征收管理办法（试行）》，同时资源费原主管部门配合税务部门对纳税人的资源使用情况进行核查统计，纳税人根据自身所使用资源量，按照税务

---

① ［美］B. 盖伊·彼得斯. 税收政治学：一种比较的视角 ［M］. 郭为桂等译. 南京：江苏人民出版社，2008.

机关核定的税款缴纳资源税款，最终结果为完成资源税税款的征收入库，同时产生对相关企业、行业以及资源消耗的影响。

2. 自下而上的反馈机制

从财税行政系统内部反馈机制来看，主要是指资源税扩围中的相关政府行政部门在"宪法—集体选择—操作"治理框架的各个层次内互动交流，在三个层次方面从下至上进行逐层汇报。"操作层次"的基层税务部门作为税款征收的第一线最先得到各类反馈，从而能较快地在征管的实际执行上做出适当调整。同时资源费原主管部门也会把在配合税务部门资源税扩围征收工作中出现的问题和建议反馈给财税部门，资源费原主管部门与财税部门形成互动交流，并将问题与建议进一步向上一层次反馈；"集体选择层次"的自治区政府则根据下级州县政府、财税部门以及行业协会的反馈信息，适当细化、调整征收管理办法实施细则，并进一步向中央政府反馈相关情况；处于"宪法层次"的中央政府则根据资源税扩围试点运行情况，针对下级政府和财税部门反映的问题作出解答和指导，将反馈和调查情况汇总后，下发补充指导文件，并在下一轮资源税扩围文件中对原有条款进行修订和扩充。

在财税系统内部"管理—反馈"机制的构建中，不同的中心主体形成了两对合作治理关系：

（1）中央政府与自治区政府的上下级合作治理关系。表现为在"适度分权"原则指导下，对于资源税扩围这一具有明显地方税特点的税种，中央政府与自治区政府在税制改革上对税收权利的重新配置与优化。中央对地方给予原则性指导，自治区资源税权明显扩大，地方资源税征收办法更加体现地方适应性。重建地方税体系将是观测未来我国税收治理现代化程度的重要窗口[①]，而本轮资源税扩围中央政府对地方政府的"适度分权"则是迈出了税收治理现代化的重要一步。

（2）税务部门与资源费原主管部门跨部门合作治理关系。资源税扩围是一个费改税的过程，由于税款征收的技术性原因要求资源税扩围后必须由资源费原主管部门与税务部门进行协同配合。为促进两部门合作治理，指导两轮水资源税扩围试点的财税〔2016〕55号和财税〔2017〕80号文件均由财政部、税务总局、水利部联合印发，且在文件中单独制定了"建立税务机关与水行政主管部门协作征税机制"条款，且在指导第二轮扩围试点的财税〔2017〕80号文件中完善细化了税务机关与水行政主管部门之间的协作，在信息互通上，由单

---

① 张雷宝. 税收治理现代化：从现实到实现［J］. 税务研究，2015（10）：70-74.

向提供信息改为双向互通信息，即由"水行政主管部门应当定期向地方税务机关提供取水许可情况和超计划（定额）取用水量"，变为"水行政主管部门应当将……等水资源管理相关信息，定期送交税务机关"和"税务机关应当按照核定的实际取用水量征收水资源税，并将纳税人的申报纳税等信息定期送交水行政主管部门"，进一步强调了两部门的平等协作关系，有利于水资源税改革在基层的平稳衔接过渡，有利于税款的足额征收入库。这一指导文件上的变化也较好地体现了资源税扩围多中心治理模式的反馈机制发生了作用，而这种机制将一直为优化资源税的治理发挥作用。

（二）财税系统外部"反馈—协商"机制

处于财税系统外部的市场、社会主体主要包括资源地居民、纳税人、行业协会、第三方机构等利益相关者，在传统的税收管理模式下他们与税务机关通常表现为一种对抗关系，而资源税扩围多中心治理的目标之一就是要将他们之间的对抗关系转变为合作关系，在法律上赋予双方平等的地位，在资源税扩围中通过"反馈—协商"机制，让各类主体能够主动、积极并充分表达自身的意见和诉求，发挥市场、社会主体在税收治理中的作用，推动税收从不对等的、单向度的管理关系向平等、合作、互动的多中心治理关系转变。

1. 纳税人参与治理的机制

纳税人受资源税扩围的影响最为直接，其会根据资源税扩围对企业效益的影响，作出加强管理、改进工艺、提高资源使用效率、降低资源消耗量等行为，这种行为结果正符合资源税扩围的目标。而推动税务机关与纳税人之间的关系由对抗向合作转化的关键则在于税收治理的程序正义，其要义则在于纳税人在取得与税务机关平等地位的基础上形成对纳税人权利的保护以及纳税人参与到对税务机关的监督。随着民族地区社会经济的不断发展，民族地区资源税纳税人承受税收负担的能力明显提升，依法纳税意识与社会责任感不断增强，从事纳税申报的财务人员对税法的理解与运用甚至超越税务机关工作人员，使纳税人客观上有能力、主观上有愿望成为税收共治的主体，而税收法律制度和征管实践改革则是引导推动纳税人参与税收治理的关键。在税收法律制度建设上，要明确征纳双方权利对等的原则，强化纳税人权利神圣的观念，确保资源税扩围纳税人权利在税收征管中的优先性，确保其有了解纳税程序和自身财产免受税务机关侵害的权利，以及监督税务机关征管行为的权利。在税收征管体系建设上，要杜绝税务机关税务裁量权弹性过大造成纳税人税负不均和征管制度不严谨造成"协商式治税"，通过高效透明的税务程序设置遏制税务腐败权利

"寻租"行为，实现税收征管规范化和科学化，推动管理型税收向服务型税收的转变。在技术条件上，互联网技术在税务领域的广泛使用，使税务机关在税收实现中的主导作用有所下降，而纳税人利用互联网参与税收治理的渠道不断拓展。因此，内蒙古自治区资源税纳税人在税收正义的前提下，更能确立社会责任感，自觉担当起民族地区税收共治的责任，并通过互联网技术搭建的渠道和平台以合法方式有序参与到内蒙古自治区资源税扩围的治理之中。

2. 资源地居民参与治理的机制

税收治理只有坚持税收的公共属性，方能保证税收收入行为与财政支出活动符合整体社会的公共利益，才能最大限度地维护民众根本权利。资源地居民参与资源税扩围的税收治理关键在于在公共收入环节体现税收法定和在公共支出环节体现预算法定。

税收法定的关键在"法定"，何为"法定"？其实质就是指当一国政府向社会征税、征何种税、征多少税都必须经过本国公民的同意，体现在资源税扩围上就是资源地公民通过民主选举组成内蒙古自治区的人民代表大会制定体现本地区公民意志的、适合于本地区的资源税扩围办法。从目前来看，由于我国在税法制定的过程中普遍实行税收授权立法，即全国人大及其常委会将多部税收法规的制定权利授予国务院及各部委，形成我国税收授权立法为主而税收法律为辅的局面。而税收授权立法是政府单向配置税收权力，背离了税收法定主义原则，无法体现公民诉求与社会意志。此次资源税扩围从中央到地方都是采用税收授权立法的方式，由国务院部委及参加试点的地方省级政府制定扩围办法，资源地居民难以参与到民族自治地方资源税扩围办法的制定过程中，参与国家层级资源税扩围办法的制定。改进方向就是落实税收法定主义，在资源税扩围阶段，民族自治地方人民代表大会（而非民族自治地方政府）根据国务院下发的扩围文件制定本自治区资源税扩围办法，并通过地方人大民意征集渠道收集自治区公民的意见。由于民族地区居民向来具有崇尚自然、保护生态的传统，因此，资源地公民作为资源取用和生态环境的直接利益关系者，有充分的动机借由地方人大民意征集渠道表达自己的意见与建议，并最终审议通过适合本地区的资源税扩围办法，资源地居民通过民主程序共同决定本区域内公共产品——资源税扩围征收办法，参与地方税税收治理得以实现。待资源税扩围试点结束，由全国人大制定《中华人民共和国资源税法》时，不同资源地居民再通过全国人大民意征集渠道参与《中华人民共和国资源税法》的制定。

实现公民参与预算的制定过程与对预算支出的监督是预算法定的必然要求。从某一税种的纳税人的角度来看，税收的"取"是直接显性的，"用"是间接隐性的，但对于更广大的公民来说，税收的"用"才能提供确实的公共产品。资源税作为地方税性质明显的税种，其"取之于民，用之于民"的公共属性更能够通过资源地居民参与财政预算的过程体现出来，即资源税款的使用必须满足资源地居民需求。作为税收治理的主体，资源地居民享有资源税款使用的选择权、税款支出方式与具体用途的知情权，可以通过听证等方式对财政资金的违规支出进行质询与纠正，并有权对预算的编制与支出提出合理化建议。总之，通过民族自治地方预算改革，将民主原则贯彻于预算编制、执行、调整等全过程中，使资源地居民参与到预算的全过程并加强对预算执行机构的监督，是资源税扩围预算法定的必由之路。从这个角度来看，将资源税作为目的税进行管理，即"取之于资源、用之于资源与环境治理"可能更符合税收治理对预算法定的要求。

3. 第三方机构参与治理的机制

税收治理中的第三方机构主要包括税务师事务所、会计师事务所、资产评估机构、价格鉴定机构等在涉税业务方面具有专业技术优势的组织，是独立于政府和企业之外的社会组织。这类机构以专业技术服务嵌入税务机关与纳税人这一对税收法律关系主体之间，有利于形成三方互相制约、互相监督的机制，已成为纳税服务体系和税收征管制度的重要社会力量，是税收治理现代化不可或缺的部分。在民族自治地方资源税扩围的过程中，税务机关应充分发挥税务师事务所等第三方机构的作用，利用其在征纳沟通、税收监督方面的优势，提升税收征管效率和纳税人遵从度，在税收征管与服务、法治监督与建设及行业发展方面与第三方机构协同合作、互动互补。税务机关要利用第三方机构在涉税培训、涉税鉴证、涉税审核等方面的专业技术优势，运用专业的税收风险评估与涉税数据及减免税审核等分析技术参与税收管理过程，降低税收管理风险。纳税人则可以通过第三方机构提供的涉税服务提高纳税水平，降低涉税风险。此外可以通过建立税务机关、涉税专业服务社会机构和纳税人三方沟通机制，畅通三方之间沟通交流、信息反馈及解决问题的渠道。在三方沟通中，税务师事务所等第三方机构的建议及监督权应得到税务机关的充分尊重，并针对合理的建议、诉求给予积极回应，化解税收征管与涉税服务中的"梗阻"问题。总之通过税务机关与第三方机构的通力合作、协调配合，发挥专业涉税服务机构在税收技术与人才上的优势，统筹多方资源，形成提升税收效能的合力，共同推动税收治理的现代化。

与财税系统内部的"管理—反馈"机制类似，在财税系统外部"反馈—协商"机制的构建中，也形成了三对合作治理关系：纳税人与政府、资源地居民与政府、第三方机构与政府合作治理关系。这三对合作治理关系虽然不会对增加税收收入发挥多大的作用，但却是税收治理的关键。如果说财税系统内部"管理—反馈"机制中的两对合作治理关系是从税收管理向税收多中心治理的初始过渡，那么这三对合作治理关系则是税收多中心治理的深化与优化。相对于税收权利在各级政府间及相关部门间的重新配置，税收正义、税收法治与预算法治的构建是一个较长的过程，也更复杂。而资源税的地方税特征更有利于培养纳税人、资源地居民和第三方机构主动关心并积极参与税收治理的意识与能力；反言之，资源税扩围的多中心治理模式为我国整体税收治理模式的改革做出了有益的探索。

三、资源税扩围多中心治理模式展望

党的十九大报告提出，要深化税收制度改革，健全地方税体系。资源税扩围是深化税收制度改革，健全地方税体系的重要举措，特别是在扩大地方税权、构建地方税种的多中心治理模式方面进行了有益的尝试。多中心治理框架较好地解释了资源税扩围实施的过程和效果，"宪法—集体选择—操作"三层次也较好地对应了我国目前的税收权限的层次划分。

未来，完善地方税种、扩大地方税权、统筹推进政府非税收入改革将是健全地方税体系改革的重点，中央政府将会以"适度分权"的原则推动更多地方性税种进行改革，多中心治理模式将在更多地方性税种的改革中发挥作用。内蒙古自治区资源税扩围多中心治理模式的经验将为其他更多地方性税种的改革提供借鉴，而多中心治理模式也将适用于并指导更多地方性税种的制定实施。党的十三届全国人大一次会议通过的《中华人民共和国宪法修正案》赋予了设区市在宪法法律的范围内，制定体现本行政区域实际的地方性法规的权利①，这为多中心治理模式在市一级政府做出"集体选择"提供了法理上的支撑，未来不同的设区市将可能制定适用于本市域的资源税征收管理办法。随着税收法定与预算法定的逐步落实，公民参与地方税法制定的程序和过程将更加透明，也更能体现税收治理在实践税收"取之于民，用之于民"这一公共属性上的进步。同时，多中心治理模式也将从地方性税种法律法规扩展到其他更多方面的地方性法律法规的制定和社会治理中，多中心治理模式的应用则实现了从"资

---

① 第三章《国家机构》第 100 条增加一款，作为第 2 款："设区的市的人民代表大会和它们的常务委员会，在不同宪法、法律、行政法规和本省、自治区的地方性法规相抵触的前提下，可以依照法律规定制定地方性法规，报本省、自治区人民代表大会常务委员会批准后施行。"

源税扩围—其他地方性税法—其他地方性法规"的扩展，同时"宪法—集体选择—操作"的层次也将向"宪法—集体选择（省级）—集体选择（市级）—操作"模式演变。

第三节　资源税扩围推动内蒙古地方治理机制构建

财政是国家治理的基础和重要支柱，税收作为财政的半壁江山在国家治理中扮演着重要的角色。资源税扩围作为重要的地方税改革，将对地方治理产生重要影响。财政改革对市场增进能力的影响通过对公共物品的提供、对法律保护、对权利开放的影响三个途径来实施①。由地方政府来实施资源税扩围，从公共物品的提供上来说，对水、森林、草场资源的保护作为公共物品，地方政府在提供上具有信息优势，同时其外部性主要局限在省域范围内。从法律保护的角度来看，资源税扩围以费改税的方式推进，本身就是通过更规范的法律方式来约束地方政府的财政行为，提高此类财政收入的法定性与规范性，是有效保护私人产权的一种制度进步。从权利开放的角度来说，资源税扩围明确以"适度分权"的原则进行试点推进，是贯彻党的十八届三中全会关于建立现代财税制度，完善地方税体系的重要举措与尝试，在资源税扩围中需进一步探索的是政府向社会如何进一步开放权利、吸纳民意、提高纳税人各项权利的机制构建。资源税扩围通过对市场的影响来改善地方经济治理，并通过经济、政治、社会体系向生态治理领域传导，从而实现增进地方经济治理与生态治理的双重效果。

一、资源税扩围增进内蒙古自治区经济治理的机制构建

（一）资源税影响经济的作用机理

在市场经济中，商品价格的变动通过市场机制传导而影响资源的配置结构，资源税调节经济资源配置的功能发挥也要通过价格机制，从中外资源税开征及改革的历史来看，概莫能外。开征资源税或者调高资源税税率水平，将会增加资源类产品的价格，通过价格机制传导至资源产品的终端销售价格，进而影响

---

① 吕冰洋，台航．国家能力与政府间财政关系［J］．政治学研究，2019（3）．

资源产品的供需数量。从财政收入角度来看，可以将资源税筹集到的财政资金用于环境治理，从而完成外部效应的内部化。

收入效应和替代效应是资源税影响经济的两个基本作用机制。收入效应是指对一种产品进行征税，会增加纳税人的成本、降低其收入，承受资源税负的消费者由于资源产品的价格上涨导致实际购买力下降，进而促使消费者调整自己的消费习惯，降低对此类资源产品的消费。替代作用是指资源税征收或上调会促进相关替代产品行业的发展。由于对某种资源产品征收资源税或上调资源税率，导致消费者转而购买其他替代产品，从而促进替代产品的生产和消费。一国政府在其宏观经济发展政策中，经常会通过提高某一资源品的税率，在降低对这一资源品消耗的同时推动替代行业的发展。例如，通过提高传统能源（如火力发电使用的煤炭）的资源税率，推动太阳能、风电、潮汐、生物质能等新能源行业的发展。

资源税扩围作为资源税改革的一个重要内容，其也通过收入效应和替代效应两个基本作用机制来作用于自治区的经济体系，具体又分为以下两个方面。

1. 资源税扩围影响产品定价

边际成本等于边际收益是经济理论上关于企业生产的重要决策原则，资源类相关企业也不例外。虽然水、森林、草场等资源是很多产品生产的必要原材料，但资源品的过度开采会对土地、水、森林、草场等自然资源及周边居民生活环境产生严重破坏。政府通过资源税扩围，以经济强制手段征收税款，将税款强行"楔入"成本从而推高资源相关产品的价格，通过市场价格传导机制影响资源企业的生产与消费者的购买行为，从而降低对扩围资源的开采，改善人居环境，形成帕累托改进。

2. 资源税扩围引导生产结构提升

税收的收入效应与替代效应通过价格机制传导至生产、消费等各个领域，通过连锁反应引导生产结构与产业结构的升级。在税收改革的驱使下，以扩围资源为原材料的产业随着资源税扩围而增加成本，企业应采取以下三项措施：企业一是要尽量降低此类资源的消耗，二是通过技术创新提升资源使用效率，三是寻求其他可替代资源的使用。消费者则可能降低以扩围资源为原材料的终端产品消费，或者转向购买使用其他技术含量高的可替代产品。生产者与消费者行为的改变，加之政府推出其他配合产业政策，最终引导生产结构的提升，并推升产业结构的升级。

（二）内蒙古自治区经济治理创新的要求

经济治理体系是国家治理体系的重要组成部分，处理好政府与市场经济主体之间的经济治理关系是国家治理成败的关键。随着国家治理体系与治理能力现代化目标的提出，经济治理也迈入新阶段。在经济治理能力提升方面除了要为市场主体提供良好的营商环境之外，还要关注不同市场主体的差异性，特别要关注对弱势市场主体的扶持，在制定完善统一、公平市场规则的同时，加强政府的引导调节作用，防止市场主体因超越自我调节能力而出现的重大市场风险，努力塑造和谐的经济治理关系。

经济建设是党的中心工作，经济治理是国家治理体系和治理能力的关键体现。经济治理的理想目标，应当是既能有效维护市场正常运行秩序、纠正市场失灵，又能提升经济个体创新动能、释放经济活力，最终实现国家、社会、人民的共赢与人民福祉最大化。能不能通过有效治理来趋近、实现既有活力又有秩序的理想经济状态，是我们党治国理政的一个重大考验。

自"十三五"规划以来，内蒙古自治区全面落实党中央、国务院的决策部署，针对自治区自身情况，实施了一系列改革，推动全区经济持续健康发展。在经济空间布局、经济发展质量、城乡区域协调等方面取得了长足进展，但同时也应清醒地认识自治区经济社会发展的不足与短板，分析自治区经济社会发展的不平衡、不充分的方面，主要包括四个方面：一是与其他省市相比，经济发展对资源的依赖仍然太高，节能减排压力较大，科技创新能力与新动能支撑不足，产业结构调整升级任务艰巨；二是经济发展环境亟待改善，行政效率与"放管服"改革还有较大提升空间，财政、金融、产业等政策支撑力度与精准度有待进一步提升；三是涉及群众教育、医疗、养老、就业的民生领域还有不少不满意的地方；四是全区干部的高质量发展理念还未确立，服务意识、法治素养与环境意识有待加强。

破除以上困扰自治区经济发展的瓶颈都亟待内蒙古自治区进一步深化改革，以经济治理方式方法创新来进一步提升经济发展的质量与空间。主要在以下四个方面提升：一是坚持稳中求进工作总基调，以供给侧结构性改革为主线，以全区产业结构的调整升级来推动现代化经济体系的建设；二是以高质量发展为引领，持续深化市场改革与扩大开放，激发市场主体活力，保持经济平稳运行发展；三是打好三大攻坚战，在稳增长、促改革、调结构、惠民生的同时，着力防范经济社会各类风险，守住不发生系统性风险的底线；四是多措并举提升全区人民群众的获得感、幸福感，在保持经济持续健康发展的同时，形成社会民生和谐稳定的局面，为建设美丽内蒙古提供支撑。

（三）资源税扩围改进内蒙古自治区经济治理的机制与内容

税收作为地方治理的重要基础，其改革必然影响到地方治理的成效。资源税是内蒙古自治区地方财政收入的重要财源，首先，资源税扩围改革对自治区的地方治理在财力上产生影响；其次，资源税扩围将节约资源、提升资源利用效率的理念贯彻到税制设计之中，也必将通过税收的收入效应与替代效应对相关纳税人和消费者产生影响，最终传导到全区的经济结构调整的大局之中。"一只南美洲亚马孙河流域热带雨林中的蝴蝶，偶尔扇动几下翅膀，可以在两周以后引起美国得克萨斯州的一场龙卷风。"美国气象学家爱德华·罗伦兹提出的"蝴蝶效应"理论已广泛应用于经济社会领域的研究之中。在我国整体经济体系之中，尽管资源税扩围改革不论从涉及范围还是体量都谈不到"影响巨大"，但通过经济系统链条的传导也必将潜移默化地影响地方经济发展，推动地方经济治理的良性发展，这一改革影响的机制与内容主要包括以下三个方面。

1. 为自治区政府提供充足收入，为地方治理提供财力保障

在世界各国政府纷纷推进"管理"向"治理"转变的过程中，我国作为一个转型经济体不仅要积极借鉴他国的经验，也应吸收治理转型失败的教训。提升政府的经济治理能力，首先是政府对社会、市场的放权让利和对公权力的约束。在政府、市场、社会三者关系中，政府长期占据强势的地位，而治理的要义之一就是收缩政府的权力而激活市场、社会参与治理的能力。只有增强市场和社会的权力并形成对政府公权力的有效制约，才能使三者处于良性治理的平衡之中。其次，也要避免掉入治理转型的陷阱，产生"低能力政府"。[①] 政府是经济社会秩序的稳定器和最基础的保障，在治理转型中过度强调政府权力的收缩，放任市场、社会的各类不理性行为发生，将会使政府引导和控制经济社会发展的能力急速减弱，市场与社会陷入混乱与失序，导致治理的失败。因此，提升政府的经济治理能力绝不简单等同于"放权让利"，政府在激活市场、社会活力的同时也要提升自身各方面的治理能力，政府的筹资能力便是其中的重要方面。

从税收角度来看这一问题，就是要为政府进行经济治理提供充足的财力保障。例如，前述章节所论述的，自治区水资源费改税较大幅度地提升了从水资源获取的财政收入，在中央资源税扩围方案所列举的水、森林、草场、滩涂资源中，内蒙古自治区占据了三种，且森林和草场资源在全国范围内具有明显的资源优势，利用好资源税扩围这一财政收入工具，科学合理设计税制和加强征管，能够为自治区经济治理在财力上提供较强的支撑。虽然资源税扩围的主要目的不在于筹集多少财政收入，但通过厘清租税费关系并建立各自征收制度，

---

① 陈龙. 突破"转型陷阱"：提升预算的建构力 [J]. 当代经济管理，2013，35（9）：71-75.

以租来体现国家所有权收益、以税收体现国家政治权力、以收费来体现政府提供的服务，客观上为自治区政府提供了更多的财政收入。因此，尽快以资源税扩围改革推动国家建立科学合理、租税费各司其职的自然资源财政收入制度是改进地方治理的重要举措，这就要求在理论层面上深化对自然资源的租税费研究，并在理论指导下建立规范的制度，最终将一套科学合理的资源税扩围制度实践于自治区的实践之中，从而改善自治区的经济治理。

2. 赋予地方适当税权，体现税制差异性和灵活性

地方治理除了需要税收提供财力支撑之外，还可以运用税收这一政策工具调节当地的经济社会发展。从我国税权的配置来看，自 1994 年分税制改革以来，绝大部分税权掌握在中央层面，几乎所有税种税法的制定、条例及其实施细则全部都是由中央（财政部、国家税务总局）制定和颁布的，地方政府只在一些具体征收办法、税率选择上有一定的权限。这种现状不仅限制了地方政府根据本地实际合理调整税种的权力，还倒逼地方政府为补充财力而滥用收费权的情况发生，大量的非规范财政收入严重扰乱了正常的经济秩序，是前些年社会诟病的经济乱象之一。因此，提升地方经济治理能力需要赋予地方适当的税权，保持地方税体系的差异性和灵活性，地方政府可灵活利用税权进行筹资和调节地方经济发展，既可以为地方提供更丰富的公共产品，提升治理的质量与效率，又能够增强地方应对风险的能力。

具体到资源税扩围改革，尽管"适度分权"原则已经在水资源税试点办法中有所体现，但内蒙古自治区政府并没有充分发挥地方政府了解基层实际情况、满足居民偏好的优势，没有针对自治区内各地区资源禀赋差距巨大的现实而制定更加详细、具有差异化的政策，从而导致诸如疏干水税率过高影响当地房价等不合理现象。在未来森林资源税和草原资源税试点的过程中，也可能面临着这类问题。因此，应将"适度分权"原则贯彻落实到具体税收政策的制定当中。内蒙古自治区政府可进一步将税目、税率的建议权下放给区内各盟、市，由各盟、市根据实际情况向自治区政府提供适合当地的资源税扩围税目、税率方案，由自治区政府汇总后统一发布。在试点一段时间后根据各地方反馈情况适时作出修改完善，体现地方税制的差异性和灵活性，避免不适当的税收行为影响当地经济发展。此外还可针对不同的资源开发行为设置差异化的税率和税收优惠政策，发挥资源税的替代效应，从而鼓励企业通过科技创新提高资源利用效率，或者使用替代资源，既减少了对当地自然资源的开发，也内在提升了企业的科技实力和竞争力。

3. 提高征管能力与效率

税收作为地方政府进行经济治理的重要手段，通过税务机关直接作用于地方经济体系。从地方税的构成及特点来看，不论是资源税、城建税、房产税，还是契税、车船税、耕地占用税等税种，都属于规模小、数量多、收入零散的税种，客观上增加了征管难度，需要较高的税收征管能力。合理的税收制度需要匹配相应的征管能力，如果税收征管能力较弱，就会影响地方税的征收。没有高效的税收征管能力保障，即使税收制度设计得再完善，也会成为空中楼阁。因此，地方税的制度设计必须要考虑地方税务机关的征管能力，只有税制与征管能力匹配得当，才能构建有效率的地方税体系。反之则不仅影响地方政府财政收入，也将波及中央与地方的财政分配关系。

在内蒙古自治区资源税扩围改革中，应坚持征管能力与地方税特点相匹配的原则，并加快地方征管体制改革。近些年来，自治区税务系统在征管改革上下了很大力气，特别是自2018年国地税机构合并以来，税收征管能力有了较大提升。但从与税收征管现代化匹配情况来看，内蒙古自治区当前的税收征管中还存在诸多问题，地方税征管手段相对滞后，仍难以满足税收征管现代化的需要，这突出表现在税收管理服务体系和信息共享机制建设滞后，信息化手段运用不充分、征管的信息化水平较低等方面，具体情况在前述章节已有具体论述。为此，完善资源税扩围的经济治理能力，应建立现代化的纳税服务体系和税收征管体系，充分利用"互联网+"和大数据平台，提高税局纳税评估水平，提高决策的科学性与可操作性，以税收征管规范资源类企业的经济行为，达到经济治理与生态治理的双重目标。

二、资源税扩围增进内蒙古自治区生态治理的机制构建

生态治理作为一种新的治理模式，是一种节约资源、多元参与、良性互动、从善政走向善治的治理。[①] 随着党的十八大报告提出的"生态文明"发展战略，生态文明建设与生态治理越来越受到社会的关注。2015年中央政治局会议审议通过《生态文明体制改革总体方案》，明确了生态文明体制改革的任务书、路线图。党的十八届五中全会首次将"增强生态文明建设"写入国家五年规划，《宪法》（2018年修正）第八十九条第六项将国务院职权中增加了领导和管理

---

① 薛晓源，陈家刚. 从生态启蒙到生态治理——当代西方生态理论对我们的启示［J］. 马克思主义与现实，2005（4）：14-21.

"生态文明建设"。党的十九大报告提出"人与自然是生命共同体，人类必须尊重自然、顺应自然、保护自然"，要"加快生态文明体制改革，建设美丽中国"。可见生态治理已经成为国家治理体系和治理能力现代化的重要方面，资源税扩围作为国家推进生态文明建设在财税领域的重要改革，应该也能够在自治区生态治理中发挥积极的作用。

（一）资源税影响生态的作用机制

1. "庇古税"效应

"庇古税"是英国著名经济学家庇古 1920 年在其著作《福利经济学》中提出的，其主旨是通过向污染者征税的方法来控制污染排放水平。"庇古税"的本质是政府通过征收税款将私人成本提升至与社会成本相等，将企业生产行为产生的负外部性成本予以内部化，从而使污染企业的产量降低进而达到降低污染、保护环境的作用。其目的通过外部成本内部化的过程化解由于企业不承担污染成本所导致的社会不公，进而推动资源分配的优化。

如图 6-2 所示，在征收"庇古税"前，Q_2 表示污染企业的生产水平，P_2 表示销售价格，在这一生产水平下，由于企业没有承担因排放污染而给社会造成的损失，这一成本由社会承担，所以社会成本大于私人成本，产生负外部效应。通过征收"庇古税"T，T 等于之前没有征税时社会成本与私人成本之差，污染企业生产水平降为 Q_1，销售价格上升为 P_1，私人成本等于社会成本，在完成外部效应内部化的同时，减少了资源消耗，保护了生态环境。

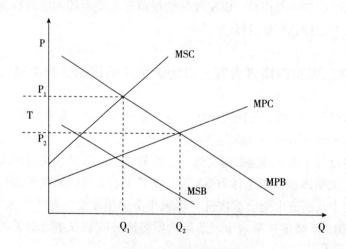

图 6-2 庇古税与生产水平的关系

2. 资源税替代效应的影响

如前文所分析的，资源税的替代效应能促使企业降低资源消耗、个人减少资源产品消费，并推动替代品行业的发展，这一过程在改变经济结构的同时也传导至自然生态领域，产生积极的影响。例如，在水资源费改税后，更多企业取用地表水来代替地下水，从而起到保护地下水资源的效果；企业迫于水资源税增加生产成本的压力而采用节水技术，在降低企业税收成本和水资源消耗的同时，也提升了企业产品的科技含量。未来资源税扩围至森林、草场、滩涂等自然资源领域，以利用该类资源生产的相关企业也会在税收替代效应的影响下改变企业使用资源的行为，通过技术革新提升生产工艺，降低对自然生态的开采与破坏，达到生态治理的效果。

（二）内蒙古自治区生态治理创新的要求

内蒙古自治区通过强化生态治理，生态环境有了较大改善，但总体上仍面临着严峻的考验。站在全国的角度来看，自治区作为我国北方重要的生态安全屏障，其生态环境保护具有特殊的重要性，关系到华北、东北、西北乃至全国的生态安全。习近平同志在参加党的十三届全国人大一次会议内蒙古代表团审议时提出要"在祖国北疆构筑起万里绿色长城"，为贯彻落实这一精神，自治区发布了《坚定不移走以生态优先绿色发展为导向的高质量发展新路子的决定》的文件。该文件提出"全面提升生态系统质量和稳定性，全面提升区域生态功能和安全性"的战略定位，提出到2025年，"全区生态环境质量明显改善，重要生态系统得到有效保护，主要污染物排放总量大幅减少，万元生产总值能耗水耗持续下降，产业结构调整和发展方式转变取得重大进展，绿色发展体制机制基本建立"的发展目标。并提出到2035年，"全区生态环境质量实现根本好转，节约资源和保护生态环境的空间格局、产业结构、生产方式、生活方式总体形成，生态环境治理体系和治理能力现代化基本实现"的中长期目标。[①]

要实现新时代背景下自治区的生态治理目标，就要坚持"生态优先、绿色发展""遵循规律、科学施策""聚焦问题、注重实效""制度创新、依法治理""集中攻坚、久久为功"的原则；就必须"积极构建绿色低碳循环经济体系"，"加快转变农牧业生产经营方式"和"推动资源型产业绿色转型"；就必须"切实加大生态系统保护力度"，"统筹水资源和水生态管理"，"构建健康稳定优质高效森林系统"和"加强草原生态保护和修复"；就必须"着力构建生

---

① 《内蒙古自治区党委关于贯彻落实习近平总书记参加十三届全国人大二次会议内蒙古代表团审议时重要讲话精神坚定不移走以生态优先、绿色发展为导向的高质量发展新路子的决定》。

态文明制度体系","完善自然资源资产产权制度","落实生态保护补偿制度",健全"绿色发展监管体系"和政策体系,实现新时代生态治理的创新与发展。①

(三) 资源税扩围改进内蒙古自治区生态治理的机制与内容

资源税扩围作为自治区生态治理的重要政策工具,在前期水资源费改税试点中已经初步发挥出了作用,蕴含着较大的生态治理潜力。未来随着资源税扩围的不断推进,资源税扩围将与其他政策工具协调配合搭建起自治区生态治理的机制框架,提升自治区生态治理的水平。

1. 为生态治理资金投入提供保障

生态治理除了政策的规制之外,还必然要求资金的投入。不论是水环境质量的改善,还是森林、草原、湿地、沙漠生态系统的保护,抑或是生态退化地区修复、生态安全监测预警等生态治理手段都需要大量资金的投入。资源税扩围一方面通过税收筹集资金,另一方面通过明晰资源租税费的划分,增加国家资源"租"的收入和政府部门提供服务而据以收费的收入,多维度夯实生态治理的财政基础。

2. 为生态治理提供制度保障

从生态问题表面来看,是人与自然间的矛盾,但本质是人与人、阶层与阶层、利益群体间的矛盾,是不同的利益主体从自身利益出发围绕自然资源而展开的博弈。自然环境因缺乏具有足够博弈能力的代理人而导致生态破坏、恶化的局面,就必须由代表公权力的政府制定一套监督、约束机制或者法律来保护人类赖以生存的环境。2020年3月中共中央办公厅、国务院办公厅印发的《关于构建现代环境治理体系的指导意见》统筹规划了我国的生态治理体系,其中,"加强财税支持"是"健全环境治理法律法规政策体系"的重要内容。

资源税扩围作为重要的生态治理制度保障内容,通过税制设计规范纳税人获取水、森林、草场资源的行为,与《水法》《森林法》《草原法》《税收征管法》等相关法律法规共同构成维护扩围资源生态平衡的制度保障体系。

3. 为企业行为转变提供激励

税收激励是国家通过税收手段引导企业做出符合政府宏观经济发展意图的经济行为选择,是为促进可持续发展在税制设计上所采取的激励措施。税收激励分为正激励和负激励,所谓正激励就是通过税收优惠条款的设计引导企业的

---

① 《内蒙古自治区党委关于贯彻落实习近平总书记参加十三届全国人大二次会议内蒙古代表团审议时重要讲话精神坚定不移走以生态优先、绿色发展为导向的高质量发展新路子的决定》。

行为。所谓负激励就是通过税负的"冲击"来减少企业某些不符合经济社会发展趋势的行为。目前在我国资源型企业的税负中，共性税负较重而生态类税负过低，过低的生态类税负水平对企业的生态治理效应无显著影响，降低企业开展资源节约的动力。① 在自治区水资源税扩围试点中，通过差别税率、税收优惠等设计，激励企业以地表水替代地下水、将采矿作业等产生的疏干水回灌；通过适度提高工业用水税率、大幅提高特种行业水资源税率促使企业主动通过技改节水降耗。未来资源税扩围至森林、草场资源，相应的税制设计也会激励企业减少对自然资源的破坏，从而起到生态治理的效果。

---

① 程宏伟，彭茜，欧璐. 税负公允与生态治理 [J]. 中国领导科学，2017 (12)：60-63.

结　语

本书以内蒙古自治区资源税扩围改革为研究对象，以资源税扩围治理现代化为目标，全书分为六个部分进行论述。

第一部分对内蒙古自治区的资源禀赋、开发利用及资源税、费历史变迁进行论述，作为后续研究的逻辑起点和基础。首先，分析自治区的自然资源概况与开发利用情况，总结自治区自然资源的特征：总量丰富、时空分布差异巨大、经济对资源依赖性较强；其次，梳理自治区资源税沿革的历史，分析资源税征收的概况；最后，分别对自治区征收水资源费、草原植被恢复费、森林植被恢复费的情况进行分析。该部分从整体上对内蒙古自治区的自然资源、开发利用与税费征收情况进行把握，便于后续分析的展开。

第二部分对内蒙古自治区水资源税扩围改革的背景、实践与存在问题进行研究。首先，通过调研呼伦贝尔市水资源费改税试点的情况，既肯定了改革带来的积极效果，也指出了存在的问题，并提出了改进的建议；其次，对自治区资源税扩围所面临的挑战进行了梳理，扩围改革需解决当前资源税征税范围较小、职能定位不明确、税费概念混用、功能错位、税率设置不合理、治理功能亟待完善等各种问题，为改革目标的确定打下了基础。

第三部分对资源税扩围的目标体系进行了分析。首先，在法理上要求资源租、税、费各归其位、各执其责，实现租、税、费的合理分流，科学设计符合租、税、费本质的税收制度；其次，在时代上要求资源税扩围实现现代化，要形成完备规范的资源税法体系，成熟定型的制度体系，优质便捷的服务体系和科学严密的征管体系；再次，治理上要求能够促进地方治理，要能促进自治区经济适度增长、经济结构优化、实现创新发展；最后，提出资源税扩围目标体系的构建原则与框架内容。其总目标是节约资源、保护生态环境、促进绿色发展，法理、时代、治理三个子目标既相互独立又互为支撑，为后面三章的展开论述做好铺垫。

第四部分对内蒙古自治区资源税扩围的税收制度进行设计。首先，明确税制设计的指导思想，提出要以民族地区资源社会综合效用最大化为目标，以"适度分权"促进利益共容为原则，以因地制宜为税制设计导向进行税制设计；其次，分别对水资源税、森林资源税、草原资源税的税制进行科学设计，从纳税人、征税对象、税率、税收优惠、纳税地点、纳税期限等税制要素进行具体分析、设计；最后，对内蒙古自治区资源税扩围的路径进行探讨。以可税性为标准对三类扩围资源的征税可行性进行分析比较，提出资源税扩围的基本思路；为解决资源税综合立法与分散立法的矛盾，探讨了"二元并立+法定授权"的资源税扩围立法路径。

第五部分对内蒙古自治区资源税扩围的税收管理体系进行构建。首先，分析了构建科学严密资源税扩围税收征管体系的现实紧迫性，从优化税源管理运行机制、建立全覆盖的资源税扩围风险管理机制、健全税收执法流程、改善税收执法环境等方面提升税收征管的能力；其次，分析资源税扩围在信息化方面存在的差距，结合现有在水资源、森林资源、草场资源监测、勘测方面的信息化基础，提出通过完善信息获取与数据处理机制、推动部门信息化合作、加强信息化人才队伍建设、提升数据分析与应用能力来构建稳固强大的资源税扩围信息体系；最后，分析了资源税扩围现代化对纳税服务体系的要求，提出通过明确服务体系建设原则、完善纳税服务基本制度、建立纳税服务保障机制、创新纳税服务模式等措施来构建优质便捷的资源税扩围服务体系。

第六部分对内蒙古自治区资源税扩围治理体系的构建进行了研究。首先，分析了资源税扩围相关利益主体在扩围改革中的定位；其次，引入多中心治理理论模型，通过构建财税系统内部的"管理—反馈"机制与财税系统外部的"反馈—协商"机制来完成资源税扩围多中心治理体系的构建；最后，研究了资源税扩围推动地方治理提升的机制。本部分提出，应从为地方治理提供财力保障、赋予地方适当税权、提高征管能力与效率等方面增进地方的经济治理能力，从资金保障、制度保障、为企业行为转变提供激励等方面增进地方的生态治理能力。

本书的研究结论主要包括九个方面：

第一，内蒙古自治区是进行资源税扩围研究的优选对象。内蒙古自治区具有鲜明的民族和区域特殊性，当地特有的草原文化天然地契合生态文明建设的要求。自治区在水、草场、森林等资源上拥有非常丰富的储量，尤其是草场面积和森林蓄积量非常突出，且已经作为全国水资源税改革试点第二批省份正在实施扩围改革。水、草场、森林等资源是当地居民千百年来赖以生存的基础，对内蒙古自治区的资源税扩围改革进行研究，可同时在对三类扩围资源的储量、分布、类型、开发情况等进行分析的基础上进行税制的设计，并探讨扩围改革对当地经济社会和居民生活的影响，这是其他地区所不具有的特点。

第二，内蒙古自治区资源税扩围改革需进一步优化提升。对呼伦贝尔市水资源税试点改革的调研显示，虽然改革起到了促使企业节约用水、合理用水的作用，但仍存在水资源税未能应收尽收、无证取水大量存在、加征政策不好把握、"疏干排水"政策加重行业负担等问题。整体上，内蒙古自治区资源税扩围存在征收范围过小、资源税职能定位不明确、税费概念混用、功能错位、税率设置不科学、水资源税试点相关规定与其他法律相冲突、资源税的治理功能未能展现等问题，亟待改革的进一步深入。

第三，扩围改革要求对资源租、税、费的功能重新定位。资源税扩围改革要更加关注实现水、森林、草场等资源的各类价值，以"租"来实现国家对扩围资源的产权价值，以"税"来实现扩围资源的生态价值，以"费"来实现政府提供相应服务的劳动价值。资源税扩围所采取的增量改革方式也天然契合了我国各类改革"以增量改革促存量优化"的一贯路径，通过扩围改革将从整体上推动资源税的功能全面转向"促进资源合理利用、保护生态环境"。

第四，资源税扩围目标体系是一个系统工程，三个子目标相互独立又互为支撑。法理目标为资源税扩围制度构建的理论基础，时代目标为制度构建的具体实践，治理目标为资源税制度构建的外化成果。由于法理目标所要体现的内涵、治理目标所要实现的功能最终要通过税收制度的构建得以展现，因此，时代目标最具备可观察性与可实践性，也即资源税扩围目标体系得以实现的核心是构建科学合理的资源税税收制度及相关配套法规。既要通过制度设计使资源租、税、费各归其位、各执其责，也要充分考虑资源税治理功能的发挥；既体现税收法定原则，也能够激励多主体积极参与资源税的治理；既完成资源税内部系统的税收治理，也能对自治区的地方治理产生积极的影响。

第五，"适度分权"原则是资源税扩围改革的关键原则。内蒙古自治区面积广阔、地区间资源分布差异悬殊，由中央政府全面细致作出适合所有地区的税制设计显然是不合理、不可能的。在"适度分权"原则下，内蒙古自治区可根据区内不同地区资源分布情况、开发情况及其他影响因素，在不违背中央政策的前提下，针对区内各种不同情况，因地制宜细化资源税扩围的税制设计。自治区政府可进一步将税目、税率的建议权下放给区内各盟、市，由各盟、市根据实际情况向自治区政府提供适合当地的资源税扩围税目、税率方案，由自治区政府汇总后统一发布。

第六，"二元并立+法定授权"模式是未来资源税扩围改革的可行性路径选择。以可税性理论标准对水、森林、草场三类资源进行综合比较分析，水资源的可税性最强，森林资源次之，草场资源最弱。再考虑三类资源的分布特点，即资源分布越广泛越易于从中央立法统一开征新税，可以部分解释率先在全国试点水资源税的原因。未来资源税若采用综合立法，则既面临立法目的与税制要素提取的技术障碍，也在条款表达上难以提炼资源税纳税主体与形式统一的税率；如果采用分散立法，则可能引发税法与资源法、矿产资源税法与水资源税法的冲突，在政治上也缺乏可行性。"二元并立"模式将森林、草原等资源归入生态保护税法征收范围，将水资源作为一个税目并入资源税法，可避免综合立法与分散立法的弊端，但其真正实施还需较长时间，因为按照我国税法改革的一般路径，必须先由某一省份进行水、森林、草原资源税扩围试点、运行平稳之后才能提上立法日程。"法定授权"模式是在"适度分权"原则指导下，由全国人大对内蒙古自治区人大进行授权，赋予自治区扩围资源税立法权，由自治区人大结合本区实际制定符合本地特点的森林资源税法、草原资源税法以及未来的生态保护税法。

第七，现代化的资源税扩围管理体系由征管、信息、服务三个子系统共同支撑。征管能力是税收治理能力的核心要素，现代化的征管体系要求进一步优化税源管理运行机制、建立全覆盖的风险管理机制、健全税收执法流程，改善税收执法环境。税收信息现代化为高水平的征管提供必要支撑，税务部门与资源主管部门的信息合作非常重要，应将水行政主管部门、森林行政主管部门、草原行政主管部门的数据资料嵌入人工智能大数据的征管系统，实现数据的实时更新，构建符合绿色税制特点的现代化信息管理体系。良好的纳税服务是提高税法遵从度、降低征纳成本、提升征管效率的重要手段，应以纳税人为中心拓宽服务内涵、探索个性化纳税服务、提高服务的科技含量。

第八，资源税扩围"多中心"税收治理机制是相关利益主体进行利益表达的重要制度构建。扩围改革中的利益相关者主要包括中央政府、中央相关部委、地方政府、扩围资源企业、社会公众五类，不同利益相关者在资源税扩围改革中的利益诉求不同。借助奥斯特罗姆多中心治理理论所构建的资源税扩围多中心治理框架将各类相关利益主体包含其中，通过财税系统内部的"管理—反馈"机制形成中央政府与自治区政府的上下级合作治理关系及税务部门与资源费原主管单位跨部门合作治理关系；通过财税系统外部的"反馈—协商"机制形成纳税人与政府、资源地居民与政府、第三方机构与政府三对合作治理关系。随着税收法定与预算法定的逐步落实，未来公民参与地方税法制定的程序和过程将更加透明，也更能体现税收治理在实践税收"取之于民，用之于民"这一公共属性上的进步。同时，多中心治理模式也将从地方性税种法律法规扩展到其他更多方面的地方性法律法规的制定和社会治理中，多中心治理模式的应用则可实现"资源税扩围—其他地方性税法—其他地方性法规"的扩展。

第九，资源税扩围改革将对内蒙古自治区地方治理产生重要影响。地方税是地方治理的重要制度安排，为地方政府的行为提供激励与约束，其制度安排影响政府与市场、民众的关系，是地方治理能力的重要基础与保障。资源税扩围通过财力支撑机制、民意表达机制、利益激励机制和税收征管机制影响地方治理。首先，扩围改革对自治区的地方治理在财力上产生影响；其次，扩围改革将节约资源、提升资源利用效率的理念贯彻到税制设计之中，也必将通过税收的收入效应与替代效应对相关纳税人和消费者产生影响；最后，扩围改革影响将传导至全区的经济结构与生态环境调整之中，增进地方的经济治理与生态治理，形成税收治理与地方治理互为促进的"税地共治"局面。

参考文献

一、英文参考文献

［1］ Baumol W J, Oates W E. The Use of Standards and Prices for Protection of the Environment ［J］. Swedish Journal of Economics, 1971：42.

［2］ Hogan Linsay. Non-renewable Resource Taxation：Policy Reform in Australia ［J］. Australian Journal of Agricultural and Resource Economics, 2012, 56 (2)：244-259.

［3］ Hotelling, H.. The Economics of Exhaustible Resources ［J］. Journal of Political Economy, 1931, 39 (2).

［4］ Duanjie Chen, Jack Mintz. Marginal Effective Tax and Royalty Rate for Metal Mining by Province in Canada ［R］. Calgary：University of Calgary, 2015 (8).

［5］ James Otto, etc. Mining Royalties：A global Study of Their Impact on Investors, Government and Civil Society ［M］. Washington：The World Bank, 2006.

［6］ John E. Tilton. Determining the Optimal Tax on Mining ［J］. Natural Resources Forum, 2004 (28)：144-149.

［7］ John M. Hartwick. Intergenerational Equity and the Investing of Rents from Exhaustible Resources ［J］. The American Economic Review, 1977, 67 (5)：972-974.

［8］ Kurt Kratena. From Ecological Footprint to Ecological Rent：An Economic Indicator for Resource Constraints ［J］. Ecological Economics, 2007, 64 (3)：507-516.

［9］ PIGOU, A. C.. The Economics of Welfare ［M］. London：Macmillan & Co., 1920.

［10］ Terry Dwyer, Dirk Loehr. Land Rents in Lieu of Taxes for Public Revenue ［J］. Journal of Translation from Foreign Literature of Economics, 2014 (1)：1-23.

［11］ Thomas Baunsgaard. A Primer on Mineral Taxation ［R］. Washington D. C.：International Monetary Fund, 2001.

［12］UNCTAD. Transnational Corporations，Extractive Industries and Develop-ment，World Investment Report 2007［R］. Geneva，UN Conference on Trade and De-velopment，2007.

［13］World Bank. The Changing Wealth of Nations：Measuring Sustainable Devel-opment in the New Millennium［M］. Washington D. C.：World Bank Publications，2011.

二、中文参考文献

著作类

［1］［法］让·巴蒂斯特·萨伊. 政治经济学概论［M］. 陈福生，陈振骅译. 北京：商务印书馆，2010.

［2］［法］托克维尔. 旧制度与大革命［M］. 冯棠译. 桂裕芳，张芝联校. 北京：商务印书馆，2012.

［3］［美］阿兰·兰德尔. 资源经济学［M］. 施以正译. 北京：商务印书馆，1989.

［4］［美］埃莉诺·奥斯特罗姆. 公共事物的治理之道：集体行动制度的演进［M］. 余逊达，陈旭译. 上海：上海译文出版社，2012.

［5］［美］爱德华·弗里曼，等. 利益相关者理论：现状与展望［M］. 盛亚，李靖华译. 北京：知识产权出版社，2013.

［6］［美］B. 盖伊·彼得斯. 税收政治学：一种比较的视角［M］. 郭为桂，黄宁莺等译. 杭州：江苏人民出版社，2008.

［7］［美］查尔斯·亚当斯. 善与恶：税收在文明进程中的影响［M］. 翟继光译. 北京：中国政法大学出版社，2013.

［8］［美］史蒂芬·霍尔姆斯，凯斯·R. 桑斯坦. 权利的成本：为什么自由依赖于税［M］. 毕竟悦译. 北京：北京大学出版社，2004.

［9］［美］霍夫曼. 财政危机、自由与代议制政府［M］. 周军华译. 上海：格致出版社，2008.

［10］［美］冯格利特·利瓦伊. 统治与岁入［M］. 周军华译. 上海：格致出版社，2010.

［11］［美］史蒂文·F. 沃克等. 利益相关者权力［M］. 赵宝华等译. 北京：经济管理出版社，2005.

［12］［美］亚当·普沃斯基. 国家与市场［M］. 郦菁，张燕等译. 上海：上海人民出版社，2009.

[13] [瑞典] 思德纳．环境与自然资源管理的政策工具 [M]．张蔚文，黄祖辉译．上海：人民出版社，2005.

[14] [瑞典] 约瑟芬·古斯塔夫森等．欧盟利益相关者参与水资源管理手册——欧盟的实践与经验 [M]．水利部国际合作与科技司等译．北京：中国水利水电出版社，2012.

[15] [英] 爱德华·威斯特．论资本用于土地 [M]．李宗正译．北京：商务印书馆，1992.

[16] [英] 大卫·李嘉图．政治经济学及赋税原理 [M]．北京：光明日报出版社，2009.

[17] [英] 威廉·配第．赋税论 [M]．薛东阳译．武汉：武汉大学出版社，2001.

[18] [英] 亚当·斯密．国富论 [M]．唐日松译．北京：华夏出版社，2005.

[19]《国家治理体系和治理能力现代化》课题组．国家治理体系和治理能力现代化 [M]．北京：中共中央党校出版社，2013.

[20] 曹晓丽，等．公共项目利益相关者沟通机制研究 [M]．北京：经济科学出版社，2015.

[21] 陈永胜．西北民族地区生态安全与水资源制度创新研究 [M]．兰州：甘肃人民出版社，2009.

[22] 崔景华．资源税费制度研究 [M]．北京：中国财政经济出版社，2014.

[23] 高培勇．财税体制改革与国家治理现代化 [M]．北京：社会科学文献出版社，2014.

[24] 胡鞍钢．中国国家治理现代化 [M]．北京：中国人民大学出版社，2014.

[25] 江必新．国家治理现代化 [M]．北京：中国法制出版社，2014.

[26] 姜文来．水资源价值论 [M]．北京：科学出版社，1999.

[27] 刘永佶．中国少数民族经济学（第三次修订版）[M]．北京：中国经济出版社，2013.

[28] 刘智峰．国家治理论 [M]．北京：中国社会科学出版社，2014.

[29] 龙春林．民族地区自然资源的传统管理 [M]．北京：中国环境出版社，2009.

[30] 麻宝斌．政府执行力 [M]．北京：社会科学文献出版社，2014.

［31］马骏．国家治理与公共预算［M］．北京：中国财政经济出版社，2007.

［32］马骏．治国与理财［M］．北京：生活·读书·新知三联书店，2011.

［33］马珺．国家治理与财政学基础理论创新［M］．北京：中国社会科学出版社，2017

［34］马衍伟．中国资源税制改革的理论与政策研究［M］．北京：人民出版社，2009.

［35］欧阳康．国家治理的"道"与"术"［M］．北京：中国社会科学出版社，2015.

［36］施正一．民族经济学教程（修订本）［M］．北京：中央民族大学出版社，2007.

［37］世界银行国家民族事务委员会项目课题组．中国少数民族地区自然资源开发社区收益机制研究［M］．北京：中央民族大学出版社，2009.

［38］宋才发，谢尚果．民族区域自治法通论（修订版）［M］．北京：法律出版社，2017.

［39］孙金华，等．水资源管理研究［M］．北京：水利水电出版社，2011.

［40］涂晓芳．政府利益论——从转轨时期地方政府的视角［M］．北京：北京大学出版社，2008.

［41］王绍光．国家治理［M］．北京：中国人民大学出版社，2014.

［42］王文长．西部资源开发与民族利益关系和谐建构研究［M］．北京：中央民族大学出版社，2010.

［43］王玉玲．财政共治论［M］．北京：新华出版社，2014.

［44］王玉玲．民族自治地方税权论［M］．北京：中国社会科学出版社，2011.

［45］吴丽娟，等．西南大旱背景下我国典型民族地区水资源管理模式研究：以哈尼族梯田为例［M］．北京：民族出版社，2014.

［46］席卫群．扩大资源税征收范围问题研究［M］．北京：中国财政经济出版社，2017.

［47］谢庆奎．民生视阈中的政府治理［M］．北京：北京大学出版社，2013.

［48］辛向阳．马克思主义视野下的国家治理［M］．南宁：广西师范大学出版社，2014.

［49］燕继荣．社会资本与国家治理［M］．北京：北京大学出版社，2015.

［50］叶南客．国家治理与社会发展［M］．上海：格致出版社，2017.

［51］于小英．协商民主与国家治理研究［M］．北京：中央编译出版社，2015.

［52］俞可平．论国家治理现代化［M］．北京：社会科学文献出版社，2015.

［53］张小劲．推进国家治理体系和治理能力现代化六讲［M］．北京：人民出版社，2014.

［54］张馨，等．当代财政与财政学主流［M］．大连：东北财经大学出版社，2000.

［55］中华人民共和国水法［M］．北京：中国法制出版社，2016.

［56］周国雄．博弈：公共政策执行力与利益主体［M］．上海：华东师范大学出版社，2008.

［57］周竞红．走向各民族共同繁荣——民族地区大型水电资源开发研究［M］．北京：水利水电出版社，2010.

论文类

［1］白彦锋，董瑞晗．环境税改革对经济总体影响的预测分析［J］．内蒙古财经学院学报，2011（1）.

［2］白彦锋，张静．国家治理与我国现代财政制度构建［J］．河北大学学报（哲学社会科学版），2016（1）.

［3］白彦锋．论中央与地方之间的税权博弈［J］．税务研究，2008（10）.

［4］曹永潇，等．我国水资源费征收和使用现状分析［J］．水利经济，2008（3）.

［5］曾远．税收竞争及其治理中的地方政府角色困境［J］．西南民族大学学报（人文社科版），2017，38（5）.

［6］巢译方．云南省哈尼族水井的生态人类学解读——以红河州元阳县全福庄哈尼村寨为例［D］．云南大学硕士学位论文，2015.

［7］车江洪．论自然资源的价值［J］．生态经济，1993（4）.

［8］车伟．开征水资源税的可行性研究［J］．四川财政，2002（8）.

［9］陈波．对浙江省水资源费若干问题的思考［J］．浙江水利科技，2014（4）.

［10］陈丹，马如国．宁夏水资源税改革试点探索与对策建议［J］．中国水利，2019（13）.

［11］陈冬红．国家治理体系下的财政分权治理结构［J］．南京社会科学，2015（1）.

［12］陈寒非．变迁中的习惯法：原因、动力及走势——基于南方少数民族聚居区的田野调查［J］.广西民族研究，2018（1）.

［13］陈鸿，张纯德．开发利用少数民族水文化保护水资源——以彝族水文化为例［J］.思想战线，2011（s2）.

［14］陈礼丹．水资源利益相关者分类方法研究［J］.江苏商论，2017（6）.

［15］陈龙．国家治理现代化中的财政改革［J］.地方财政研究，2014（6）.

［16］陈隆．国家治理体系和能力现代化框架下税收征管"新常态"的构建［J］.税收经济研究，2015，20（2）.

［17］陈鹏，等．水源保护地旅游业发展中利益相关者的合作博弈机制［J］.统计与信息论坛，2010（9）.

［18］陈少克，王银迪．水资源税的性质与我国水资源税制的发展与完善［J］.税务与经济，2018（4）.

［19］陈少英，王一骁．论水资源税生态价值之优化——以央地收益权分配为视角［J］.晋阳学刊，2016（2）.

［20］陈少英，赵菁．水资源税改革的法学思考——以租、税、费的辨析为视角［J］.晋阳学刊，2018（6）.

［21］陈翔．川西民族地区水电开发中少数民族利益保障制度研究［D］.西北民族大学硕士学位论文，2009.

［22］陈祖海，陈莉娟．民族地区资源开发利益协调机制研究——以清江水电资源开发为例［J］.中南民族大学学报（人文社会科学版），2010（6）.

［23］成婧．国家治理进程中激励机制的转型与建构［J］.南京师范大学学报（社会科学版），2017（6）.

［24］程玲俐．水资源价值补偿理论与川西民族地区可持续发展［J］.西南民族大学学报（人文社科版），2004（6）.

［25］［美］黛博拉·布罗蒂加姆，吕铖钢．利维坦之形塑：财政、国家能力与治理［J］.上海商学院学报，2016（4）.

［26］邓静嫔．税收治理现代化视角下的消费税改革［J］.纳税，2018（6）.

［27］邓永勤．税收共治的历史逻辑与实现路径［J］.税务研究，2016（12）.

［28］董保臣．对利辛县农业水资源费和水费问题的思考和建议［J］.建设科技，2017（6）.

［29］董德新．俄罗斯水资源税简介及对我国的启示［J］.福建税务，2002（8）.

［30］董延军，张渊，张辉，吴海宽，李杰．贵州省水资源费改税面临问

题及对策研究 [J]. 水利财务与经济, 2019 (8).

[31] 杜承秀. 西部民族地区乡村治理中的新型社会组织及其法制化引导 [J]. 广西民族研究, 2018 (1).

[32] 杜飞进. 中国现代化的一个全新维度——论国家治理体系和治理能力现代化 [J]. 社会科学研究. 2014 (5).

[33] 杜峻峰. 税收制度的构成要素 [J]. 中国税务, 1985 (5).

[34] 杜灵芝. 我国开征水资源税问题的探讨 [D]. 天津: 天津财经大学硕士学位论文, 2011.

[35] 方国华. 论水资源的性质和构成 [J]. 海河大学学报, 2000 (6).

[36] 方国华. 我国水资源费征收管理情况调查分析 [J]. 水利经济, 2002 (5).

[37] 方涛. 国家治理体系和治理能力现代化: 内涵、依据、路径——基于相关文献的综述 [J]. 观察与思考, 2015 (1).

[38] 方涛. 国家治理体系和治理能力现代化的五维审视 [J]. 求实, 2014 (9).

[39] 冯铁拴, 熊伟. 资源税扩围语境下立法模式论析 [J]. 江西财经大学学报, 2018 (5).

[40] 福建省漳州市地方税务局课题组, 康小容, 庄秀丽. 税收治理存在的问题与路径选择 [J]. 税务研究, 2016 (9).

[41] 付湘. 利益相关者的水资源配置博弈 [J]. 水利学报, 2016 (1).

[42] 付兴艳. 西北民族地区水资源生态补偿问题研究 [D]. 兰州大学硕士学位论文, 2008.

[43] 高秉雄, 胡云. 国家治理能力变量体系研究——基于国家能力变量研究的思考 [J]. 社会主义研究. 2017 (2).

[44] 高登奎, 沈满洪. 水能资源产权租金的必然分解形式——开发权出让金和水资源费 [J]. 云南社会科学, 2010 (1).

[45] 高培勇. 论国家治理现代化框架下的财政基础理论建设 [J]. 中国社会科学, 2014 (12).

[46] 高萍, 殷昌凡. 设立我国水资源税制度的探讨——基于水资源费征收实践的分析 [J]. 中央财经大学学报, 2016 (1).

[47] 耿香利. 河北省水资源税改革试点的意义及面临的问题 [J]. 经济论坛, 2016 (8).

[48] 谷成, 于杨. 税收征管、遵从意愿与现代国家治理 [J]. 财经问题研

究，2018（9）.

［49］郭建锦，郭建平. 大数据背景下的国家治理能力建设研究［J］. 中国行政管理，2015（6）.

［50］郭顺民，齐振. "互联网+税务"推动税收治理现代化的路径选择［J］. 税务研究，2016（12）.

［51］郭月梅，厉晓. 从税收管理走向税收治理——基于国家治理视角的思考［J］. 税务研究，2017（9）.

［52］郭正权，刘海滨，牛东晓. 基于 CGE 模型的我国碳税政策对能源与二氧化碳排放影响的模拟分析［J］. 工程管理，2012（1）.

［53］郭志仪，姚慧玲. 环境税相关主体利益的博弈及其制度安排［J］. 税务研究，2011（7）.

［54］国晓光，王彩波. 国家能力的两张面孔——国家能力在民主巩固中的作用和局限［J］. 国外理论动态，2015（2）.

［55］韩继秋. 中外矿产资源税费体系比较与设计研究［D］. 中国矿业大学博士学位论文（北京），2016.

［56］韩伟庆，张晓冬. 临沂市水资源税改革试点工作探讨［J］. 山东水利，2018（9）.

［57］韩晓琴. 从新疆资源税试点改革看其对经济的影响［J］. 经济学研究，2012（1）.

［58］洪冬敏. "费改税"基础上的水资源税税率确定［J］. 赤峰学院学报（自然版），2015（5）.

［59］胡洪彬. 大数据时代国家治理能力建设的双重境遇与破解之道［J］. 社会主义研究，2014（4）.

［60］胡洪彬. 国家治理体系和治理能力现代化研究回眸与前瞻［J］. 学习与实践，2014（6）.

［61］胡明. 现行水资源费征收制度存在的问题及解决思路［J］. 人民长江，2007（11）.

［62］黄萍. 关于我国实行水资源税的思考［J］. 商业经济，2009（12）.

［63］黄燕芬，李怡达. 资源税扩围改革研究——以水资源税为例［J］. 价格理论与实践，2016（6）.

［64］姬鹏程. 加快我国水资源费征收标准调整的思路及政策建议［J］. 中国经贸导刊，2018（8）.

［65］贾建宇. 矿产资源税权制度研究［D］. 中央财经大学博士学位论

文，2015.

[66] 贾康，龙小燕. 财政：实现国家治理全方位目标的基础机制 [J]. 经济研究参考，2015（48）.

[67] 贾康，龙小燕. 财政全域国家治理：现代财政制度构建的基本理论框架 [J]. 地方财政研究，2015（7）.

[68] 贾宜正，刘建，谷文辉，高瑞. 大数据背景下的税收治理问题研究 [J]. 税收经济研究，2017，22（5）.

[69] 江苏省苏州工业园区地方税务局课题组，马伟，谭军. 略论税收治理现代化指标体系的构建 [J]. 税务研究，2016（4）.

[70] 蒋健明. 矿产资源权益价值构成及其测算研究 [D]. 中国矿业大学博士学位论文，2018.

[71] 解惠尧，王昱棠，孟令涛. 临沂市水资源税改革试点工作实践与思考 [J]. 山东水利，2019（9）.

[72] 靳继东. 基于国家治理现代化的地方税体系论析 [J]. 财政研究，2015（3）.

[73] 孔仲福等. 西部山区水利化与经济协调发展——思茅少数民族地区的调查报告 [J]. 水利经济，2002（1）.

[74] 李春根，王雯. 新时期国家治理框架体系下的现代财政定位与重构 [J]. 地方财政研究，2017（11）

[75] 李丹. 马克思对斯密和李嘉图地租理论的批判与发展研究 [D]. 吉林大学硕士学位论文，2019.

[76] 李二利. 浅析水资源费改税现状、问题及对策 [J]. 纳税，2018（4）.

[77] 李甫春. 西部地区自然资源开发模式探讨 [J]. 民族研究，2005（5）.

[78] 李红. 构建与现代税收管理相适配的税务管理组织体系的思考 [J]. 税收经济研究，2017，22（2）.

[79] 李杰刚. 先行先试　河北水资源税改革试点工作平稳推进 [J]. 中国财政，2017（21）.

[80] 李晶，叶楠. 水资源征税依据、经验与影响 [J]. 税务研究，2016（5）.

[81] 李梅. 水资源费改税成效、问题及对策——基于河北试点情况 [J]. 地方财政研究，2019（4）.

[82] 李万甫. 精准施策　助力提升高质量发展的税收治理 [J]. 税务研究，2018（4）.

[83] 李献士等. 我国水资源现状与可持续利用对策研究 [J]. 当代经济管

理，2007（6）.

［84］李晓欢，姜亚望，高艳萍，刘慧敏．水资源税改革效应分析与制度优化——以山西省为例［J］.税务研究，2019（7）.

［85］李雪松．中国水资源制度研究［D］.武汉大学博士学位论文，2005.

［86］李燕，王晓．国家治理视角下我国地方财政透明对财政支出效率的影响研究［J］.中央财经大学学报，2016（11）.

［87］李一花．财政在国家治理中基础和支柱地位的理论分析［J］.公共财政研究，2015（1）.

［88］李永友．国家治理、财政改革与财政转移支付［J］.地方财政研究，2016（1）.

［89］李志勇．从水资源费到地下水资源税——基于河北省的水资源税费改革方案探微［J］.公共财政研究，2015（4）.

［90］连家明．财政治理：与国家治理相适应的财政新思维［J］.地方财政研究，2016（10）.

［91］刘春宇，陈彤．油气资源开发中中央和地方利益分配机制探讨［J］.新疆社科论坛，2007（2）.

［92］刘建伟．国家治理能力现代化研究述评［J］.上海行政学院学报，2015（1）.

［93］刘良军．论国家治理现代化视阈下的税收现代化［J］.湖南财政经济学院学报，2015，31（4）.

［94］刘茜．我国开征水资源税研究——基于河北省水资源税试点［D］.河北经贸大学硕士学位论文，2018.

［95］刘箐．探析我国水资源税制设计及俄罗斯相关经验借鉴［D］.长安大学硕士学位论文，2011.

［96］刘尚希，李成威．国家治理与大国财政的逻辑关联［J］.财政监督，2015（15）.

［97］刘尚希，孙静．税收治理的新范式及政策挑战［J］.经济研究参考，2016（9）.

［98］刘尚希．财政与国家治理：基于三个维度的认识［J］.铜陵学院学报，2015（5）.

［99］刘世强．水资源二级产权设置与流域生态补偿研究［D］.江西财经大学博士学位论文，2012.

［100］刘泰洪，朱培蕾．现实选择与理性诉求：地方政府自身利益的实践

逻辑 [J]. 上海行政学院学报, 2010 (2).

[101] 刘通天. 关于开征水资源税的思考 [J]. 广东经济, 2016 (5).

[102] 刘伟平等. 关于水资源费征收管理情况的调研 [J]. 中国水利, 2003 (A03).

[103] 刘卫先. 对我国水权的反思与重构 [J]. 中国地质大学学报 (社会科学版), 2014 (2).

[104] 刘希胜. 我国水资源费征收存在的问题及调整建议 [J]. 水利经济, 2014 (5).

[105] 刘晓路, 郭庆旺. 财政学 300 年: 基于国家治理视角的分析 [J]. 财贸经济, 2016 (3).

[106] 刘阳乾. 论农村水资源费 "费改税" 改革的必要性 [J]. 水利经济, 2006 (5).

[107] 刘宇, 肖宏伟, 吕郢康. 多种税收返还模式下碳税对中国的经济影响——基于动态 CGE 模型 [J]. 财经研究, 2015 (1).

[108] 刘玉春等. 水资源费问题分析 [J]. 河北农业大学学报, 2002 (4).

[109] 刘志丹. 国家治理体系和治理能力现代化: 一个文献综述 [J]. 重庆社会科学, 2014 (7).

[110] 柳华平, 夏铭泽, 张丹, 杨波. 跨越中等收入陷阱的税收治理逻辑 [J]. 税务研究, 2018 (4).

[111] 柳长顺. 我国水资源费实收率测算研究 [J]. 水势论坛, 2017 (12).

[112] 卢洪友, 张楠. 国家治理逻辑下的税收制度: 历史线索、内在机理及启示 [J]. 社会科学, 2016 (4).

[113] 吕冰洋. 现代财政制度与国家治理 [J]. 中国人民大学学报, 2014 (5).

[114] 吕铖钢, 张景华. 国家治理视域下的税收治理——兼议现代税收制度的构建 [J]. 财政研究, 2016 (12).

[115] 吕铖钢. 税收治理、竞争参与和国家利益——主权理念下对制税权的初步阐释 [J]. 江汉学术, 2017, 36 (1).

[116] 吕福新. 简论水资源费的性质和定义 [J]. 水利经济, 1992 (2).

[117] 吕志华, 郝睿, 葛玉萍. 开征环境税对经济增长影响的实证研究——基于十二个发达国家二氧化碳税开征经验的面板数据分析 [J]. 浙江社会科学, 2012 (4).

[118] 马珺. 布坎南财政思想中的国家治理理论 [J]. 财政研究, 2016 (12).

[119] 马克和. 国外水资源税费实践及借鉴 [J]. 税务研究, 2015 (5).

[120] 马莉媛, 辛洪波. 煤炭资源税从价计征对煤炭行业的影响预测 [J]. 论文摘萃, 2013 (8): 94.

[121] 马骁, 周克清. 国家治理、政府角色与现代财政制度建设 [J]. 财政研究, 2016 (1).

[122] 马晓东. 水资源风险与政府责任——以三江源区为例 [J]. 学术论坛, 2012 (10).

[123] 马雪松. 论国家治理体系与治理能力现代化制度体系的功能建构 [J]. 南京师范大学学报 (社会科学版), 2014 (4).

[124] 马衍伟. 国家财政治理返本开新的源头活水 [J]. 中国财政, 2014 (17).

[125] 梅仲河, 生丽华. 水资源费 "费改税" 的理论探讨 [J]. 山东水利, 2004 (8).

[126] 秘翠翠. 基于 CGE 模型的碳税政策对我国经济影响分析 [D]. 天津大学硕士学位论文, 2011.

[127] 牟彤华, 杜放. 基于资源税对企业经营决策影响模型研究 [J]. 财政研究, 2010 (1).

[128] 倪娟, 王帆, 唐国平. 水资源税试点地区经验及全面推广对策研究 [J]. 税务研究, 2019 (7).

[129] 牛文旭, 李晨阳. 河北水资源费现状分析 [J]. 产业与科技论坛, 2016 (15).

[130] 牛文旭等. 浅析河北省水资源收费标准的理论依据和方法 [J]. 河北企业, 2016 (12).

[131] 欧文汉. 关于财政促进国家治理现代化的思考 [J]. 财政研究, 2015 (8).

[132] 欧阳景根, 张艳肖. 国家能力的质量和转型升级研究 [J]. 武汉大学学报 (哲学社会科学版), 2014 (4).

[133] 欧阳康. 推进国家治理体系和治理能力现代化 [J]. 华中科技大学学报 (社会科学版), 2015 (1).

[134] 潘英, 王晓峰. 试论资源税改革对西部地区发展的影响 [J]. 中国集体经济·财税金融, 2011 (4).

[135] 彭定赟, 肖加元. 俄、荷、德三国水资源税实践——兼论我国水资源税费改革 [J]. 国际税收, 2013.

[136] 彭羽. 我国西部地区水资源税改革研析 [J]. 税务研究，2018（6）：49-53.

[137] 彭岳津. 我国采矿排水水资源费计征方式探讨 [J]. 中国水利，2016（2）.

[138] 蒲志仲. 自然资源价值浅探 [J]. 价格理论与实践，1993（4）.

[139] 齐晓娟. 矿产资源可持续发展财政支出绩效评价研究 [D]. 财政部财政科学研究所博士学位论文，2014.

[140] 钱蔚. 浅析我国资源税改革现状与未来 [J]. 纳税，2018（15）：3-4.

[141] 乔文军. 农业水权及其制度建设研究 [D]. 西北农林科技大学硕士学位论文，2007.

[142] 曲长旋. 试析现行资源税的局限性及其改革对经济发展的影响 [J]. 山东纺织经济，2009（6）.

[143] 邵凌云. 如何健全地方税体系——基于税收治理之视角 [J]. 税收经济研究，2017，22（6）.

[144] 邵炜. 基于CGE模型的水资源税问题研究 [D]. 上海海关学院硕士学位论文，2017.

[145] 邵学峰. 马克思主义利益观、公平分配与中国税制改革 [J]. 理论前沿，2008（2）.

[146] 邵学峰. 资源租理论与资源税研究——基于马克思主义经济学视角 [J]. 当代经济研究，2016（11）.

[147] 沈大军，朴哲浩. 浅谈水资源费 [J]. 中国水利，2000（2）.

[148] 沈大军. 水资源费征收的理论依据及定价方法 [J]. 水利学报，2006（1）.

[149] 沈琳等. 国外保护水资源财税政策的简介与启示 [J]. 国际税收，2009（3）.

[150] 盛荣，陆燕. 资源税改革政策执行和效应分析——以贺州市平桂区大理石资源税改革为例 [J]. 经济研究参考，2018（41）.

[151] 施雪华，张琴. 国外治理理论对中国国家治理体系和治理能力现代化的启示 [J]. 学术研究，2014（6）.

[152] 史云贵. 共容利益狭隘化：破解国家荣衰兴亡周期律的一种新解释 [J]. 社会科学，2012（3）.

[153] 水资源税（费）政策研究课题组. 中国水资源费政策的现状问题分析与对策建议 [J]. 财政研究，2010（12）.

［154］孙萍萍等．试论水资源资产［J］．中国水利水电科学研究院学报，2017（3）．

［155］孙玉梅．水资源税对促进水资源可持续利用的有效价值分析［J］．资源节约与环保，2016（6）．

［156］汤晓冬，周河山．基于区块链技术的税收治理框架构建［J］．税务研究，2018（11）．

［157］唐皇凤，陶建武．大数据时代的中国国家治理能力建设［J］．探索与争鸣，2014（10）

［158］汪朝辉．关于我国开征水税的构想［J］．湖南工业大学学报，2004（3）．

［159］汪蕾，赤沙莫日．论水资源国家所有权的公私二重属性［J］．中国法学，2015（6）．

［160］王海峰．水资源费征收管理历程及存在的问题［J］．价格月刊，2011（8）．

［161］王海妮．中国基层水行政执法问题的研究［D］．西北大学硕士学位论文，2015．

［162］王宏伟．"互联网+"视角下的税收治理现代化［J］．税务研究，2017（3）．

［163］王欢．水权优先权研究［D］．中国人民大学硕士学位论文，2005．

［164］王隽，刘挺．以智慧税务力促税收治理现代化［J］．中国税务，2018（4）．

［165］王克强等．我国水资源所有权与使用权完善的研究［J］．财经研究，2004（4）．

［166］王萌．国外资源租与税制度经验借鉴［J］．改革与战略，2011，27（4）．

［167］王萌．资源税与资源租、资源费的比较［J］．北方经济，2010（19）．

［168］王敏．欧盟水资源税（费）政策对中国的启示［J］．财政研究，2012（3）．

［169］王敏．中国水资源费征收标准现状问题分析与对策建议［J］．中央财经大学学报，2012（11）．

［170］王敏．中国水资源费征收标准现状问题分析与对策建议［J］．中央财经大学学报，2012（11）．

［171］王倩倩．健全事权与财力相匹配的民族自治地方财政体制［J］．地方财政研究，2008（6）．

［172］王清华．哈尼族梯田农业的水资源利用与管理［J］．人类学高级论坛卷，2002．

［173］王庆．论现代财政与公共财政——兼述我国现代财政制度的构建［J］．当代财经，2014（10）．

［174］王绍光．国家治理与国家能力——中国的治国理念与制度选择（上）［J］．经济导刊，2014（6）．

［175］王绍光．国家治理与基础性国家能力［J］．华中科技大学学报（社会科学版），2014（3）．

［176］王生华．论西部民族地区水权交易体制的构建［J］．今日中国论坛，2013（17）．

［177］王世杰，黄容．水资源费改税对企业的影响［J］．当代经济，2016（34）．

［178］王婷婷．资源税扩围的法理逻辑与路径选择［J］．江西财经大学学报，2018（5）．

［179］王霰．我国水资源费征收制度研究［D］．河海大学硕士学位论文，2004．

［180］王晓洁．水资源费改税试点：成效、问题及建议［J］．税务研究，2017（8）．

［181］王艳．水资源改税工作机制探究［J］．税务筹划，2018（4）．

［182］王焱．税收与现代国家治理的关系——基于契约理论的文献述评［J］．中外企业家，2015（1）．

［183］王雨萌．论水资源发展与政府和市场关系［J］．法制与社会，2016（18）．

［184］王玉玲，雷光宇．基于税收法定原则的民族自治地方资源税扩围［J］．西南民族大学学报（人文社科版），2019，40（1）．

［185］王玉玲．论民族地区财政转移支付制度的优化——基于历史和现实背景的分析［J］．民族研究，2008（1）．

［186］王玉玲．论民族自治地方的税收收益权——由新疆资源税改革引发的思考［J］．民族研究，2011（1）．

［187］王玉玲．论少数民族地区生态环境利益补偿机制——以云南省迪庆藏族自治州为例［J］．中央民族大学学报（哲学社会科学版），2006（3）．

［188］王玉玲．西藏资源税立法：历程、评价与改进［J］．地方财政研究，2013（9）．

［189］王玉玲．中央与民族地区财政关系视角的资源税改革［J］．中央民族大学学报（哲学社会科学版），2018（2）．

［190］王玉玲等．民族自治地方资源税权与资源税扩围［J］．广西民族研究，2018（1）．

［191］王云霞．论税法的合作治理机制［J］．学术月刊，2017，49（7）．

［192］王征国．国家治理体系现代化研究［J］．贵州师范大学学报（社会科学版），2014（3）．

［193］王智花，唐安宝．煤炭资源税从价计征对煤炭市场的影响［J］．全国中文核心期刊·财会月刊，2015（5）．

［194］吴西峰．中国税收治理指导思想论要［J］．税务研究，2018（2）．

［195］伍红，罗鑫鑫．OECD国家水资源税费政策及其对我国的启示［J］．求索，2011（4）．

［196］武靖国．税收治理秩序变迁的逻辑——论依法治税与任务治税［J］．财政研究，2016（9）．

［197］席卫群．"清费立税"下水资源税开征的必要性及构想［J］．社会科学家，2016（9）．

［198］席卫群．逐步推进资源税扩围改革［J］．经济研究参考，2016（66）．

［199］席卫群．租、税、费内涵辨析下的资源税扩围改革［J］．地方财政研究，2016（10）．

［200］夏劲钢．贵州少数民族地区水资源法制研究［J］．贵州师范学院学报，2011（7）．

［201］肖京．国家治理视角下的财政预算法治化［J］．法学论坛，2015（6）．

［202］肖强，李勇志．民族地区生态补偿的标准研究——以水资源为例［J］．贵州民族研究，2013（1）．

［203］肖兴志，李晶．我国资源税费改革的战略选择［J］．社会科学辑刊，2006（3）．

［204］萧鸣政，张博．中西方国家治理评价指标体系的分析与比较［J］．行政论坛，2017（1）．

［205］谢慧明．我国水资源费征收标准的地区差异及调整［J］．学习与实践，2015（12）．

［206］辛洪波．煤炭资源税从价计征对煤炭行业影响分析［J］．煤炭经济研究，2013（8）．

［207］徐瑶，华树春．国外水资源税费实践对中国水资源税改革的经验借

鉴 [J]. 世界农业, 2018 (12).

[208] 许恋天. 税收治理现代化情境下税收事先裁定制度的中国化"嵌入" [J]. 税收经济研究, 2017, 22 (5).

[209] 许再成. 经济增长进程中的利益组织共容性分析 [D]. 安徽大学硕士学位论文, 2010.

[210] 轩玮. 落实节水优先方针的制度创新——从河北实践看水资源税改革试点扩围 [J]. 中国水利, 2017 (23).

[211] 严河. 可持续利用水资源价值研究 [D]. 武汉理工大学硕士学位论文, 2004.

[212] 严小龙. 国家治理现代化的四维结构特征 [J]. 马克思主义与现实, 2014 (6).

[213] 颜丽. 环境税对经济的影响及我国环境税收制度的构建 [D]. 山东大学硕士学位论文, 2010.

[214] 杨柄. 论水资源费的理论依据——兼与杨鲁同志商榷 [J]. 水利经济, 1990 (1).

[215] 杨光斌. 关于国家治理能力的一般理论——探索世界政治（比较政治）研究的新范式 [J]. 教学与研究, 2017 (1).

[216] 杨金亮, 孔维斌, 孙青. 人工智能对税收治理的影响分析 [J]. 税务研究, 2018 (6).

[217] 杨静光, 马莉. 国家治理体系和治理能力现代化的制度效率 [J]. 理论与改革, 2015 (5).

[218] 杨岚, 毛显强, 刘琴, 刘昭阳. 基于 CGE 模型的能源税政策影响分析 [J]. 中国人口·资源与环境, 2009 (2).

[219] 杨鲁. 水资源费的理论依据和几个有关问题 [J]. 水利经济, 1988 (4).

[220] 杨晓萌. 提升税收治理能力视角下的税权划分优化 [J]. 税务研究, 2018 (4).

[221] 杨许豪. 煤炭资源税改革的经济影响分析 [D]. 暨南大学硕士学位论文, 2016.

[222] 杨雅琴. 财政透明、财政管理与良好的国家治理：一个理论分析框架 [J]. 当代财经, 2017 (6).

[223] 杨志勇, 樊慧霞. 全球财政治理：适应全球经济治理的需要 [J]. 经济研究参考, 2016 (12).

[224] 杨志勇. 现代财政制度：基本原则与主要特征 [J]. 地方财政研究,

2014（6）.

［225］应松年．加快法治建设促进国家治理体系和治理能力现代化［J］.中国法学，2014（6）.

［226］尤陈俊．当代中国国家治理能力提升与基础性国家能力建设［J］.法制与社会发展，2015（5）.

［227］袁娇，陈彦廷，王敏．"互联网+"背景下我国税收征管的挑战与应对［J］.税务研究，2018（9）.

［228］原文娟．完善我国水资源税制的思考［J］.中国市场，2017（13）.

［229］张斌．推进税收治理现代化的思考［J］.财政科学，2018（8）.

［230］张炳淳，陶伯进．突破与规制：民族自治地方自然资源自治权探讨［J］.西安交通大学学报（社会科学版），2012（6）.

［231］张春玲．水资源恢复的经济补偿初探［J］.中国水利，2004（9）.

［232］张德勇．关于进一步推进水资源税改革的思考［J］.税务研究，2019（7）.

［233］张德勇．资源税改革中的租、税、费关系［J］.税务研究，2017（4）.

［234］张冬梅，王婷，刘峰．资源税深化改革目标定位再思考——以新疆为研究视角［J］.新疆社科论坛，2018（3）.

［235］张红．从古今维吾尔文献看维吾尔水文化的发展［D］.新疆大学硕士学位论文，2010.

［236］张建功，王效云，田筱蕾．国家资源税改革进展对水资源费征收的影响［J］.水利发展研究，2011（10）.

［237］张珂．由河北省试点谈我国水资源费改税［J］.纳税，2017（17）.

［238］张雷宝．税收治理现代化：从现实到实现［J］.税务研究，2015（10）.

［239］张敏等．水资源"绿色"税改成效初显——河北省水资源税改革试点一周年纪实［J］.中国财政，2017（18）.

［240］张宁．水资源税扩围研究——基于河北省的试点经验［J］.当代经济，2018（9）.

［241］张萍．浅谈国家治理视角下的财政预算协商［J］.财政监督，2017（22）.

［242］张馨．论我国民族自治地方的税收立法权［D］.中央民族大学硕士学位论文，2015.

［243］张学博．论财政民主原则：国家治理现代化的现实路径［J］.行政与法，2017（6）.

［244］张学诞．地方税：地方治理的重要基础［J］．国际税收，2017（11）．

［245］张译丹，范姝韵．大数据背景下的税收治理问题研究［J］．时代金融，2018（23）．

［246］张玥．浅析水资源利益的公平分配［J］．时代金融旬刊，2013（11）．

［247］张长东，冯维．税收与国家治理现代化［J］．新视野，2018（3）．

［248］张长东．国家治理能力现代化研究——基于国家能力理论视角［J］．法学评论，2014（3）．

［249］赵福昌．财政如何发挥国家治理基础和重要支柱作用？［J］．地方财政研究，2015（7）．

［250］赵惠敏．税收治理现代化的逻辑与演进［J］．当代经济研究，2018（1）．

［251］赵惠敏．税收治理现代化的实现路径：税收治理体系的重构与治理功能的重塑［J］．经济研究参考，2018（6）．

［252］赵瑾璐，等．论利益相关者视角下的资源税改革［J］．山东社会科学，2014（6）．

［253］赵敏．论水资源费的本质、构成和确定［J］．水资源保护，1994（2）．

［254］赵锡斌，费显政．政府利益及其对经济政策的影响［J］．中州学刊，1999（2）．

［255］郑昕．当前我国水资源费征收存在的问题及对策建议——基于福建省的分析［J］．价格理论与实践，2009（5）．

［256］郑耀立．由河北试点情况引发的关于水资源税开征的思考［J］．中小企业管理与科技（上旬刊），2017（7）．

［257］周克清，马晓．现代国家治理与财政制度建设的价值追求与实现路径［J］．经济学家，2014（10）．

［258］周颖．民族地区资源开发中的利益相关者研究［D］．中南民族大学硕士学位论文，2011．

［259］朱为群．当前国有资源财政收入制度之弊端及其改革［J］．税务研究，2014（2）．

［260］庄万禄，等．民族区域自治法与四川民族地区水电资源开发补偿机制研究［J］．内蒙古师范大学学报，2006（5）．

报纸类

［1］白景明．从总体税制改革角度认识资源税改革［N］．中国税务报，2016-06-29（B01）．

［2］曾金华．财税体制改革：发挥国家治理重要支柱作用［N］．经济日报，2017-07-27（002）．

［3］曾金华．更好发挥预算在国家治理中的作用［N］．经济日报，2017-11-07（005）．

［4］陈益刊．财税40年：从经济改革突破口到国家治理支柱［N］．第一财经日报，2018-12-18（A14）．

［5］段炳德．构建现代税收制度　促进国家治理体系现代化（上）［N］．中国经济时报，2017-05-23（005）．

［6］段炳德．构建现代税收制度　促进国家治理体系现代化（下）［N］．中国经济时报，2017-06-15（005）．

［7］国税总局．对落实资源税改革优惠政策的解读［N］．财会信报，2017-02-20（B01）．

［8］胡清艳．税收治理是实现税收法治的必然选择［N］．中国税务报，2016-05-04（B02）．

［9］贾康．分税制任务远未完成　国家治理现代化需现代财税体制配套［N］．第一财经日报，2018-08-13（A10）．

［10］李北陵．资源税“全面改革”将会给煤炭业带来什么影响［N］．中国审计报，2016-08-15（006）．

［11］李旭红．资源税改革利于完善地方税收体系［N］．第一财经日报，2016-07-22（A11）．

［12］栾岩．水资源税扩围有利于我国实施节水行动［N］．财会信报，2017-10-23（A02）．

［13］马德明．我省水资源税改革红利释放［N］．河北经济日报，2017-01-19．

［14］诠释国家治理内在逻辑的三重路径［N］．中国社会科学报，2019-01-09（008）．

［15］宋丽颖．税收治理体系现代化：挑战与路径选择［N］．中国财经报，2018-02-06（006）．

［16］唐碧．河北水资源税改：三高行业税负提高近50倍［N］．财会信报，2017-05-29．

［17］张瑞琰．从国家治理角度丰富和发展税收理论［N］．中国税务报，2016-07-27（B01）．